上海市教育委员会中小学图书馆工作委员会　编

第二辑

书香满校园

上海市中小学（幼儿园）图书馆优秀工作案例集萃

上海教育出版社
SHANGHAI EDUCATIONAL
PUBLISHING HOUSE

编者按

一所好的图书馆是保证学校取得教育成功的基本条件。中小学图书馆既是学校的文献资源中心，也是师生共同成长和发展的精神家园，是社会文化传承、传播和发展的基础工程。加强中小学（幼儿园）图书馆的建设，是丰富学生精神生活，提升学生文化品位，促进学校提高教育质量的重要举措。

本市各级教育部门按照教育部《中小学图书馆（室）规程》和上海市教委的有关文件精神，认真制定图书馆发展规划，积极采取有力措施推动中小学图书馆的建设与发展。中小学图书馆在全面服务立德树人、全面支持教育教学过程中作用进一步凸显。各学校努力营建书香校园，构筑学习平台，创新学习理念，提升文化品位，为全体师生全面和可持续的发展创造条件。

经区县教育部门推荐，本书共收录57所学校图书馆的经验总结，反映了本市中小学图书馆发展的成就，体现了广大教育工作者勇于改革、追求卓越的精神风貌。中小学图书馆各类资源的数量和质量有了显著的提升，其丰富优质的教育资源，为实现课程的多元化、人才发展的个性化提供了充分的条件保障。经过几年的努力，上海中小学（幼儿园）图书馆建设呈现如下特点：

一、图书馆功能拓展创新。通过空间再造、功能拓展、环境美化，一大批集"藏、借、阅、研、休"于一体的现代化学校图书馆成为引人入胜的"知识空间"和师生共同成长的"精神家园"。不少学校因地制宜地将图书馆纸质书、报刊流通点向教室、走廊等延伸拓展，形成学校在"图书馆"中的良好氛围。

二、数字化建设日新月异。很多学校建立智能化图书馆管理系统，实现文献资源的自助借还和自动盘点，大幅提高管理效能。学校图书馆建立线上线下相结合的文献信息共享平台，为教育教学提供优质服务，并通过配置移动阅览终端为师生提供更为便捷、灵活的阅读方式。一些学校还主动通过大数据分析来推广阅读，精准服务师生个性化阅读，有力地促进了图书馆工作的现代化与智能化。

三、阅读活动百花齐放。各校创造性地开展了丰富多彩的阅读推广活动，融阅读于课程，努力让阅读成为习惯，使书香飘满校园。读书为师生成长提供精神营养，阅读活动是学校立德树人的重要根基和土壤。作为学校文化传承、传播和发展的重要阵地，在推动书香校园建设、促进学生全面发展、培养创新人才中，中小学图书馆理应有更多担当。可喜的是，从书中看到，广大图书馆工作者不断转变教育观念，坚持"以人为本""为学生的发展服务"的理念，脚踏实地、因地制宜地开展各种读书活动，取得了骄人的成绩。

四、主动服务教学改革。在大数据时代，如何向课改的深水区进军？各学校图书馆工作者表现出了舍我其谁的主人翁精神。

他们主动利用现代信息技术，努力提升师生的信息素养，开发馆藏文献资源，为学校的课程建设和教学方法改革努力探索。他们努力创新办馆模式，提升管理和服务水平，不断拓展图书馆的功能，配合课程、教材和教学方法的改革，促进校园文化建设，在教师的专业化发展和人才培养服务等方面，形成了各具特色的经验。

展望未来，我们要进一步推进本市中小学图书馆的建设与应用，充分发挥图书馆的综合育人价值，为教师的教育教学服务，为学生的终身学习奠基。

一、以服务学生学习为本

学校图书馆是为师生的学习而建，尤其是为学生的学习而建。图书馆最基本的功能是服务学生阅读。学校图书馆是面向整个学生群体开放的，基本功能是提供阅读，其他是辅助功能，要分清楚主功能和配套功能的关系。在学校图书馆的建设中，要坚持以学生学习、学生终身发展为中心的理念，要注意学生积极学习情感的培养。图书馆的功能拓展之后，教师应学会引导学生学会利用图书馆学会学习、学会研究进而提升学习效率。此外，图书馆还应成为展示学生学习成果的场所，成为学生学习交流的平台。有这样的思考，就能提升图书馆建设理念，将学校图书馆建设成为自主学习、学会学习的学习空间。

二、继续服务学校教育教学

学校图书馆建设要注重五个结合。第一，要与学校的课程建设结合。在学校的课程建设过程中，图书馆可以为学校的特色增添亮色，提供更丰富的课程资源。第二，要与教学方式的改革结合。图书馆应该成为学生研究性学习、探究性学习或者主题式、项目化学习的重要支撑。第三，要与学生多元评价结合。让学生参与图书馆管理，参与图书馆的选书、用书、评书活动，可以成为学生综合素质评价的内容。第四，要与学生的学习品质、学习策略的培养结合。图书馆应多开发探究性主题活动，增加学生在图书馆培养学习品质的机会。第五，要与学生学会自我管理、自我成长的经历结合。图书馆是自我管理的重要场所，也可以是休闲、释放心情的场所，是师生、生生互动的场所。

三、不断完善图书馆的机制建设

一是完善管理机制。图书馆馆长要在专业管理和内涵建设之间找到最佳结合点，努力加强图书馆的专业管理、内涵建设、课程建设等核心工作。二是完善图书馆的评估机制。未来几年，上海要完成中小学图书馆的分级评估，通过评估带动学校图书馆的功能提升。三是要完善活动的提升机制。在信息时代，首先要教会孩子不是海绵似的吸取知识，而是应教会他们学会在海量的信息中淘金似地寻找自己所要需要的知识。收集信息、提取信息、分析信息、用信息进行验证的能力是学生学会利用图书馆的关键。

党的十九大报告指出，文化自信是一个国家、一个民族发展中更基本、更深沉、更持久的力量。图书馆工作应响应党的号召，乘势而上，勇于改革，勇于创造，实现新的跨越，主动担负起新的文化使命。我们要以图书馆为重要阵地，在广大中小学校普遍实现"书香满校园"，让图书馆成为师生共同的精神家园。

松江区

青浦区

奉贤区

崇明区

"阅"世界

上海市浦东新区冰厂田幼儿园

上海市浦东新区冰厂田幼儿园创办于 1952 年，是一所有着悠久园所文化的上海市示范性幼儿园、上海市课改基地园、上海市教师专业发展学校、上海市文明单位。截至 2018 年，我园已有 66 年的辉煌校史，拥有四个校区六个办学点（梅园校区：小班部、中班部、综合部；塘桥校区：世纪部；碧云校区：碧云部；金杨校区：云山寄宿部），45 个班级，227 名教工和 1280 名幼儿。

古话说："书中自有黄金屋，书中自有颜如玉"，喜爱读书的孩子更爱动脑思考问题，从小培养孩子的阅读兴趣和阅读习惯的确非常重要。因此，学校始终重视阅读环境的创设，世纪部（塘桥校区）成功申报新区阅读活动室后，我们打通了原来三个楼面各年龄段的个别学习性区角活动室，尝试为孩子们打造一个"阅"世界。

根据小、中、大班幼儿在阅览室活动的不同状态，通过对教师的指导，来进一步培养孩子们良好的阅读兴趣和习惯，通过多种形式的阅读活动让他们爱上阅读。依据阅览室的规模，

一楼阅览室亲子阅读区

一楼阅览室图书集市环境

以及日常管理涉及的工作内容和工作量，本活动室建议设立室长 1 名，组员 2 名。

为什么打造一个小世界，要跨三个楼面呢？我们是这样思考的：

一、三个楼面的活动定位

（一）一楼图书借阅和集市

1. 关于借阅

与每所新区阅读活动室创建单位一样，有了借阅设备，孩子们就可以将喜欢的绘本借回去了。说到借书这件事，孩子不同于成人，他们不会上网查询，是在翻翻看看的过程中发现喜欢的书籍的。因此，我们在一楼创设了借阅空间，借阅日来到时，孩子们可以和爸爸妈妈一起翻翻看看，找到想要带回家的书籍，去借阅柜或教师处借阅。这样，每周借阅日的早晨，也为孩子们提供一个亲子共读的机会。

2. 关于集市

很多地方都有二手集市，大家会把家里的书籍拿来交换，共享资源。现在，我们的家长也都重视孩子阅读习惯的培养，家家都有不同种类的绘本，这就引发了我们为世纪部家庭创设图书集市的想法。一楼的借阅空间可以成为图书集市，为不同年龄段的孩子创设集市交换的环境。

结合"借阅""集市"的概念，在一楼我们也布置了相应的墙面环境，丰富有关图书集市和借阅的照片墙，给孩子一个共鸣。同时，我们将常规的桌子进行改装，在日常阅读时，可作为幼儿摆放书籍、制作图书的桌子；在开展"图书集市"时，则成为可流动的"摊位"。

（二）二楼阅读空间

为幼儿创设良好的阅读环境，提高幼儿阅读的积极性，从而爱上阅读、享受阅读，是我们创设阅读活动室的初衷。在二楼，我们试图创设的就是这样一个能让孩子沉入书香的小世界。

1. 小清新的阅读氛围

二楼的采光适宜创设明亮、温馨的阅读环境，我们选择原木＋白＋粉的色调，和田园风的墙纸、窗帘、绿植、软装相融合，为孩子们打造的是一个小清新的阅读氛围。让幼儿感受到环境的美好与舒适，获得良好的阅读体验和心理舒适感。

2. 独立点面的阅读空间

环境创设的最终目的是为了培养幼儿良好的阅读兴趣和习惯，提高幼儿的阅读能力。我们尝试通过点和面的空间设计，更好地创设阅读环境。

大空间上，借助桌椅投放和图书分类，创设阅读环境。利用图文结合的方式，将图书进行的分类，方便孩子们找寻心仪的书籍。选择五边形桌子，增大个体独立阅读的桌面空间。小空间上，创设地毯和小阁楼区，形成点状独立空间。地毯区也是"好书推荐"的一方空间，孩子可以自己做主，将他／她认为的"好书"放在"好书推荐"架上，活动时，也可以介绍推荐它的理由。

3. 阅读习惯培养的融入

首先，在门口为孩子们提供了书卡，培养他们借阅和原地归还的习惯。

自主借阅图书

选择心仪的图书

与同伴协商交换图书

然后，制作了"轻轻看书""轻轻翻书""轻拿轻放"等提示，引导幼儿养成良好的阅读习惯以及看书秩序，丰富幼儿的自主性活动。

（三）三楼视听与表达

三楼主要实现视听功能，除了静态的绘本图书，还提供了电视、触摸桌、Ipad 等电子阅读设备。在动画、语音、情景的配合下，幼儿的阅读更加生动、活泼，大大激发了他们的求知欲望，开拓了他们的视野。

结合多媒体课件，我们还购置了配套图书，并制作相应的目录，既方便教师根据所罗列的书目进行绘本教学，也能让幼儿选择多媒体里感兴趣的故事进行自主阅读。此外，还增加了表演的

区域，提供了表演服装、道具、试衣镜等装扮材料，幼儿可以一边看着电脑里的故事内容，一边和同伴一起演一演、讲一讲。

二、对阅读室运作的思考

环境创设的最终目的是为了促进幼儿更好的发展，怎样发挥已有环境的作用，更好地为孩子们服务呢？在阅读室的运作上我们有这两方面的思考。

（一）常态活动的调整

打破原有的阅读室活动安排，根据现有空间，最大化运用阅读室环境，发挥空间优势，既有单个班级进入活动，也安排混

龄、混班间的同时活动。

（二）特色活动

1. 图书借阅

每周五来园时间，幼儿与家长可凭借书卡到阅览室借阅或归还图书，每次可借1本图书，并于一个月内归还，活动由活动室负责老师和两名家长义工负责。

2. 图书集市

【背景】

图书互换是基于"信息共享"目标所进行的读书活动。它符合节约、绿色、环保的先进理念。每个孩子家里都有很多闲置图书，利用信息可以共享的理念，我们开展了"图书集市"的活动，发挥图书共享的特点。

【活动方案】

活动目的：

创设体验情境，以"图书集市"活动为载体，促进各班幼儿之间的书籍交流，促进读书活动的深入开展，同时培养幼儿的分享意识、合作交流能力。

活动准备：

自带图书（每人两本）、图书摊位、活动海报、图书箱、事先告知幼儿图书集市的意义。

活动形式：

小、中班以亲子的形式开展，大班幼儿独立进行图书交换，每学期开展2—3次。

活动安排：

（1）全体教师布置门厅海报、小景，通过论坛、微信或家园栏的形式做好"图书集市"的宣传工作，鼓励幼儿积极参与活动。

（2）教师与幼儿共同在指定区域内布置摊位、制作招牌、将交换的图书分门别类地摆放好。图书交换地点为一楼图书室内、一楼建构室门口、二楼建构室门口。

（3）活动当天，将幼儿分成流动组和摆摊组（可佩戴自己设计的统一标记，如头饰、臂章等）。

（4）开始交换图书，幼儿在图书集市里尝试"物物交换"，用自己带来的图书与对方协商交换喜欢的图书，教师巡回指导，鼓励幼儿使用礼貌用语进行协商，提升交换的成功率。

（5）交换结束，与同伴分享讨论交换到的书以及感想。

【活动评价】

教师评价：图书集市活动对幼儿来说既是一次锻炼，也是一次宝贵的体验。在挑选图书，与小伙伴交换的过程中，有些孩子刚开始不愿意将自己心爱的图书交换，但是看着别的同伴都交换到了图书，他们也迈出了这一步，逐渐放开了自己，变得大胆自信，敢于把自己的想法说出口。"你有一本书，我有一本书，我们交换了就有两本书了。"图书集市让幼儿切身体会到了

图书集市海报

分享的快乐，在情景模拟和实践中也使得幼儿的交往能力得到了提高。

　　家长评价：随着孩子的成长，家里闲置的图书越来越多，如何处理让我非常头疼，参加这样的活动既消化了家里的"库存"，又锻炼了孩子的表达能力和应变能力。通过参与图书集市活动，让孩子关注生活、学会生活、享受生活。

　　这就是阅读活动室在环境创设与活动开展时，我们的一些想法和做法。希望利用多种形式，将阅读带入幼儿在园生活，让每位幼儿如同一尾鱼，畅游在书的海洋，遨游于阅读的世界。

（执笔人：王璐怡　张叶敏）

百年名校　书香飘逸

上海市浦东新区第二中心小学

浦东新区第二中心小学创始于 1889 年，创办人裴大中先生，教育家黄炎培先生是首任校董。学校目前有巨野和张江两个校区，教师 138 人，学生 2618 人。

学校在继承传统的基础上，提出了"学校是每一个孩子生动和谐发展的快乐家园"的办学理念，而学校的图书馆的办馆理念则是努力营造"生动、和谐、开放"的校园文化基石，为师生的发展提供优质的教育环境。

一、依托改建，建设师生喜爱的图书馆

学校两个校区的图书馆，总面积 300 多平方米，专职工作人员 2 名。图书馆共收录了六万多册纸质书籍及 3 千多册数字图书，并针对本馆特点按最新《中国图书分类法》进行分编陈列，包括五大部类和二十二基本大类。图书馆建立健全了图书管理制度、图书馆岗位责任制度以及其它各种图书管理制度。

经过 2017 年的"城乡"义务教育一体化中的图书馆环境设施升级改造，张江校区图书馆无论是装修风格还是使用功能，都有了明显的改观。馆内错落有致的书架，将大空间分割成藏书区、阅览区、流通借阅区、电子阅览区、视听区、演说区六大区域。图书馆的功能定位从阅览室、藏书楼转变为集"藏、借、阅、研、休"功能为一体，为学生开展自主学习、研究性学习、合作学习等多元学习方式提供实施完备、环境优美、便捷舒适的新型学习空间，让学校图书馆成为师生学习、研究、休闲生活的集散中心。同时，图书馆书刊流通点延伸到了教学楼的走廊、

阅览区

视听区

演讲区

大厅、校园各个角落，往日被限制的公共空间被利用了，也营造出校园时时处处可读书、学校建在图书馆中的书香氛围。

二、推广阅读，促进师生个性发展

阅读对每一个儿童的生命成长有着重大的意义，它能提升儿童生命质量的深度和广度。作为儿童成长的重要阵地——学校，应该在提高阅读兴趣、培养阅读能力、养成阅读习惯等方面有所作为，其中，学校图书馆的作用显得尤为重要。

（一）开展多元活动，激发阅读兴趣

1. 作家进校园活动

学校每年都会开展作家进校园活动，让孩子们与作家零距离接触，面对面沟通。与作家的互动，不仅营造了良好的阅读氛围，而且激发了学生的阅读兴趣，拓宽了学生的课外阅读视野，为进一步培养学生课外阅读的习惯提供了有效的载体。

近年作家进校园一览表

时间	作家	主题
2012.12	周晴	阅读，让梦想插上翅膀
2013.5	郁雨君	阅读名著，感动童年
2013.12	谢倩霓	快乐童年，我想我写
2014.9	张成新	妙法写具体
2014.12	谢倩霓	让阅读照亮童年的旅程
2015.10	谷清平	阅读，中国历史不可少
2015.12	秦文君	文学精神照耀孩子
2016.11	谢鑫	走近阅读的侦探世界
2017.12	郑春华	小头儿子和马鸣加的"诞生"

书香满校园（第二辑）
上海市中小学（幼儿园）图书馆优秀工作案例集萃

2. 阅读节活动

每年，学校通过阅读节活动，营造浓浓的书香氛围，旨在倡导学生与好书为友，与经典为伍，丰厚人文底蕴，让读书成为自己学习、生活的一种方式，养成终身读书的良好习惯。

近三年来我校阅读节的主题分别是：《阅读让童年更美好》、《星星闪耀二中心、书香校园欢乐游》、《琅琅书声、悠悠书香——快乐阅读、伴我成长》。制作藏书票、读报剪报贴、故事爸爸讲故事、爸爸妈妈眼中的XX（与父母同读一本书后的演讲）、篇篇诗情书中舞——古诗文大奖赛、图书找找乐、名人名言接接乐、图书包包乐、文学知识对对碰、图书小超市等活动深受学生喜爱。

学生阅读节活动

（二）合理有效引导，保障阅读时空

1. 建设"微图书馆"，满足学生阅读需求

全校每个班级设立一个图书柜，建设具有班级特色、符合班级文化、有班级个性化名字的"微图书馆"。"微图书馆"图书来源之一是通过班级团借，利用班级借书卡向学校图书馆团借图书。来源之二即每位学生自带家中藏书，来源之三是图书漂流活动的图书杂志，来源之四是浦东图书馆分馆配置的图书。

各班通过制订班级读书计划，成立班级读书小组，开展制作阅读卡、好书推荐、展示读书心得等方式，保障了微阅读活动的有序开展。

2. 红领巾读书活动

学校将中午12：15—12：45这段时间，定为每天分年级的集体阅读时间，同时，通过每周各年级开设阅读课、周五快乐活动日的阅读社团推进红领巾读书活动。学校以教师推荐阅读与学生自主阅读相结合的方式，保障阅读的针对性与有效性。

"作家进校园"活动

时间 内容 年级	第一学期				第二学期
	9 月	10 月	11 月	12 月	2 至 6 月
三年级	名著季	童年情	探索梦	自由风	走近名著，感受生活
四年级					多彩童年，名家有约
五年级					放飞梦想，自由探究

（三）运作互联网+模式，推进阅读评价

学校将阅读与信息技术深度融合，架构了二中心小学 E 思阅读平台。

全校师生都有一张阅读卡，并利用小思阅读课程平台记录自己阅读过程中的点点滴滴：与小伙伴分享、讨论读书心得，获取资讯，参与各类读书活动，促使学生在实时反馈中享受读好书，益智收益的成就感。小思阅读平台开启了有趣的积分制度，同学们在实时反馈中享受读完书、答对题的成就感，同时，学校和老师也可以通过平台的大数据分析，查询到每个学生、每个班级的阅读情况、阅读质量、积分增长阅读卡升级等情况，借助大数据分析手段，帮助老师了解学生阅读现状，为阅读活动的更好的展开提供数据支持，营造学校、家庭、学生三位一体的阅读生态圈，帮助学生养成终身阅读的好习惯。

三、围绕学校办学理念，探索特色服务

图书馆是学校教育教学和教育科学研究的重要场所，是学校文化建设和课程资源建设的重要载体，是促进学生全面发展和推动教师专业成长的重要平台。

班级图书角

家长参与的读书社团

推荐好书

阅读节活动

阅读成果展示

（一）调查研究，掌握一线教师的需求

每年年底学校图书馆发放调查表，咨询调研教师学生中需要订购的报纸杂志。在集中处理数据分析后，有针对性地进行图书的采购。其中既有上级主管部门建议需要征订的，也有学校教师个性化需求的，涉及专业发展、健康生活、人文娱乐等方面。

（二）改进期刊的借阅管理模式

完成征订工作后，图书馆又根据教师需要，将报纸杂志分为2种借阅形式。专业指导性较强的核心期刊是由门卫直接送到相关部门的老师手中，过后再将期刊装订。另一种通识类的报纸杂志，则有由门卫直接运送到学校图书馆，畅通了为一线教师服务的渠道。

（三）加强二次文献开发

根据学校每年的市、区、校三个层面的不同项目，图书馆有针对性的对期刊文献信息进行开发，编制二次文献，如文摘、索引等，受到了师生的欢迎。

四、书香飘逸梦想起航

学校以读书活动作为创建学习型团队建设的重要抓手，促进了职初教师、合格教师、成熟教师以及优秀教师四个不同的梯队教师的持续发展，教师们在各级各类教学竞赛、论文竞赛中获奖近百。

近5年来，学校还连续获得上海市和浦东新区暑期读书活动的组织奖，有近3百多名学生获得各类奖项，13位老师获得指导奖。

面对未来社会对人才素质结构提出的要求，图书馆除了为推动师生阅读加油助力，还要为课程教材改革、教学方式改革提供支撑与服务，未来任重而道远！

（执笔人：陈　辉）

一路悦读　一路流香

上海市浦东新区龚路中心小学

龚路中心小学创建于 1905 年，历经百年沧桑，日益生机勃发。学校现有东、西两个校区，共 56 个教学班，2500 多名学生，130 多名教职员工。学校全面落实"人人发展、全面发展、个性发展、持续发展"的育人理念。"让校内每一个人充分和谐地发展"是全校师生的共同追求，"勤奋、合作、创新、发展"是积淀已久的校园文化。尤其近十年来，依托科学的办学理念，凝聚强大的改革力量，积极创建项目特色，精心培育优质书香校园文化，不断追求品牌创新，卓越发展，学校连续被评为上海市文明单位，全国教育系统先进集体。

学校图书馆在不断的创新发展中，已然成了学校的信息、资源、文化、交流、研讨活动中心，是孩子们自主学习、陶冶情操的重要平台，也是促进教师专业成长和学生多元发展的重要场所，对学校教育教学起到补充、延伸、深化的作用。在进入社会化、多元化、数字化的大阅读时代背景下，学校图书馆拓展更大更优的学习平台，融合学校教育教学工作，不断促进学生综合素养的形成和发展，让师生读者悦闻书香，慧心致远，凸显图书馆在布局和格局上的再创新、再发展。

一、美：悦读流香之境

学校创设良好的阅读环境，激发学生浓厚的学习兴趣。

（一）风格迥异的阅览室，吸引着络绎不绝的座上客

龚小拥有三间阅览室，虽然装饰不豪华，但散发着浓浓的

书香气息。第一阅览室的荣誉柜好似熠熠生辉的明灯，鞭策着龚小小书虫们奋力拼搏。

第二阅览室则显得大气灵动，十朵浪花怀揣着一颗颗闪亮的珍珠（这里的书就是教师、学生亲点的珍珠宝贝），带着龚小学生在浩瀚的知识海洋冲浪、游弋，探索无穷无尽的知识奥秘。来到中间，又好似一个个雏鹰展开丰腴的翅膀，越过高山，飞过丛林，向着更高更远的梦想飞翔歌唱。在阅览室的墙面上，"美文秀场""好书推荐""聆听心语""活动风采"各栏目不间断地展示着学生的精彩语录和美文佳作，让孩子们通过阅读有所思考有所感悟。当学生看到自己的作品呈现在全校师生面前，自豪感、荣誉感油然而生，大大激发了他们浓厚的阅读创作兴趣。

第三阅览室是孩子们视、听、读的快乐天堂。蓝天、白云、彩虹、月亮、星星、郁郁葱葱的树林，一下子把孩子们带入美丽的童话世界。小舞台上朗朗吟诵，激情昂扬；秋千悠悠蝶语悠悠；树下葱茏绿意埋首于书卷；倚窗盘坐写意春风，双眼闪亮懵懂。

（二）自由阅读功能区拓展阅读空间

"读书廊""班级读书角"都是龚小图书馆充实、延伸的自由阅读功能区。在教室、办公室前的走廊里摆满了五彩书架，根据高、中、低各年级学生阅读的不同特点，摆满了各类喜闻乐见的学生读物。学生可以随手选上一本，在教室里、花坛边、屋檐下、书架边的小凳上，皆能大饱眼福。为学生有效积累了阅读交流的更多讯息，也成了提高学生自主管理能力，培养孩子诚信素养的有效载体。

（三）充满童真的"心语墙"

孩子们根据每个月的阅读主题，在阅读中思考，在思考中实践，在实践中探究，在探究中成长。利用课余的零散时间，纷纷在彩色的贴纸上写下心语心愿，不时在这里抒发自己在阅读、学习、生活中的些许感怀，与阅读伙伴互动交流、互助共进。让学生时时、处处随心而"阅"，让学生在休闲之余，爱上

阅览室

读书廊

心语墙

图书馆咨询区

阅读，学会积累，懂得分享。

（四）现代化的自助借还设备

数字图书馆、流动书柜、自助借阅机、电子阅读屏等自助借还系统设备的现代化，改变了服务形式，在现代化管理中进一步提升了资源利用及阅读服务的效能。学生在阅读的同时还可以在线交流心得，与同学、老师、家长打破空间和时间的局限，互动的平台更宽、形式更活跃，大大激发了学生的阅读交流兴趣。

二、趣：悦读闻香之课

（一）丰富有趣的诵读课

学校开设优质的阅读课程，深度融合教育教学，培养学生良好的阅读习惯，掌握一定的阅读方法和技能。

龚路中心小学早在 3 年前就把诵读课纳入课程表，全校各班每周一节，按课程表固定排课，由语文老师带班有序进入阅览室指导阅读方法和技能，图书馆三个阅览室同时全天候开放，充分发挥图书馆的教育教学功能，龚小图书馆已然成为书香校园的闻香殿堂。

每周各班固定一节诵读课，让学生学会正确挑选图书、自

由静心阅读，图书馆阅读指导老师还穿插进行分年级分层推进，每学期针对每个班推进系统化的图书馆信息素养活动课程，根据年级的不同，采取滚雪球螺旋上升、逐级递进的指导模式，让学生从听、读、讲、画、默读、阅览、创作等形式多样的阅读实践中不断获取信息，从而达成自我学习、自我管理、自我提升。

一年级绘本阅读：听故事、看视频、读故事、讲故事。通过听、视、读、讲的形式融入教育教学，培养 学生听说读讲的习惯，提升孩子的思维力、表现力和想象力。

二年级进行阅读启蒙、习惯养成教育指导，让学生走进图书馆，了解图书馆，认识图书知识，学做文明的小读者。学会自己阅读绘本故事，用自己的想象对画面进行个性化的加工、创作，并与同学合作表演绘本故事，既加深对故事的理解，活跃了课堂气氛，更点燃了学生的阅读激情，从中懂得合作，敢于想象，乐于创作展示。

三年级学会使用工具书、懂得摘抄、学会撰写一句话感悟、学会填写读书卡，绘制小书签，学会与同学交流共享。

四年级开启数字图书馆宝库，学会读报、剪报，学会阅读期刊，学会电子小报编辑，每班每月 1 期电子月报在各班的信息窗展示。有美文欣赏，有好书推荐，有新书介绍，有我最爱的作者介绍，有名人的读书小故事，读古训名言的体会，在编辑整

理中博览群书，学会主动学习，善于积累。

5. 五年级学会探寻电子图书奥秘，学会网络资源的检索及汲取，学会好书新书推荐，学会读后感、书评、影评撰写，学会通过电子讯息设备与同学、老师、家长共享。

通过课程的设置，书香龚小让每个学生在语文老师和图书馆阅读推广老师相互配合、共同指导下，真正认识图书馆，爱上图书馆，爱上阅读。学会自主学习，学会合作互动，从而促进学生形成良好的阅读习惯，培养学生自主获取知识的能力，更好地为学生自主学习、终身学习、个性发展、持续发展奠定扎实的基础。

（二）充满特色的校本课程

龚小图书馆同时设有"新蕾诗社""小记者社""童谣社""诵读社""故事社""科创社"等校本课程文学社团。聘请上海小莹星艺术团、全国故事大王、上海滑稽剧团等著名团体的老师亲临现场执教。通过每周一下午的校本课程的探究实践活动，打造常态化、多元化的阅读机制，引导师生共读。让校

本课程中的阅读、探究、实践，丰富他们的知识，开阔他们的视野，活跃他们的思维，精彩他们的生活，使他们真正体验：我读书，我快乐！

（三）固定的全校阅读时分

良好的习惯不是一蹴而就的，阅读习惯的养成更是如此。每天的短课——晨读，每天早晨 7：55~8：10 朗朗的古诗文吟唱着校园书香的醉人音符；每周四中午 12：35~12：50 龚小电视台，美文分享就是用孩子眼里的天真唤醒他们心中的那份童真、那份甜蜜；每学期的童谣班班唱等固定的阅读栏目，每年推普周，使孩子们由内而外地释放着书卷气。孩子们徜徉于文字，浸润于书香，收获着阅读的快乐。

三、丰：悦读涵香之行

学校开展丰富多彩的阅读实践活动，厚植学生的综合素养。

儿童诗学习交流

校本课程课本剧课堂

（一）走出校园，做广阅读、好探究、乐实践的悦读者

定期集中"悦读汇"学生交流阅读心得；发布近期个人最爱最新的阅读书目，向大家推荐；学习古今中外的文化知识，培养一批又一批的"小小悦读者"。

近年来，每年组织"悦读汇"走出国门，先后访学新西兰、美国、德国、澳大利亚，小小悦读者体验了西方的课堂，领略了西方的人文历史，结识了新伙伴、增长了新知识、拓宽了新视野、培养了新技能，相信这是学生在小学生涯中一份最为珍贵的悦读实践经历。

游学中医药博物馆、杉达大学新闻社、金融学院、"雪龙号"南极科考船、"种都"农业园区等体验采风活动，拓宽学生的阅读视野，增强学生探究创新的活力。

走访身边的书法、美术等文化大咖；走近阳光苑老书迷、星火星星村老书迷；走进非遗文化，传习新时代思想，弘扬优秀传统文化。

（二）综合利用各方资源，高效开展阅读研讨活动

与少年宫、广播电视台、科技馆、图书馆等多方联系，打破以图书馆为平台的单一模式，邀请张秋生、黄亦波、秦文君、郑琪、夏友梅等沪上知名作家、技师等为学生做阅读讲座，为探究新苗的个性发展科学"施肥"。由此，出现了诗词小达人、诵读好声音、写作小高手、航模建模制作等学习探究型、讲演型、创编型、巧匠型的多元化阅读小能手。

用足、用好、用活图书馆资源，进行学区、区、市各级课堂内外的交流研讨活动，为全校师生打造高效创新课堂做好有力保障。

（三）结合学校各大主题节，开展阅读活动

每年开展语文节、艺术节、"读书小报展""好书推荐""童谣传唱""元宵灯谜会"等精彩纷呈的主题读书活动，让学生在读读、讲讲、唱唱、做做、画画、写写、猜猜、评评的快乐阅读体验

《龚小校报》和《新蕾诗刊》

图书馆工作先进集体

中，综合素养得以丰厚、得以提升。

（四）书香漂流社区行

书香进社区是我们龚小图书馆已坚持十多年的保留项目。龚小图书馆的一批批"文化使者"，送书进村、进社区，走进村、居，真正成为开在学生家门口的图书馆。每个寒、暑假，组织亲子阅读、童谣传唱、国学经典赏读讲座等活动，为小家培植浓浓的亲情，为社区居民送上高品质的精神文化食粮，辐射社区，营造浓浓的书香文化，传承与发扬中华传统文化，培育和践行社会主义核心价值观。

四、厚：悦读溢香之果

学校书香文化蓬勃发展，创新阅读成效斐然。

《小荷初露》《蓓蕾吐艳》等学生系列作文选和《龚小校报》《新蕾诗刊》一报一刊，都编印成册，全校师生人手一份。这是全校师生的阅读交流、笔耕创作的大平台，也是书香校园文化内涵发展不容小觑的助推力。

我校图书馆对市、区举办的各级各类读书征文活动，历来非常重视。"读书破万卷，下笔如有神"。在历年的"五好小公民主题教育读书活动"、"长三角"主题征文、上海市童谣传唱、全国小诗人大赛的朗诵、演讲、讲故事等活动中，我校更是捷报频传。曾获第18届全国关工委颁发的"全国五好小公民主题教育示范校""上海市五好小公民主题教育示范校"、连续多年的"暑期读书系列活动上海市优秀组织学校""浦东新区优秀组织学校""上海市图书馆工作先进集体""上海市优秀文学社团"等骄人战绩。

走进龚小校园，耳之所闻，皆书声，目之所及，尽书影，心之所想，俱书文。在无拘无束的阅读环境中，以无忧无虑的悦读心态，无欲无求的悦读状态，进入无我无他的阅读境界，悦闻书香，慧心行远。

因此，深度融合学校教育教学工作、为提升学生综合素养、为师生发展做好品牌服务，龚小书香人在不断实践，不断创新，不断发展。龚小人一路悦读一路陶醉，背上奔向未来的行囊，一路书香悠悠，一路行远，悦读悦美。为了实现"踏花归去马蹄香"的美好画面，我们一直在路上。

（执笔人：蔡文宣）

书香有约，悦读东校

上海市实验学校东校

上海市实验学校东校是一所 2004 年秋季建成的九年一贯制公立学校。学校有约 2900 名学生，192 名教师。拥有标准化教室 65 间，教学辅助用房 22 间，还拥有 300 多个席位的报告厅，集各类专用教室功能为一体的实验大楼。

在"为每一个孩子的幸福童年和美好未来服务"办学理念的指导下，学校提出"进步每一天，快乐每一天，成功每一天"的口号，以"攀登、攀登，努力攀登"为校训，以艺术教育、体育教育、科技教育为特色，引导学生会学、乐学、主动学、持续学，促进身心全面和谐发展。图书馆结合办学理念，以学校"爱心雕塑"为馆室 Logo，传递办馆书道：做一个胸怀大爱的人。

一、环境创设

（一）整体设计

根据不同读者喜好，馆长精心设计了一个温馨的、让师生随时享受读书时光的魅力多功能图书馆空间。馆舍分布在创新

爱心雕塑

操场上的"读书分享坛"

教室走廊的"安静马"阅读区

阅览室小帐篷区域

实验楼四楼和一楼，分为综合大馆、阅览室和藏书室，总面积共400多平方米，馆藏图书11万多册。任何学生任意课间午休，随时可以自由到馆；任何老师随时可以通过校网平台预约到图书馆上阅读课、开展教科研活动。

（二）各区域设计

综合大馆在四楼，250平方米，全开架。狭小的空间五脏俱全，可以同时坐下115人，储存近六万册书。其中包含3位馆员办公室，还有小阁楼区等16个个性化功能区。馆室设计新颖、色调大方，深受全校师生欢迎。每天午休时，约300人次中小学生会自动涌来。尽管人头攒动，但是因为空间划分清楚，大家各取所需，互不干扰，尤其是小阁楼空间最受欢迎，永远在楼上挤满了中小学生安静地阅读。

四楼还有100平方米的阅览室，全开架。能同时坐下80人，储存近四千册书，含48套创意课桌椅、U形沙发空间、挑高绿地毯空间、小帐篷。特别是小帐篷，深受孩子们欢迎，小读者各取所需，自由阅读。

另外，图书馆将复本和旧书放在一楼50平方米的藏书室，已经将书架升高至屋顶，也是根据分类整齐摆放，随时可以调拨到四楼借阅。

二、工作特色

（一）规范组建义工团队，图书馆活动日常化

目前图书馆有馆长一名，馆员两名，由于每天开馆时间长、接待读者多，光靠馆员的力量，无法把图书馆工作开展得更好，因此，馆长组建了家长义工队伍。为凝聚义工的爱心、激发工作热情，想了很多办法：给义工们写感谢信；设计了"图书馆纪

家长义工午间导读

学生义工日常导读

每日中午一、二年级延长阅读活动指导阅读

周二志愿者在图书馆故事角讲故事

念书签"赠送活动；经常以图书馆的名义，请义工参加学校的活动；组织家长义工读书会。至今已有家长义工 269 名，学生义工不固定若干名。为更有效地管理团队，把义工们分成七个微信群，随时安排工作，随时在群里交流工作中出现的问题，带动组长一起鼓励组员的工作积极性，树立每一位家长义工的主体意识。让义工们认识到，图书馆工作服务好大家的同时，也是一种教育管理。目前，图书馆的日常活动已经离不开这些义工的帮助，很多学生到图书馆已经成了每天的习惯。

下列表格是东校图书馆的日常情况：

开馆时间	日常活动	义工分配
所有课间	每天中午"一、二年级延长阅读"活动	每天中午 5～7 名家长义工上岗
每天午休	每周二中午"图书馆故事角"	每天放学一位家长义工和馆员值班到 17：25
放学开放到 17：25	每周四中午阅览室"故事妈妈"	轮到义工读书小组值勤的午休，结束后留一小时读书活动
每周六上午	每周六上午"长耳兔亲子读书会"	

每周六"长耳兔亲子读书会"

读书节活动颁奖仪式

（二）全校大力推广阅读，深度融合学科，共建书香校园

每天开馆第一件事，就是如何把图书馆的书推广出去。东校图书馆通过读书节、暑期读书征文、购书征询、新书选读、送书签，以及日常化活动，吸引大家来馆阅读借书。每一项活动的组织，精心策划，主动为学校各教研组提供文献资源保障，因此，每一次活动都会得到全校各部门的支持。

其中，日常特色活动之一是"图书馆故事角"。近两年来，每周二中午，在学校紫藤架下，风雨无阻地进行。每周一先召集义工，由馆长亲自挑选适合一至三年级阅读的故事书，周二时，由义工带到学校紫藤架，挂起"图书馆故事角"的牌子，吸引小读者。同时，事先培训过的义工自主分工，有的负责招揽初中生读故事给小学生听，有的直接读故事给孩子们听，还鼓励学生读给自己听或同学一起读，形成一种良好的午休时间朗读故事的氛围。悠悠花香、书声琅琅，随时都能在紫藤架下定格出一个个温馨的画面。学期结束再全校表彰故事达人，鼓励更多高年级学生来故事角给学弟、学妹读故事。

（三）中小学语文学科先行与图书馆深度融合

任何时间、任何班级都能通过校网向图书馆约课，这是学校一大特色，各学科教师都会争相预约。其中，语文学科是阅读之冠。中小学语文组在各自的学科领域大量进行阅读推广。

小学语文组，利用校读书节开展读书活动已经是每年的常态。周周演、年级大赛、课本剧、诗歌朗诵等各种读书活动层出不穷，每项活动还有一定的关联。例如，一年级儿童诗阅读比赛是建立在上学期班级整体绘本阅读的基础上进行。良好的阅读习惯离不开家长和教师的陪伴。学校鼓励家长参与学生日常阅读，认真完成亲子阅读单。最后再进行儿童诗的朗诵比赛。孩子们在诗歌的浸润下，更加热爱阅读，愿意开口朗读。

再如四年级，教师先提供阅读书目，班里先进行阅读征文比赛，然后每班选择一篇进行演讲。整个演讲活动在录播教室进行，全程录像，最后刻录光盘，分给各班交流学习欣赏。被录像的感受俨然是一种当明星的感觉，整个阅读活动锻炼了学生的演讲能力，使孩子们爱读、爱写、爱演。除了上述读书节活动，小学部还进行读书漂流。每个班共读一本书，读完后，年级组互换阅读、写读后感。课外阅读成为小学生活的常态。

初中语文组充分利用每年的读书节，推动更多的学生、教师、家长去阅读和表达。激励教师研究创意表达指导策略，上好各类型的专题指导课。通过"读（阅读美文）、写（读书征文）、讲（读书演讲）、赛（读书竞赛）、赏（课本剧和经典电影）"五个环节，使读书活动在基本内容和基本方式上形成常态、规范和特色。课本剧改编及表演、抄好段、写钢笔字比赛、针对时事新闻或是关注好书佳片，让学生通过个性演讲的方式，抒发自己的真知灼见，这些都是初中部的读书节活动。

"月明林下"微信公众号是八年级组特意创建运营的。整合利用年级资源，借助年级组两位语文老师创建的"月明林下"微信公众号，组织学生实践创意性写作。在每节语文课上安排

教师推荐导读

师生集体吟诵

5 分钟时间给学生一个展示的舞台，由学生自愿上台来分享他们在阅读中最感兴趣、最有感触的一段情节或一个片段。同学们在交流、分享的过程中不断产生思维火花，碰撞和共鸣，既加强了口语交流能力又加深了对书本的感悟。为了解阅读活动的有效性，老师还专门设计了评价量表。通过开展这一系列丰富多彩的语文课堂实践活动并进行跟踪分析，逐步提高了学生的创意表达能力和语文综合素养。

多年来，上海市实验学校东校的整体教学工作都把阅读作为一项重要内容。图书馆也不再是书的仓库，她已成为一个全校师生互动的文化场所，她已成为一个传递爱的地方，她已成为师生的精神殿堂。正如校歌里唱的那样：你我同在，风雅称颂，书卷斑斓；你我同在，努力攀登，无限精彩！

（执笔人：顾慧萍　屠维薇　胡宜海）

书籍如影　阅读随行

上海市建平中学

建平中学始建于 1944 年，前身为洋泾中学分校。现有 45 个行政班，学生 1600 人。教职工 149 人，其中教师 138 人，非教师 11 人。学校一贯秉持"实现人的社会化和谐发展"的教育理念，积极探索"规范＋选择，合格＋特长"的办学模式，以"自立精神，共生意识，科学态度，人文情怀，领袖气质"作为学校的育人目标。

建平中学图书馆办馆理念是"以人为本，服务师生"，把"获取师生的满意与忠诚信赖"，作为"服务师生"这一图书馆核心价值最直接的体现。

建平中学图书馆新馆，于 2016 年 9 月正式落成。图书馆共四层，建筑面积 2380 平方米，开放图书 10 万册。

走进图书馆大门，迎面的是"万世师表"孔子的半身塑像。迈过立柱，读者会情不自禁仰望星空。原来，巨大天庭直通四楼。在室内轻轻漫步，一股清新雅致的文化气息扑面而来。阅览室典雅隽永，文化韵味酣畅，环境清新怡人。

一、楼层功能区简介

各楼层有不同主题设计。一楼：主要放置热门书、新书、工具书、电子阅览区。一楼圆厅是兴趣小组，各类社团活动

图书馆内景

主要功能区域

场所。

二楼：综合阅览区，自然综合，社科综合 。二楼圆厅综合阅览授课区，为语文和英语阅读课提供教学空间。

三楼：人文阅览区（文科）。是个人进修和同学间合作学习的场所。

四楼：数理阅览区（理科）。该区域有 20 台电脑供师生查阅资料使用。

各楼层各个区域功能各异，有研讨区，座谈区，小组讨论区，资料查询区，新书推荐区，互助探究区，报纸杂志阅览区等。

室内桌椅板凳设计，体现人体工程学原理，外观新颖时尚，创造出一种轻松、舒适、雅洁的文化氛围。所以图书馆不仅是学习、研究的场所，也是娱乐、休闲、交流的地方。图书馆成了

师生心目中的精神家园，无时不向往！

二、教室"漂流港"，校园"迷你书吧"

为了加快"阅读校园，书香校园"的建设，同时秉持和践行"把学校建在图书馆里"的现代图书馆理念，图书馆在每个教室内部设立"图书漂流港"。

在教室设立"图书漂流港"。学校图书馆借鉴 20 世纪六七十年代欧洲时行的图书漂流形式，在各个教室设立"图书漂流港"，开展馆藏图书在教室漂流活动。流行于欧洲的图书漂流，其特征是读书人将自己读完的书，随意放在公共场所，捡获这本书的人可取走阅读，读完后再将其放回公共场所，再将其漂出手，让下一位爱书人阅读，继续一段漂流书香。没有借书

阅读指导

集体阅读

师生阅读

证，不需付押金，也没有借阅期限。图书馆对每个班级配备的图书都不一样，这样每隔两周"漂流"一次。一班的书整体漂流到二班，二班的书整体漂流到三班。这样，图书一直处于循环流动中，同学们吮闻书香，汲取知识，传承文明。所以，图书馆把班级的图书一角称之为"图书漂流港"。

图书馆专门设计了"图书漂流港"标识，精美大气，放在教室的后面。从管理的层面，没有写上"要……，或不要……"等刺激令人不悦的警告词。在"图书漂流港"标识的背面，只用一句话"漂流中，你给了我安全感"，这种亲切拟人的话语，自然会温馨提示同学爱护图书，收到了"润物细无声"的效果。目前，每月一次的班级漂流图书3000多册。

校园设立"迷你书吧"，供师生随时随地"悦读"。校园里三个红色的"迷你书吧"，藏书近千册，是书香校园中一道靓丽的风景。

三、楼层设立开放书柜

教学楼各楼层建造了"开放式书柜"。目前，开放式书柜的图书5000余册。这样，整个校园有10000多册图书零距离地呈现在学生面前。图书馆所购新书，经过必要的图书编辑后，第一时间投放到班级"图书漂流港"和"开放式书柜"以及"迷你书吧"。生活在网络时代的学生可以在第一时间品味到他们心仪的精神食粮。

四、师生同"悦读"，心得来共享

图书馆配合学校师训，实行读书激励机制。学校规定教师阅读"每月一书"，并列入年终考核内容；图书馆配合教师发展中心，每年寒暑假给教师发放一本好书，写一篇读后感，然后聘请市教科院专家予以评选出等级奖、优秀奖。图书馆给学生列出"中学生课外必读书目"，三年内完成，由语文组督促、检查、

落实，每个学年结束时举行"读书征文活动"。每年暑期期间，要求全体高一高二同学参加每年一度的以"阅读——让精神世界更美好"为主题的中小学暑期读书系列活动。

时光漫卷书页过，墨香绵绵沁人心脾，建平人更加深刻地认识到阅读有益于工作、生活和精神世界的丰赡。书中有生活经验的生动叙述，有理解问题的精辟阐释，有心灵世界的轻轻漾动。阅读它就是追踪人类文明轨迹、寻求工作"刺激"、添加生活"佐料"，就是在和悦的情境中做纯澈心目的精神保健操；阅读就是为学校创建国际数理高中，及时、快速调整信息技术的飞跃进展和自身传统惯性之间形成的文化落差。大数据时代，读图更要读书、读纸质的书；有了阅读，引发思考，就会去想那些更深刻的问题，才可能在对阅读文化的热切向往中，存续"腹有诗书气自华"的方式。

五、师资培训的主阵地

图书馆成了建平中学师资培训的主阵地。在终身教育的时代，教师的知识储备量不再是"一桶水"，而是"源源不断而来，功能滔滔不绝而去"，要实现这一愿景，仅仅对教师进行阶段性入门、在职培训还远远不够，务必把他们召集到学习型组织中来，让教师建立一种阅读文化来强化自身的学习；而学生囿于课本、课堂的学习，个体的潜能无法挖掘，学校理应构建和完善

全员阅读、书香浓郁的文化主阵地，熏陶、浸润学生的灵魂。出于对阅读理念的独立思考，学校对教师提出了"激情工作、快乐学习、幸福生活"十二字校训。"潜居抱道，以待其时"，翻开书页，建平人总能从文字墨香中品味到人类生命的通透性，借此开启智性和人格的新维度，并享受到发展新知和新技能的慰藉。

在建平校园推广阅读、落实阅读是富有文化品质的软实力。学校每年都聘请大学知名教授，社会学者到图书馆为师生讲学。阅读是文化人博大胸怀的元素和拓展国际视野的通途。通过阅读，以唤醒建平教师的问题意识、研究意识、创新意识，使他们逐步具有学习者、研究者、创新者的多重身份，进而涌现出一大批愿奉献、敢打拼、善创新的教师。

六、百尺竿头更进一步

近年来，建平中学高度重视图书馆在教育教学中的特殊功能，遵循"把学校建在图书馆里"的理念，大力推进"阅读校园，书香校园"的建设。如今，整个校园文气正浓，获得的荣誉也不胜枚举，如"全国中小学图书馆先进集体"等。图书馆不断创新服务模式，提高服务意识，让图书馆真正成为师生名副其实的精神家园，让书香溢满校园。

（执笔人：张希敏　张志斌　曹欣月）

书香人文校园　悦读乐学天地

上海市新港中学

　　上海市新港中学坐落于东海之滨书院镇，是一所农村公办初级中学。现有 11 个班级，341 名学生，35 名教职工。多年来，学校坚定奉行"让每一只鸟都欢唱，愿每一朵花都竞放"的办学思想，秉承"诚与爱"的校训，落实"阳光育人，多元发展"的办学理念，全阵线构筑"阅读＋育人"的"书香校园"，致力于培育具有"农村本色，城市气质，国际视野"的阳光少年。"德馨书院"是学校图书馆馆名，受古代四大书院的启发，寓意德馨于书院（读书研习之场所），德馨至书院（家乡书院镇）。学校建设"校园就是一本书，校园就是一座图书馆"的开放性阅读场所，"人人皆读、时时能读、处处可读"成效初显，校园洋溢着幽幽醇厚的书香之味。

一、打造"拐角遇到书，转身润书香"的阅读空间

　　"德馨书院"建设 1 馆（1 个 50 平方米固定图书馆），5 区（阅览区、电子阅览区、视听区、诵读区、分享区），11 点（11 个班级漂移交换点），13 柜（13 个拐角随翻柜）的格局，打造"拐

自主阅览角

"德馨书院"

"悦读"阅览区

学生自主管理阅览室

角遇到书，转身润书香”的阅读空间和氛围。

其中3大阅览区分布于学校各楼层，向师生全天候开放，由馆员自主管理。第一阅览区"悦读"区位于鹿鸣楼，浅绿的色调和舒适的布艺沙发带来静谧温馨的阅读氛围。明媚的阳光透过落地大窗照射进来，无论是舒适地倚靠在临窗两两相对的双人沙发上，还是坐在中间土布覆面的书桌旁，都让人有一种心灵庸散且无比惬意之感。白色的格子吊顶，原木色的桌子，浅绿色的座椅，和窗外那生机勃勃的田园美色交相辉映，心灵的宁静与成长在这一刻和谐交融。墙上，是定期推出的"好书推荐"。"诵读"区紧邻"悦读"区，四层阶梯座位，可容纳100位左右观众，它也可以和"悦读"区共享空间，容纳更多的观众。科技的进步也带来了图书借阅方式的改变，图书馆在此阅览区放置了自动借还的电子书柜，方便学生借阅书籍。

第二阅览区"外语"区位于思齐楼三楼，学生在这里可以阅读外语书籍。整个阅览区灵动，充满生机。开放的书吧以森林为背景，枝繁叶茂的知识大树屹立于阅读区中央，灵动的小鹿带着学生在知识的森林里猎取，享受逐知的乐趣。学生可以

翻开一本书，随意盘坐在大树底下一个人静心阅读参悟，也可以拾阶而坐，恣意随性。

第三阅览区"德馨"区位于"德馨书院"，这是学生每日必经之地。弧形的布艺沙发可以根据需要独立安放，也可以围成一个讨论空间，白色圆桌上摆放的书籍，可供学生随时阅读和讨论。这里，成了最受学生欢迎的休闲之处。不远处摆放着褐色沉稳的长条几案，几案上铺垫着神奇水写布，笔架上悬挂着各款毛笔。当学生想抒发胸臆，他们可以挥"墨"书写，墨韵溢彩。

随着图书馆的不断建设，学校还增加了电子阅览室，电子图书阅览器。图书馆空间延伸到班级图书角，每个班有图书漂移交换点，定期到图书馆借还书目。学校的廊道和拐角都设有随翻柜，"一次不经意的翻阅，结下一段难解之缘"。学校就是一本书，学校就是一座图书馆，师生一起浸润书香中。

二、特色活动与教学

（一）引领内涵项目建设，科研带动阅读

学校以"书香校园建设""阅读领航的核心素养培育"等学校内涵项目指导，先期推动了阅读教育的本土方案可行性论证，随后落实了阅读与核心素养培育的实施细则制定和活动开展。学校以小课题研究的方式，引导学生在专心阅读中激发好奇心，培养质疑的习惯，综合运用知识并开展实践探究，开展了阅读领航的环保课题研究、阅读领航的职业生涯、阅读领航的非遗保护与传承三类内容的小课题研究。在研究中强调学生的自主学习、设问探索、知识迁移、科学论证。学生在阅读、探究、沟通交流、团体合作、英语会话等各方面的能力均有了不同程度的提高。

（二）搭乘校园节庆便车，承载全员阅读活动

以阅读节、诗词大会为载体，指导学生发展批判性思维，

教师朗读活动

展开多元化的阅读延伸活动。学校将第四届校园阅读节的主题确立为"在阅读中思辨，在思辨中阅读"，激励教师研究阅读的指导策略，在阅读中培养学生的批判性思维；培养师生良好的阅读习惯，热爱读书，以书为友；探寻培养学生阅读素养的多种途径。以此让学生在阅读的过程中更好地理解文章并吸收其精髓，成为一个具有批判性思维能力的小读者。

以英语节为抓手，拓展学生外语会话和国际交流能力。第二届校园英语节，其内容有：同唱一首英语歌、同读一本英语名著、同看一部英语原版电影。另设学校特色项目：英语世界口语文化闯关、英语口语之校园文化角介绍比赛、英语动画影视配音、英语小报展评、英文歌曲演唱赛、莎士比亚经典演绎等。学校以此为契机，设立了推动英语课堂阅读教学与英语节相结合的校级子项目。如阅读莎士比亚经典戏剧，演绎其中经典片段；学生在教师指导下阅读英文原版书。由于成效明显、影响较好，2017年，受浦东图书馆、书院镇文化中心委托，共同举办浦东新区首届英语节活动，为阅读教学尤其是英语阅读教学积淀了经验，学校的阅读教学辐射至周边社区，受到了好评。

以科艺节、非遗节、传统文化节等为依托，提升主题阅读与节庆活动的密切度，奠定广泛阅读是基础、专业精读是严谨、知识迁移是活力、能力实践是成长的学习氛围。

（三）设置阶段发展目标，搭建成长阅读阶梯

学校开展了以"学校就是一本书""校园就是一个图书馆"为主题的、以"广泛阅读开拓眼界、综合学习提升境界、多维吸纳丰富世界"为目标的书香人文建设。预设分年级阅读目标，丰富学生阅读成长手册，创建阅读的激励制度，形成有效的阅读评价体系。

确立分年级阅读目标。架设移步登高的阅读阶梯，将阅读纳入课程，并尝试研究整合多门学科的综合性课程。引导四个年级分别建设"让阅读走进生活""让阅读伴随成长""让阅读成为习惯""让阅读架设桥梁"的阅读目标，设计不同的阅读成

校园阅读节开幕式

第五届校园阅读节学生朗诵《满江红》

学校自主编写分年级《阅读成长笔记》

长笔记，开展泛读活动的组织工作。为学生推荐书目，让学生自主选择喜欢阅读的书籍，不压任务，不提要求，使阅读成为他们的内在需求。浸润于"书香校园"氛围中的学生，毕业时拥有丰富的阅读量，养成习惯读书、爱好读书、离不开读书的好品性。

三、管理与制度保障

（一）制度建设

学校图书馆周一至周五中午向全校师生开放，师生可持借阅卡外借，每次借阅1本，期限2周。各班级还可以采取"班级漂移站"的集体借阅模式，每次借阅不超过20本，期限2周。"班级漂移站"由班级学生自行管理，借阅登记。阅读区由学生自主管理委员会、图书管理志愿者协同图书管理员共同管理。学生自管会和图书管理志愿者，能很好地进行借阅登记，整理

归类，在实践过程中也增强了责任意识和管理能力。

（二）资源保障

学校与复旦大学指导下的书院人家酒店有限公司"国学讲堂"联姻，开展低入门、多层次、广维度的人文活动，接受文化艺术熏陶；学校还与浦东图书馆开展共建活动，提升图书管理软硬件建设，促进阅读文化的传播。

四、实施成效与展望

2015年，学校获得了浦东新区教育局内涵项目建设——书香校园项目建设的优秀奖；连续六届的校园阅读节已深入师生心里，参与面广，深受喜爱。学校自己开发了四个年级的"学生阅读成长笔记"。学生的阅读小课题"原来我们是这样的蚯蚓"获联合国中国青少年环境论坛优胜奖。

阅读，是学生精神成长的催化剂。"德馨书院"的建设在硬件上已初具成效，图书馆如何结合学科特点切实开展有效的阅读指导，引导学生投入地阅读，感受阅读的魅力，还需要不断地探索和学习。

（执笔人：朱国花　潘春霞　陈国权）

"荷"你一起阅读，共赏璀璨星空

上海市黄浦区荷花池幼儿园

星空永远是那么安静，那皎洁的月亮，那神秘的星星，让人们不禁进入无限遐想。"繁星闪烁着，深蓝的天空""是童年，是梦中的真，是真中的梦"。2017年9月1日，坐落于徽宁路238号的黄浦区荷花池幼儿园海珀部的"星空阅览室"，在孩子们的欢声笑语中，徐徐拉开了新学期的序幕。

早在20世纪80年代，荷花池幼儿园就以其幼儿艺术教育的独特风格而享誉幼教界。在上海的幼教界，"荷花池"是一张响亮而瑰丽的名片，不仅因为它有一个美好而清新的名字，更因为它呈现出的光彩与特色。建园60年来，以"厚德、创新、聪慧、卓越"的校园文化为载体，确立了"荷塘"乐"色，花"漾"童年"的办园思想。幼儿园的每一处、每一物都充满温馨，孩子们在幼儿园里吸收着艺术的养分，茁壮成长。

一、"荷"你一起，发现荷幼不一样的美

走进荷幼海珀部，首先可以感受到园所的环境美。它是一所充满中国元素的四层建筑，可以容纳6个班级，共180名幼儿。"池水清浅，碧波微漪，一朵小荷，在你的眼前，素素地开着。"在幼儿园大门口，你会看到一个粉色的荷花雕塑矗立着。走进大门，优雅的荷花池喷泉，荷花一朵又一朵，连成一片青色的荷海。小麦色的瓷砖配上潺潺的流水，几条小鱼在水池里欢快地游来游去。

图书馆整体内景

图书馆外景

走进大楼，在右方就是充满中国风的幼儿洗手池：原木色的框架、浅绿色的背景上荷花若隐若现，凸显"接天莲叶碧绿绿，映日荷花别样红"的办园理念。孩子们洗手时，抬头望去，眼前是如此清新、优雅的景象，时刻感受到幼儿园艺术的氛围。

整个海珀部占地面积 3000 平方米，有宽敞明亮的大厅、多姿多彩的活动室，以及走廊上富有表现力的线条和卡通元素……孩子们被这样的"童话王国"所吸引，稚嫩的脸上洋溢着笑容。精心打造的安心、舒适而又充满童趣的环境、丰富的幼儿园生活也得到了家长的赞许。

二、"荷"你一起，打造星空阅览室的美

为了营造温馨舒适的阅读环境，让幼儿在阅读时体验到愉悦感，我园决定将海珀部阅览室打造成一个充满梦境的、温馨的场所。知识就像浩瀚的星空一样漫无边际；知识代表着一闪一闪的星星，它可以照亮我们的人生。因此，将阅览室命名为"星空阅览室"，让孩子们尽情畅游在知识的海洋里。

（一）下沉设计，利于学思交流

走进大楼，在正前方便会看到幼儿阅览室两扇古风古韵的、大型的中式栅栏移门。慢慢拉开阅览室的移门，宽广、明亮的感觉油然而生。整个阅览室面积为 65 平方米，在偌大的环境里阅读实属一种享受。

首先映入眼帘的就是正中心两层下沉式的阅读区域——青荷池。整个青荷池的池壁和池底都运用了浅绿色，使其变得清新自然，即为"青"。而"荷"字音同"何"字，有着"疑问、疑惑"的含义，意喻孩子们在阅读中喜爱探索、大胆提问的精神。错落有致的环境，将阅览室的整体打造得十分立体。四周下沉式的环境则以皮质软包为外部材料，内部填充了重磅海绵，软软的质感，孩子们在区域内的安全有了保障。有了下沉式的阅读区域，可以脱掉小鞋子，走进青荷池，席地而坐，与同伴一起交流，探讨书中的奥秘。

（二）幼儿选读，注重五大领域

在下沉式阅读区的左右两面墙上，嵌入了大大小小近五十个方形书架，摆放了将近两百本图书，按五大领域（健康、语言、社会、科学、艺术）进行图书分类，陈列在书架上。原本单一枯燥的墙面瞬间变成了富有立体感的"书架墙"。在这些书架上，有孩子们喜欢的语言类童话故事，如《小猪佩奇》《冰雪奇缘》；有带领孩子探索自然的科学类书籍，如《变变变》《动物的皮毛和翅膀》；有培养文明习惯的健康类书籍，如《我的身体》《便便去哪儿了》；另外还有颇具韵味的中国古典文学、传统文化类图书，如《二十四节气》《过年啦》等。除此之外，阅览室里还有与教师平时集体教学活动有关的书籍，幼儿可以自行翻阅读取，对集体教学活动的内容进行巩固、延伸。

（三）电子导读，体验童趣盎然

在下沉式阅读区的前面，还配备了两台高科技的电子阅读互动屏。在电子阅读互动屏里还有很多与绘本有关的小游戏，孩子们在欣赏完绘本后可以通过小游戏来加深对绘本的印象。

电子阅读互动屏让孩子们仿佛置身于童话世界，与里面的卡通人物一起游戏、学本领。为有效解决电子屏幕的反光问题，还在电子互动屏的前方玻璃处装上了两块窗帘，保护孩子们的眼睛。

电子阅读

（四）星空畅读，展望美好未来

抬头仰望阅览室上空，便会看到漫天的星星在闪烁。这是精心打造的"满天星空"，也是阅览室最为动人的一处景。正如同它的名字"星空阅览室"一样，抬头便是璀璨星空，亦梦亦幻，孩子们畅游在图书的海洋里，让阅读变得浪漫而酷炫。

在阅览室的四周，还有很多可爱的动物小沙发。长颈鹿、小青蛙、小鸭子……这些样式不同、颜色各异的小动物们静静地坐在阅览室里，成了孩子们的阅读伙伴，似乎在等待着幼儿拿起一本书，与它们一起感受书的美好。

图书馆内景

阅览室的南面墙，是一整排钢化透明玻璃，室外明亮的光线照射进来，给孩子们在阅读时提供了良好的照明条件。孩子们还可以在阅览室里透过玻璃窗看到操场上美丽的风景，而玻璃良好的隔音效果也确保了阅览室的安静。

三、"荷"你一起，体验互动阅读的美

星空阅览室就如同星空一般吸引着孩子们，让他们忍不住去探索图书世界。阅览室由一名专职教师日常管理，师生共同参与，帮助幼儿自主阅读，养成良好的阅读习惯。

（一）集体阅读式

有时候老师会选择一本孩子们感兴趣的图画书，或者根据集体教学活动的内容来选择图书。而孩子们则静静地围坐在老师周围，听老师声情并茂地阅读，发现许多新奇的事物，畅游在故事中的神奇世界。

（二）好友分享式

有时候幼儿的兴趣各有不同，他们会自由分散，去选择自己想看的图书，三三两两的好朋友聚集在一起，分享着浪漫的童话。一本书看完了，好朋友之间会小声地分享自己看的图书，介绍给更多的好朋友。

分享阅读

集体阅读

（三）故事交流式

有时候幼儿会开一场故事交流会，每个人说一个喜欢的故事，坐在一旁的幼儿安静地聆听，时而为故事中跌宕起伏的情节紧张，时而为故事中生动活泼的小动物欢笑。在故事交流中，孩子们发展了语言表达能力，提高了对阅读的兴趣，也促进了同伴之间的交流。

（四）科技体验式

有时候幼儿看书累了，会选择玩一玩互动屏，体验高科技阅读的乐趣。偌大的屏幕、高清的动画、清晰而又富有童趣的音质，孩子们驻足在电子屏前，选择一本喜欢的绘本，静静地倾听着一个个有趣而又生动的故事……

每次孩子们走进星空阅览室都是兴奋的，喜悦的，欢笑的，当他们挑选好自己想读的书后，很快就能找到一个地方坐下来，慢慢地沉浸到图书的世界中去。

四、"荷"你一起，丰富幼儿成长的美

（一）自我管理，共育阅读习惯

日积月累的习惯养成，让幼儿对阅览室的阅览制度牢记于心，他们的自主服务与管理就像是水到渠成，自然而有效。

1. 星星小读者

从小班开始，教师都会结合教学主题，在班级中开展"我和图书馆"的系列活动。在活动中，一本本崭新的图书就像一群穿着新衣服的小可爱，通过生动的故事让幼儿感同身受，图书也需要他们真心的爱护。一个个不文明的阅读习惯让幼儿连连摇头说"不"，教师和幼儿约定好"拿一本，看一本；轻轻翻书，慢慢看；看完一本，换一本"，爱护图书，文明阅读，从我做起。

2. 星星小提示

在阅览室的书架上，教师也精心地贴上了阅览室"星星小提示"，"嘘！轻声""轻轻翻书""每次 1 本书"等简单的提示，使用黄绿色系的图画和文字，巧妙地融入了原木书架中，既不显突兀，又能让幼儿随时看到，在阅读的过程中潜意识地养成良好的阅读习惯。

（二）自由品读，共绘阅读美好

每月幼儿园还会开展"图书漂流"活动。每月的第一个周一，孩子们都可以进入阅览室，选择一本自己最喜爱的图书，带回家和爸爸妈妈分享。我们邀请家长共同参与到孩子的阅读活动中，为孩子们讲一讲他们自己选择的图书，每月最期待的时刻。

"图书漂流"让孩子们兴奋不已，他们期盼着能分享好朋友所看到的那些美好的片段，让图书真正漂流起来。

"图书漂流"让一本书变成了一百本书，真正实现了图书的共享，智慧的流动。漂流的不仅有书香，还有孩子们的品德和责任、沟通和诚信，是一段充满书香的奇妙旅程。

五、"荷"你一起，延续荷幼发展的美

（一）丰硕的成果

通过在星空阅览室阅读，每一位幼儿都提高了语言能力，而在阅读的同时也促进了师幼关系的发展。孩子们在教师的陪伴下也获得了各种荣誉："小青蛙故事大赛"一等奖、"萌娃读书会"第一名等。荷幼的教师还参加了"提高幼儿阅读能力"的培训，更好地指导幼儿如何阅读。

（二）美好的未来

"一本书像一艘船，带领我们从狭隘的地方，驶向生活的无限广阔的海洋。"星空阅览室让孩子们的阅读变得更加有趣，高科技的电子阅读互动屏与传统式的书本阅读相结合，从教师引导转为幼儿自主。后续我们还会开展更多的图书阅读活动，如"星空共读""梦的摇篮"等，让孩子们享受阅读，爱上阅读。

在我们的星空阅览室中，孩子们就像一颗颗璀璨的明星，闪耀在知识的星空中，偶尔滑过的流星就仿佛是他们的灵光一现。如此优美的阅览环境，如此丰富的图书资源，如此舒适的读书体验，让每一个孩子畅游在知识的星空里，一起感受，一起成长！

（执笔人：任 莉 朱励怿 丁 依）

徜徉书林中，流连彩云间

上海市黄浦区卢湾一中心小学

这里，是整所学校最大的区域空间；这里，有最合理的布局和设计；这里，每一寸地板，每一个书架都用了最安全、最舒适的材质；这里，每一册图书都经过精心挑选，孩子们的每一次借阅都被记下……

这里就是上海市黄浦区卢湾一中心小学的"彩云图书馆"，她的建成就是为了吸引越来越多的孩子走进广阔的书林，驻足停步，流连忘返。

静静的淡水路，有着许多历史故事，透着浓浓的人文气息。创办于1932年的卢湾一中心小学便坐落于此，这是一所公办小学，拥有深厚文化底蕴和优良办学传统，连续十多年被评为"上海市文明单位"，现有38个教学班，1282名学生，122位教职工。学校秉承"教有真情，育无止境"的办学理念，在深入推进课程与教学改革的实践中，积极实施情感教育，以情感人，用情育人。近年来，在继续秉承情感教育的理念下，顺应信息化时代发展的需要，进一步关注学生学习进程和学习情感，满足学生个性化需求，让学生幸福学习、健康成长，进而提出了"云课堂"的研究，"云课桌""云厨房""云手表"等信息化设计应运而生，服务于教育教学，根据学生的需求提供适切的帮助。"彩云图书馆"就是"云系列"中引人注目的一朵"云"。

图书馆自建校始就设立，其间经历数次改、扩建。学校实行校长领导下的馆长负责制，从人员、经费、馆舍、资源建设多方面保证图书馆工作顺利开展。工作

彩云悦读角

质服务。早在 1987 年就实现了全开架借阅，1997 年采用计算机管理。2009 年，建设并应用全开放式的图书信息中心——彩云图书馆，以人性化的设计，温馨的阅览氛围吸引着师生徜徉书海。2014 年自主研发适用于学校图书馆的智能管理系统，为图书馆注入全新的技术和服务理念，开启了新型学校图书馆运行模式，彩云图书馆成为全国"最美校园书屋"……

一、立足服务，让孩子徜徉书林

工欲善其事，必先利其器。学校重视图书馆的建设与发展，努力营造温馨环境，引领孩子走进阅读天空，通过信息化建设创新服务功能、提高管理效率。

（一）温馨环境激发阅读兴趣

人员稳定，设有专职馆员 1 人，兼职教师 2 人，均具有大学本科学历、图书馆岗位证书。馆藏资源丰富，图书六万两千余册，生均达 48 册，电子读物六千三百余件，期刊、报纸近百种，设备齐全。各项管理规范化、科学化、信息化，规章制度健全，严格落实，账册资料齐全，图书经费有保障，为师生、教科研提供优

2009 年，学校整体搬入新校舍。新馆总面积 450 平方米，位于全校最好的一层楼面，宽敞通亮，一面全部朝南，手捧书本，和煦的阳光洒在身上，坐北的一面与屋顶花园为邻，空气清

新，花香伴书香。新馆采用先进的设计理念，全框架结构，根据小学生特点设计了彩云低幼阅览区、中高年级阅览区、电子阅览区，另有书库、教师悦读吧、采编区，形成了藏、借、阅、研、休合一的大开放格局。

三个阅览区域各具特色。最受学生喜欢的低幼阅读区域是半圆形开放式，这里没有传统意义的椅子，取而代之的是一排台阶，配备坐垫，学生可以以最轻松的方式自由阅读，可以坐着，可以趴着，可以斜靠着，十分惬意，充分激发了孩子自主阅读的兴趣。中高年级阅览区专设阅读桌椅，制定有阅读规则，教师在课上进行阅读方法指导，带领学生做简单的读书笔记和摘抄。在课后开展社团活动、分享阅读心得。教师悦读吧是教师每周开展教研活动、主题研讨的首选之地。在这里不仅空间独立、环境安静，更能就地取材，丰富的网上资源和教师阅读资料能使人全身心投入到研究中。

书香并不只在图书馆里，它弥漫在整个校园里。教学楼每个楼层都设有彩云悦读角，每个班级都拥有彩云悦读吧，图书馆把书送到教室里，送到孩子们身边。全校 38 个班级，每班 100 册图书，每学期更换两次。彩云悦读角，每层 60 册，每月更新。孩子们身边随时、随地、随需可享阅读，阅读早已成为全体师生良好的生活习惯之一。

（二）技术支撑助推阅读能力

2014 年初，学校与家长志愿者一起自主研发了适用于学校图书馆的 RFID 智能化管理系统，在全国中小学属第一家。系统实现自动编目、自助借还、智能导航、微信查询、实时监控、个性统计、作品交流等功能，为师生提供更为方便优质的服务，彩云图书馆的馆训"一切为了读者，为了读者的一切"得到了充分的体现。

1. 自助借还，方便学生

过去，学生每借一本书，都需要工作人员扫描条形码——

自助借还机

录入，借一次书至少要一分钟，学生中午借书往往要排上长龙。现在，师生借还图书只需把借阅证和图书放在自助借还机上即可，2 秒内便可完成多册图书的借还，最多能识别 10 本书，学校还贴心地为低年级学生设置了语音提示，帮助引导低龄段学生自主操作，这大大方便了学生，也减轻了流通馆员的工作强度，提高了借还书的效率。

2. 数据分析，助力教师

大数据能够记录学生成长的足迹，为学生的个性成长、教师调整教学计划提供有力支撑。系统能提供个性化自定义统计功能，学生每一次的借书还书都被自动储存统计，每周、每月借还数据、每班的借阅总册数、生均借阅册数自动生成。班主任和学科教师了解这些数据后进行分析，关注数字背后的内容，针对学生不同的阅读情况及时关心，给予个性化的指导。学校一位"小诗人"的成长就是很典型的例子。语文教师通过借阅数据关注到他的兴趣所在，从推荐他感兴趣的书籍起步，逐步培养起他的学习兴趣，养成良好的阅读习惯，促使他渐渐成长为一位妙笔成章的"小诗人"。

3. 建立微信，服务家长

云平台的移动端"微信"功能，满足了家长、学生、老师随时、随地、随需的在线服务。现在家长购书，会习惯性登录"彩云图书馆"公众号，搜索书名或扫码 ISBN，便可以查询到学校图书馆有没有这本书，以及复本数、库存状态，直接来馆借阅即可，为家长节约了资源。孩子和教师的阅读心得通过微信进行分享和交流，家长在其中与孩子一起阅读、体验，感触颇多，这种不受时空、地域限制的共同学习氛围让他们觉得弥足珍贵。

4. 瞬间定位，减负馆员

智能系统也减轻了馆员编目、上架、理架的工作。图书进馆加工时，只需扫码 ISBN，瞬间读取在版信息，极大地提高了工作效率。学生还来的图书，工作人员不必每天重复花精力把书一本本细分归架，只要用定位仪"扫一扫"就行，还书的新位置自动储存进云端；盘库时能快速清点馆藏资源。馆员减少了烦琐重复的劳动，有更多的时间和精力开展阅读指导和读者咨询等工作。

2015 年来，彩云图书馆参加了全国教育信息化展览、上海市教育博览会，接待了各省市学校、各区图书教研员、图书馆同行的参观学习，这套自主研发的智能管理系统在全市中小学图书馆推广使用，甚至辐射至外省市。

2016 年 12 月，在市科协、区人大、区教育局多方协作下开展的"智力扶贫"项目中，卢湾一中心小学"云课堂"系列之"彩云图书馆"落户延安实验中学、小学，为革命老区的师生提供服务。

二、阅读推广，提升阅读品位

著名教育家苏霍姆林斯基曾说："让学生变聪明的方法，不是补课，不是增加作业量，而是阅读、阅读、再阅读。"学校一直致力于书香校园的建设，努力做阅读推广人，引领孩子爱上阅读。

图书定位仪

学生阅读

主题阅读活动

（一）日有所诵滋养习惯

阅读是孩子最珍贵的宝藏，从小养成阅读习惯的人，一生受用无穷。每天晨间，教室里手捧书本静心阅读的身影，走廊里轻声吟诵的声音，构成校园最美的画卷；午间，是各班推荐好书、分享阅读感悟的美文共享时刻；晚间，每个孩子自觉阅读至少30分钟后进入甜美的梦乡。每日必读，已成为一中心孩子的习惯，如同呼吸一样自然。

（二）校读书节激发兴趣

4月10日是卢湾一中心人的读书节日，每年4、5月，学校都会精心策划、积极开展读书节活动。定主题，定计划，定落实，形式多样，内容丰富，全员参与，"读书节"已成为学校的一个传统节日。每届读书节活动都精彩纷呈：有"班级图书馆"和家庭"亲子书架"评选，有"好书伴我共成长"书摘展示活动，有精美书签制作，有"快乐阅读"好书推荐、"诗情画意"诗配画、绘本创编和"创新阅读"演绎活动等，还有"捐出手边一本书"全国希望书库捐书活动，帮助贫困山区的孩子建立图书室。

如在第七届读书节"走进中国经典动画"系列活动中，同学们利用早晨和晚上阅读推荐图书；中午，通过校园网收看《没头脑和不高兴》《渔童》《神笔》《牧笛》《天书奇谭》等经典动画片，了解剪纸、木偶、水墨动画的不同表现手法；在语文课上写一写动画故事新编，美术课上画一画我喜欢的动画人物，劳技课上做一做人物连杆玩具，音乐课上唱一唱主题歌，午会课上进行配音表演……在读读、讲讲、唱唱、做做、画画、写写、评评中，同学们体验到原来还可以这样阅读，阅读可以这样快乐。

像"小绘本 大世界"、"诗韵润泽童心"、"走近曹文轩"等主题的读书节特别受学生喜欢，创作热情高涨。学校还通过网络、微信公众号等平台宣传读书节活动，让更多的人了解、参与到活动中来。一些社区老人和学生家长也主动参与进来，共读一本书，其乐融融。

（三）阅读课程有效指导

校内阅读课程化，将阅览纳入课程表，全校38个教学班，每天的阅览课排得满满的，可以同时容纳两个班级。在阅览课上既有自由阅读，也有系统性的指导，帮助学生学会阅读，培养自主获取知识的能力。

每位一年级新生入学即有一张借阅证，图书馆开设"参观图书馆""借阅指导"的图情课，帮助他们熟悉图书馆，了解服

美文诵读

务内容和借阅制度，学会自助借还书，学习做文明小读者；为三年级学生开展"图书馆基础知识"讲座，帮助他们了解最基本的图书分类方法，初步学会利用馆藏资源来寻找图书。为各年级推荐必读和选读书目，为各学科提供阅读资源。能进入彩云图书馆里上阅读课，成为孩子们最期待的，2017 年阅览生均达28.3 人次。

（四）"云导读"传递温情

图书馆配合学校"云课堂"课题研究，提供语文学科海量阅读书目和资源，并策划开展了"云导读"的"互联网+"阅读新模式。在微信平台建立班级阅读群，开展整本书陪伴式经典导读活动。学生充分利用图书馆资源，在校或在家阅读纸质图书；双休日晚上，每个微信群都有导读老师在线指导学生讨论、交流，实现生生、师生共读共评，帮助学生掌握读书方法，交流阅读体会，提高阅读品质。

云导读分享会

（五）读书活动乐于分享

每学期，学校都会组织、指导学生积极参加市、区各级各类主题读书活动，引导全校学生与书为伴，与经典为友，积极创作，提高综合素养，快乐成长。在每年上海市中小学生暑期读书系列活动中，学校参与人数位列市、区前列，获奖人数众多，学校连续十几年荣获"上海市优秀组织奖""区优秀组织奖"。

学校正是通过生动有趣、形式多样的阅读推广活动，构建了课内课外相结合、校内校外相结合、家校社区相结合的共享阅读特色，坚持广泛、深入、持久地引领孩子们徜徉于文字，浸润于书香，养成阅读习惯，收获阅读快乐。如果说图书馆硬件是"骨"，书籍是"肉"，那么每年开展各类精彩纷呈的读书活动就是"血脉"。

三、硕果累累，继续砥砺前行

近三年来，学校荣获全国"最美校园书屋"、上海市图书馆先进集体、上海市阅读推广优秀组织、上海市读书活动先进集体；论文《与"云"随行的彩云智慧图书馆创新之路》荣获市一等奖，《为阅读插上互联网的翅膀》荣获市二等奖；彩云图书馆的建设与应用经验多次在市、区中小学相关大会上进行交流、分享；上海教育台、《上海教育》、《黄浦报》等媒体对彩云图书馆进行了专题报道。

"雄关漫道真如铁，而今迈步从头越"，面对全面落实立德树人深化课程改革的新任务，图书馆如何深入课程教材和教学领域，实现与学科教学全面深度融合，我们思考着，并将探索、践行，让每个来到这里的孩子，都能徜徉书林中，流连彩云间。

（执笔人：刘　红）

成为通向未来之门的钥匙

上海市黄浦区蓬莱路第二小学

黄浦区蓬莱路第二小学地处上海老城厢蓬莱路 225 号，创办于清光绪三十二年（1906 年），是一所拥有深厚历史文化底蕴的百年老校，现有 35 个教学班，97 名在职教师，1212 名学生。

学校关注儿童个性发展与基础素养的教育与研究。近年来，学校以"在这里，我们发现未来"为办学理念，在个性教育的基础上倡导"玩中学"，创建"蓬莱小镇"校本特色课程，把微型社会搬进校园，通过小小社会人角色的体验、学习、认识、了解和发现自己，认识和探究社会，展望和创造未来，培养"守规则、懂礼仪、展个性、乐创新"的未来社会人。

学校图书馆作为学校教育、教学、科研和学校整体规划中一个不可或缺的重要组成部分，办馆理念"成为通向未来之门的钥匙"契合学校办学特色，充分利用图书馆资源，充分发挥图书馆的应有功能，提升图书馆服务效能，为培养学生阅读兴趣与习惯，开阔视野，发展个性，培养学生的自主学习意识和创新意识，提升学生的综合素质，为培养未来社会人打好基础。

图书馆内景　　　　　　　　　　　　　　　　阅读区域

一、图书馆基础建设

（一）馆内阅读环境

学校按照标准为图书馆添置硬件设备，包括：配备数量上能基本满足藏书要求的书架、报刊架；配置服务器；配备一台专用电脑；配置条码扫描枪、扫描仪、打印机等设备；为编目、图书流通工作创建了顺畅的工作平台。图书馆连接校园网和互联网，并具备充足端口或集线器。

随着 2016 年学校图书馆的改建，图书馆从硬件、软件等各方面进行了升级，为学生打造更加良好的阅读环境。RFID 自助借还机的设备增添，提高了日常借还书效率，节约了学生借还书时的等待时间，给予他们更多时间挑选、阅读图书。

环境布置上，为学生提供了温馨、舒适的阅读区域。其中的地垫及懒人沙发让学生能够愉悦地选择自己喜欢的坐姿进行阅读；墙面圈状座位区更给学生安全感和舒适感，让他们或躺或坐入其中阅读，优雅的阅读环境增加了阅读的吸引力，留住了阅读的欲望。另外馆内还设有舞台区域，不仅可供学生平时阅读时坐卧，也能在学校开展各类活动时使用。

（二）书香校园建设

由于学校地处老城厢，图书馆使用面积较小，为营造更好

的校园阅读环境，学校图书馆积极参与了班级图书角、楼道阅读角及自由小书屋的运行。

学校设有"书香花园"网上阅读评价系统，倡导自由分层阅读，通过网上测试分析和评价，激发学生的阅读兴趣，给予教师分层阅读指导的依据，提高学生的阅读能力。图书馆配合"书香花园"阅读项目，每学期为各班提供适合学生年龄段的图书，并帮助充实班级图书角。

同时，在校内楼道口等多个区域设置了阅读角和视听角，并定期更换图书，让学生在课间、午后都能随时阅读一本书或聆听一个故事。

位于学校公共汽车教室车厢尾部还有一个"自由小书屋"，"拿一本书，放一本书"，将自己家中多余的书放进小书屋，换来一本自己还没有阅读过的书。学生换书后可以坐在车厢、车站或者遮阳伞下享受惬意的阅读。通过分享阅读，培养了学生的规则意识，也营造了学校的阅读氛围。

二、在这里发现未来

（一）学生参与服务，培养阅读管理能力

为培养学生成为"未来社会人"，提升他们的服务、管理和探究能力，一些孩子参与到学校图书馆的管理中。

阅读角

视听角

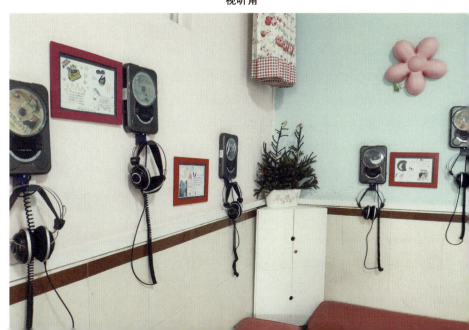

自由小书屋

学生阅读

从二年级开始，每班都会选派两名学生担当图书管理员，图书馆在开学初会对这些小图书管理员进行1—2次的培训，使他们掌握基本的图书馆管理知识，并且还须在小图书管理员的实践中随时指导他们解决可能遇到的问题。

小图书管理员上岗后，会在图书馆开放最繁忙的午间协助老师保障馆内的服务正常运行。那些不知道该看什么书，挑书时眼花缭乱的小朋友，更多会咨询小图书管理员。小管理员们在服务中锻炼了交流、沟通能力。

小图书管理员有时也会帮助教师一起整理并上架归还的图书，在上架的过程中，他们也能发现哪些书更受欢迎，哪些书更值得推荐，因此，他们也是图书馆新书推荐、好书分享的主力军。好书新书推荐就这样通过馆内媒体展示、网站推介等方式传播。学生推荐的书在一定方面也代表了学生阅读的兴趣与热点，或是他们的阅读趋势，引发同学的关注。事实上这些书在上架后的借阅量也的确经常名列前茅。在新书推荐的过程中，小图书管理员们不仅锻炼了图书管理能力，也提高了阅读与写作能力。

小图书馆管理员们在参与图书管理中，养成了遇到问题主动思考、主动探索的习惯，在解决问题的过程中培养了他们的探究精神。他们的服务与探索也带动了身边更多的同学来图书馆借阅，提高了学校图书馆借阅的流通量。从中，他们不仅学到了很多图书的基本知识，还能使他们今后去各类图书馆学会更好更有效地借阅书籍、获取信息。

小图书管理员的参与，让学校图书馆的工作更加有条不紊，还能开展丰富有趣的读书活动，使得学校图书馆焕发出勃勃生机，洋溢着阅读的欢乐气氛，图书馆成为蓬莱校园的人气之处。

（二）联盟课程，提升效能

1. 探秘书香花园

图书馆成为"探秘书香花园"教学活动的重要场所，在部分年级探究课程中使用的"书香花园"网上阅读评价系统里的每一本书，无论中文还是英文，都可以在学校图书馆里找到，学生可以在图书馆阅读课程中的所有书目并完成阅读题目。

阅读评价系统内的"阅读小达人排行榜"根据学生阅读的质与量随时进行统计，每个学生可以在完成题目后看到自己目前的阅读排名。每月学校还会根据阅读和做题情况颁发"阅读小达人"和"最佳阅读班"称号。该系统培养了学生阅读的自觉性，提升了阅读的效率。教师根据自己的权限了解学生的阅读量和测试后的相关成绩，能对学生进行有针对性的个别化分层指导。对阅读能力强的学生推荐阅读更高级别的书籍，对阅读能力比较弱、阅读习惯不够理想的学生制定个性化的阅读训练方案，让每一个孩子都在"书香花园"数字化阅读系统的陪伴下提升阅读素养，增强阅读兴趣。

2. 魔法小书店

依托学校"蓬莱小镇"校本课程，图书馆针对一年级学生开设"魔法小书店"课程。通过"陈列大比拼""书迷活动日""书从哪里来""故事的诞生"等课程内容，指导学生发现如何分类、介绍推荐、制作图书，意在使学生了解图书、热爱图书，培养学生爱上阅读，也培养他们的动手协作能力。

"魔法小书店"在学生低年级课程中就注重将阅读指导和图情教育贯穿其中，同时也为热爱写作的学生提供舞台。从2015年开始，"魔法小书店"在学校范围内为学生出版他们的手写手绘书，在一开始尝试创作的学生作品带动下，此项活动越来越受学生喜欢，参与创作与出版的学生越来越多，出版过程也越来越规范：从小作者撰写书号申请表并提交小样，到工作委员会审核讨论选出适合出版的作品后申请书号，到与小作者举行签约仪式明确他们的权利和义务，到针对小作者在创作中

可能遇到的问题邀请相关指导老师，到校对、印刷后开展面向全校学生的新书发布会和作家签售会等活动一应俱全。图书馆在学生创编故事的过程中即是一个开放型学习空间，为他们提供所需的参考资料，带给他们知识的源泉，给予他们一部分创作灵感。在2017学年第二学期，部分小作者还将自己的作品带到其他学校开展巡回分享会，这也更加带动了他们的积极性。

2018年6月，学校开展了为期2周的蓬莱小镇首届学生书展，展出了近百名学生创作的手写手绘书，共计67本。其中8本由学林出版社正式出版，8本由少年儿童出版社正式出版。在书展期间，不仅每天都有小作者到场签售，还邀请了编辑老师介绍编辑工作、举行"书中人物T台秀""'书中的朋友'绿色作业介绍会"等活动。书展鼓励了更多学生参与创作，甚至让不爱阅读的孩子从读小伙伴的书作开始爱上阅读，更能萌生自己创作的欲望。"魔法小书店"课程带动越来越多的小朋友爱上阅读，爱上表达。

学校图书馆有力支持着教育教学的发展与创新，并将继续为培养"小小未来社会人"提供丰富的养料，为广大师生提供多元化的教学服务，为学生的发现与创新提供良好的学习探究环境，为学校的文化建设与特色发展不懈努力，再做贡献。

（执笔人：胡 莹）

"魔法小书店"课程

小镇书展

书香致远润心灵 "博文雅集"传文化

上海市第十中学

上海市第十中学是一所拥有百年历史的公办普通完全中学，创办于1906年，前身是"民立女中""市十女中"。著名教育家吴若安曾任市十中学校长，她倡导的"思无邪，行必正"教育思想，对学校的办学产生着深远影响。

学校图书馆秉承"正思、笃行、勤学"的市十文化，参与教育教学改革，实践"知识导航"的服务理念。图书馆实行校长领导下的馆长负责制，现有工作人员2名，均为本科学历，其中馆员1名，助理馆员1名。

为了拓展图书馆服务功能，更好地适应学校教育教学发展的需要，2015年图书馆成功申报"人文体验创新实验室"市级项目，旨在建成一个"以读者为中心"的协同与交互式学习空间。

一、书香致远润心灵

（一）空间改造助力教学实践

通过"以读者为中心"的空间改造，图书馆形成了以学术交流与知识分享、开放与互动体验、研讨与合作学习为特点的阅读区、研讨区、展示区、休闲区等形式多样的空间。图书馆简约明亮的环境布置和开放自由的空间设计吸引了师生们的到来。

研讨区

阅读区

在市级研究项目"基于学生核心素养培育 推进'4C课堂'教学改革的行动研究"中期汇报活动中，师生们走进图书馆，共同欣赏美文《哦，香雪》。青年教师从基础型课程的层面，就语文学科的关键核心素养进行展示。

在"党性铸师魂"的主题教育活动中，图书馆主动邀请党员教师入馆开设谈话课程。通过讲解式、讨论式教学，使高中学生明确学校教育不仅要学知识，更要学做充满正气的人。

结合学校版画校本课程的实施，图书馆和艺术教研组联合开展区级层面"版画教学成果推广和图书馆服务功能拓展相结合"的主题研讨会，并在馆内成功举办学生个人作品展。图书馆还和初中数学教研组共同开展计算达人赛，通过"趣味求解"等小组合作方式，培养学生数学思维能力。

"百十"校庆之际，青年教师们在图书馆历经说课、上课、答辩三个环节，以赛促教，提升教学能力。与此同时，同行专家群贤毕至，在图书馆里济济一堂，以著名教育家吴若安先生教育思想研讨的形式，弘扬吴先生的教育理念。

（二）空间改造助推"悦读"活动

随着各类课程的教学探索在图书馆新建空间中展开，图书馆的人气指数不断提升，这为校园阅读活动的推广提供了广阔舞台。学生们可以自由徜徉在"悦读"的世界里，放松身心，感受书香。

在"经典名著欣赏"课程中，图书馆指导语文教师利用"市十移动阅览室"完成教学任务。学生在规定时间内阅读同

一本电子书籍并上传读后感，教师则同步发表评论。师生交互的学习方式不仅有效保证了学生的阅读量，同时也调动了其阅读的积极性。

在世界读书日里，图书馆组织学生和教师互荐一本书，并将师生撰写的优秀读书笔记汇编成文集，在市十书友会上分享，共赏心灵盛宴。图书馆还携手高中年级组举办诗歌朗诵赛，推荐经典书目，引导学生咀嚼诗歌的芬芳。新学期伊始，学生撰写的书法楹联作品也在图书馆展出，"墨香天地间，执书为伴"的情境弥漫着浓厚的文化书香。

作为高中年级学生社团活动的实践基地，图书馆抓住这一契机，不仅聘请校外资深教师为文学社成员讲授图情知识，还带领高中生走出校园，走进上海最美图书馆——嘉定图书馆，开阔眼界，丰富学识。在徐汇滨江的钟书阁里，学生们在图书馆老师的耐心指导下，选择好书，寻觅佳作，让阅读成为最美时光。

阅读指导课

二、"博文雅集"传文化

在立足"人文体验创新实验室"建设的过程中，图书馆进一步探索、深化育人功能，搭建"博闻雅集"文化交流平台。通过这一平台，积极打造"市十文化专题讲堂"校本课程项目（以下简称"市十讲堂"）。

（一）"市十讲堂"运作模式

"市十讲堂"以"求真、向善、尚美"为主题，以"传播优秀文化，培育人文精神，提升校园文化内涵"为宗旨，聘请校内教师、校外专家或名人为学生定期呈现一系列传统文化、艺术鉴赏、科技教育等诸多方面的讲座，让学生和主讲人零距离对话、交流与切磋。

常言道"巧妇难为无米之炊"。如果一堂精彩的讲座没有主讲人的倾情讲述是难以开展的。因此，图书馆请来教工团的青年教师担当主讲，力邀党支部的先进党员进行传授，同时还充分利用校外资源，发掘校友、共建单位的名人专家，为学生呈上一道道文化盛宴。

"市十讲堂"从开设之初就得到了学校各职能部门的大力支持，并纳入学校德育工作计划。图书馆每举办一次讲座，都需要进行科学合理的规划。开讲前，一方面利用校园滚动电子屏和图书馆宣传栏张贴宣传海报，广而告之；另一方面利用年级组渠道分发报名表，学生可以自行选择喜欢的主题讲座报名。开讲时，学生手持有效入场券签到入场。入场券上印有不迟到、不早退等字样的温馨提示，从细节处着眼对学生进行文明礼仪教育，同时也提高了图书馆服务的有序性。讲座结束后，学生须填写问卷调查表，诸如参加讲堂的次数；推荐讲座主题、主讲人；聆听讲座的感受等内容。图书馆在采集有效信息后，进行归纳总结，为"市十讲堂"的持续发展提供保证。与此同时，讲座的实时报道任务交由高中新闻社成员负责，学生在图书馆老师的指导下进行撰文并及时发布到校园网。

（二）"市十讲堂"实践成效

老师走下狭小的讲台，学生走出拥挤的教室，师生共同走进"市十讲堂"，在自由开放的沃土中孕育绚烂的智慧花朵。三

学生版画作品展   徐汇滨江钟书阁之行

年来，讲堂已成功举办三十余期，吸引了一千多名学生走进图书馆。

在"传统文化在我身边"主题课程中，蒋老师结合高中学生的研究性课题讲授"汉字的书法之美"；贺老师为了让学生更形象地了解"中国古代的衣、食、住、行"，身着一袭旗袍款款而来；亢老师口中演绎的那只"穿越时空的'猴赛雷'"，正是中国古典小说《西游记》中孙悟空的形象。

有时，主讲人幽默风趣的身姿语言同样会给学生带来意想不到的愉悦和美的欣赏。音乐老师将擅长的"阿卡贝拉"无伴奏合唱带入讲堂，引导学生用肢体语言表达音乐意境，师生们"从头到脚玩音乐"，笑声不绝。上海市公安局反扒支队的钱警官在"公交扒窃讲座"里亲自扮演"小偷"，以实例警醒学生的防盗意识。而校友陈靓则以一堂"玉兰飘香"的讲座，带领学生进入沪语的奇妙世界，鼓励学弟学妹们传承上海本土文化。

面对刚踏入校园的新生，美术老师利用讲座渗透校本课程的内容，开设"从指尖到心灵——初识版画"，让学生在无痕教育中感受艺术的乐趣。"百十"校庆之际，王老师的《百十市十，初心不改》由老师和学生校史讲解员共同演绎。而上海历史博物馆的陈老师则将"南市·移民——上海城市文化之根"娓娓道来，让身处老城厢求学生活的孩子多了一份自豪感。

市十文化专题讲堂

一批追求精致生活、爱好美食的年轻教师为学生亲手烹制"饕餮大餐"——"'吃货'说吃""'啡'你莫属"。还有些讲座的主题看似神秘莫测，却包含主讲人精心设计的课程内容。例如，在"德玛西亚的召唤——走近电子竞技"一讲中，体育老师引导学生正确认识电子竞技在体育界的地位。计算机老师则将"二进制"与"八卦"紧密联系，道出了"八封不'八卦'"的渊源。

作为传播知识和引领知识的有效途径，讲堂的影响力不能仅局限于现场聆听讲座的学生。为了让更多的学生受益，图书馆收集整理出优秀讲座的文字、视频资料，借助现代技术团队制作成慕课，利用校园网络平台分享推广。"市十讲堂"逐渐成为校园里一张亮丽的文化名片。

图书馆充分利用资源优势，努力实践形式多样的文化活动。服务功能的拓展不仅让教师能更好地利用图书馆为教育教学服务，同时也让更多的学生主动走进图书馆、信赖图书馆、热爱图书馆。在这方神圣而美妙的天地中，师生们用纯洁的心灵感悟知识的力量、生活的真谛！

（执笔人：丁佳茵）

五位一体现代化图书馆助推书香校园建设

上海市大同中学

大同中学创办于1912年，是首批命名的上海市实验性示范性高中。学校位于上海市中心城区黄浦区，毗邻世博园区，占地50多亩，2017学年度有教学班26个（国际部除外）。教师总人数116人，其中任课教师107人，教辅人员9人。学校以"育人为本，育德为先，坚持改革，服务社会，发展自我"为办学理念。1987年起率先在全市开展高中课程整体改革，形成了成熟的课程体系和丰富的课程内容。扎实的基础型课程教学，多元化的拓展型课程选择，自主性的研究型课程及法语、德语等特色课程，丰富了学习途径，保障了学生全面而又个性的发展。以培养学生"学会做人，学会生活，学会学习，学有特长"为目标，坚持基础型、拓展型和研究型三类课程结构，努力满足每一个学生的发展需求。

伴随着课程改革，图书馆也经历着功能转型，经过2016年的翻新改建，学校图书馆在环境和功能上有了显著提升。将原来间隔墙打通形成更为开阔的"回"字形结构，总面积达1820平方米，现在图书馆由3楼的主体与8楼的同源阁组成，其中3楼为1210平方米，面向全校师生开放，以图书借阅功能为主；8楼为610平方米的同源阁，承担教师备课、研讨、会务等功能。3楼主体包含245座阅览席、20座电子阅览席、3间研讨室，由2名专职图书馆工作人员负责管理，成为集学习中心、文化

图书馆门厅 新书推荐墙 服务台

中心、交流中心、信息中心、创意中心五位于一体的现代化阅读空间。

图书馆现有馆藏图书12万余册，除基础品类外还有外文原版类、校友捐赠类、复旦学术著作专栏等各种特色藏书。图书馆日均人流量百余人次，年平均图书流通量千余册。图书馆常年配置学生志愿者服务人员42人，每天轮流值守，主要负责图书检索指引、报纸杂志整理、图书馆环境、秩序维护和开放活动服务等工作。

图书馆除了承担校内师生的文化活动以外，还不定期向社会开放，每个假期固定向社区开放8次左右，吸引了不少社区居民和周边学校的学生前来阅读体验。

一、学习中心——与课程建设紧密结合

图书馆不仅是学校传播知识的主阵地，更是学生自主学习的好地方。随着选课走班制度的实施，学生的学习需求在空间上和时间上都表现出很大的差异，每个人的课表都不尽相同，需要更多的学习空间来适应这样的变化。学校的图书馆积极探索课程研修的功能，为三类课程实施创设新的空间，满足学生多样化的学习需求与求知欲望，目前入驻的三大类校本课程分别是：（1）文史哲CIE课程；（2）"创意与创业""人口与环境""生命与环境""二战风云""世界地理"等专题研修课程；（3）引入慕课（MOOC）教育方式，提供"叩开数学之门""科

学、技术与社会""文博视界"等网上课程，打造空中大学堂。

文史哲 CIE 是常驻图书馆的一门校本课程，它结合图书馆环境及丰富的资源，就地取材开展课程内容，在实地开展资料检索相关的教学内容，还结合图书馆内举办的各种临时书画展开展美育教学，取得了很好的效果。

"创意与创业"课程，是以高中生现有的知识储备和社会经验难以完成最终的商业企划和论文设计的一门课程。为此该课程指导老师借助图书馆的资源，指引学生在图书馆查阅文献资料扩充知识，从而确定课程目标最终的研究方向。图书馆为他们提供了丰富的外部数字资源以及信息检索服务，配合指导老师指引学生如何又快又准地检索所需资料。

这种全新的课程实施方式得到了师生的良好反响，学校正在进一步地拓宽这方面的应用，通过课程和社团，将更多的课程和学习内容与学校图书馆实现更大程度的整合，通过任务驱动，让学生在图书馆的信息海洋里学会自主学习，打通图书馆与创新实验室、与课程的边界。

除此之外，学校图书馆还积极引入如尔雅选修课、暑期云课堂以及每周日的复旦人文讲座等校外优质教育资源，为学生提供更多的学习资源，打造学习中心大平台。

二、文化中心——文化活动推广阅读

传统意义上的图书馆以藏为主，而经改建后的新型现代化图书馆旨在全开架，从优美的环境、先进的软硬件设施以及主动型的服务上吸引读者自发进入图书馆从事学习及其他文化活动。环境上，简约舒适的设计中有机融入校园文化，其中"同源阁"更是成为校园人文十景之一；设施上，增设 20 台一体检索设备，开设专用七声道影音厅，集会务、视听、影音多项功能于一体，同时满足师生不同需求；服务上，馆员进一步接受设备使用及专业知识培训，使得图书馆一改以往被动接受模式而是采用预约制，除固定资源外，馆员可主动提供文献信息服务技术

支持和灵活的空间及其他资源调配。研讨室的区域灵活划分，合理分流，师生在各自区域活动，互不干扰。经过改建和功能转型后，一大批文化活动涌入图书馆，例如上海市中小学生暑期读书活动、邓明校友《守望丹青》画展、好书推荐活动等。这些活动在为师生提供更多个性化需求的同时，也为图书馆增添了文化氛围。

三、交流中心——知识传递、思想交流

高中学生课时紧凑，前往图书馆阅读的时间有限，如何让图书馆的资源惠及更多的学生，学校从改善环境、调整开放时间、结合课程需要、开展特色活动和打破空间局限五大方面着手解决这个问题。至今，学校图书馆日均人流量可达 500 人次。图书馆根据师生的需求对开放时间作出调整，周一至周五的开放时间为 8:00—17:30，全天不间断开放，延长开放时间满足学生课外阅读需求。图书馆发起"读你读过的书，走你来时的路"图书漂流活动，多方征集赠书，集思广益设计图书馆专属 logo、漂流标签等。经历前期宣传、图书收集、整理加工、上架漂流、交流阅读心得一系列流程，将读者汇聚于图书馆，提供交流平台。图书馆常设有"荐书箱"，师生可为图书馆提供购书意见及推荐理由，充实图书馆馆藏。图书馆定期播放党团宣传视频，开展主题讲座及研讨会，及时传达最新信息，交流工作心得。

为退休教师开设返校场所，宣传退休健康、有意义的生活方式。校友汇聚母校，关心学校现状，为母校添砖加瓦。点石文学社把图书馆开辟成了研讨场所，为"五月诗会"助力。图书馆注入校园文化的同时，也不断向校园甚至校园外延伸，在教学楼设立读书角放置可流动阅读的资料和漂流图书。图书馆还承担社会责任，不定期对外开放，吸引社会各界人士到馆交流。

四、信息中心——拓展图书馆外延

图书馆逐渐扩大数字资源，每年累积电子图书资源，引入中国知网数据库检索服务，积极传播共享已有的数字资源。图书馆通过建设统一管理的公共账号供师生使用，并以不同的形式不断丰富图书馆馆藏，从图书馆采购到推荐书目的购买，图书馆将倾听需求的范围扩展到更远的地方，教师、学生、相关的专家，主动搜集大家喜闻乐见的有价值的书目，让图书馆成为师生向往的地方。学校还引进了最新的图书管理系统——集合IC卡、门禁、新书推荐、馆藏检索、个人借还信息、图书编目、图书借还、图书剔旧、账册管理等功能于一体的图书馆管理系统。目前还在建设的图书馆二期项目将引进RFID自助借还一系列近似公共图书馆信息化软硬件，为将来校际间甚至是与公共图书馆之间的互借互还打下基础。

五、创意中心——志愿者创意排架，师生思想、观点碰撞

图书馆注重从细节处营造文化氛围，如：利用月象历，形象地加深学生对地理课程月象变化内容的记忆。学校图书馆新书推荐架的排架方式也是一大亮点，与图书馆日常的排架分类方式不同，而是大胆采用颜色分类排架方式，从色彩角度更为直观吸引读者的注意力，视觉感官更为舒适。图书馆内多采用轻便组合桌椅，师生使用后可各自发挥，拼排成不同组合，不同时间段来图书馆可收获新的视觉体验。研讨室更是成为师生头脑风暴灵感迸发之地，室内的黑板上总会留下读者思想碰撞后的痕迹或创意。

这就是大同中学的图书馆，汇聚前人的智慧，吸引着学生的关注，这里是知识的海洋，更是学生开展活动展现自我风采的天地。

（执笔人：王　菲　胡世伟）

品味书香，阅读致远

上海市徐汇区向阳小学

上海市徐汇区向阳小学，创立于1932年，现有两个校区，向阳校区和永嘉校区，占地面积8400平方米，40个教学班，1800多名学生，113名教职员工。

在办学过程中，学校以"轻负担、高质量、有特色"为目标，形成"面向全体学生，全面贯彻方针，重视学生全面发展、个性发展、可持续发展"的办学理念。学校坚持儿童化的教育教学，通过富有情感的思想教育、生动活泼的课堂教学、丰富多彩的课外活动、优美良好的教育环境，培养学生学习、活动等各方面的兴趣，提高学生素质，发展学生个性，形成了以"快乐唱歌、快乐游戏、快乐运动、快乐创造、快乐学习"为核心的"五个快乐"校园文化和以"玩的教育"为特色的教育品牌。

一、图书馆概况

向阳小学现有2个图书馆，分别位于向阳校区综合楼2楼和永嘉校区北楼4楼，拥有2个阅览室、2个藏书室、1个书库。阅览室使用面积为175平方米，其中向阳校区拥有11张阅览桌，82个阅览凳。永嘉校区拥有10张阅览桌、50个阅览凳，可同时为1—2个班级提供阅览服务。藏书室使用面积为127平方米，这部分区域的主要功能是为同学和老师提供全开架借

图书馆内景

阅服务，各类图书分门别类摆放在书架上，一目了然。

至 2017 年底，向阳小学现有藏书 63071 册，其中教师用书 11776 册，学生用书 51295 册。工具书 679 册，外文原版书籍 369 册，古籍善本近 40 套，各类电子读物 1037 张。

图书馆自 1997 年开始实行电子化管理，图书上架前先进行数据采集，读者一人一证，实行全开架管理模式，大大方便了读者借阅图书，同时也加快了图书流通的速度。

学校图书馆自 2003 年起，连续两次被评为市中小学一级图书馆，组织学生参加市、区各类读书活动，多次获奖。

二、图书馆的应用

（一）开展阅读指导和阅读推广活动

学校图书馆十分重视组织学生开展阅读活动，始终把读书放在学校工作应有的高度，充分利用图书馆这一有效载体，组织好学生，持久、有效地开展读书活动，并逐渐形成了读书活动"四结合""二个针对"的特点，在市、区各项比赛中多次取得佳绩。

1. 举办"双休日大世界读书活动"

向阳小学的双休日读书活动是进入新世纪后学校少先队和图书馆工作的一项创新，它体现了素质教育发展的新方向。

假日读书从本质上说，应该是一种闲暇教育。向阳小学少先队和图书馆在举办双休日大世界读书活动时，推出了个人学习和团体学习。学校认为假日读书不能等同于课堂读书，不需要指定用书，因为这不是课堂教学的延伸，要在轻松愉快的氛围中进行，让学生高高兴兴地读，老师不要求学生写读书笔记，如有心得体会写上几句也行，谓之"三言两语"。也可两三位同学共读一本书，图书馆老师巡回，适时回答同学的提问，共同参与讨论，寻求答案。同学们利用双休日阅读自己喜欢的书籍，伴书度假，在宁静中自有一份书香。一些家长在送学生参加了双休日大世界读书活动后，深有感触地说："假日读书，对孩子的教育及心理调节都有好处，值得。"

2. 红领巾读书读报活动

红领巾读书读报活动一直是向阳小学图书馆的一项常规工作和优势项目。通过校红领巾电视台这个平台，充分发挥了图书馆的教育功能，引导学生形成正确的阅读观。学校每学期会有3—4期红领巾图书馆电视节目，由学生自行选取题材，图书馆老师加以指导。内容包括：新书介绍；心得体会交流；图书馆基础知识普及，包括"中国图书馆图书分类法"简介；学校图书馆情况概述；图书馆工作流程简介；图书馆规章制度；文明礼

红领巾电视台

学生阅读特写

仪教育及注意事项等。由于节目形式多样，生动直观，增强了图书馆与读者之间的联系，吸引更多学生加入到"多读书，读好书"的行列。

3. 校园读书节系列活动

为了深入实施家校共育，创建良好的校园书香文化，营造快乐、浓郁的读书氛围，学校在每年3月都会举办校园读书节活动，活动旨在激发师生、亲子相伴阅读的兴趣与热情，养成多读书，读好书，会读书的习惯，并从书本中得到心灵的慰藉，寻找生活的榜样，净化自己的心灵。

校园读书节通常分为三个阶段：

第一阶段：读书节开幕仪式（3月初）。

第二阶段：读书节活动过程体验阶段（3月中旬）。

此阶段也是读书节活动的主要组成部分，一般分为校园阅读、自主阅读、亲子阅读和阅读竞赛4个板块。多年来，在师生的共同努力下，大家集思广益，内容丰富多彩。先后推出了专题板报评比、古诗词诵读、与拓展课程和快乐活动日相结合的阅读体验；班队会课开展"以诗会友"的主题班会；硬笔毛笔书法比赛、"好书润童心，阅读乐成长"征文活动、"亲子诵读诗情融融"书香家庭展示活动等。

在读书节期间，各班还推荐家长代表制定家庭阅读计划，晒晒书单，每月和父母一起去书店选购一些书或一起朗读一段

经典美文等。以文学熏陶孩子的审美情趣，丰厚孩子的人文素养，营造良好的家庭读书氛围，引领孩子们走进书的世界，让书香飘进每一个家庭。

第三阶段：读书节活动成果评比展示阶段（3月底）。

通过搭建校园读书节这个平台达到了让每一个学生都"想读书、会读书、爱读书""快乐读书，健康成长"的活动目的，潜移默化地培养了学生积极参与、认真阅读、用心感受、互动交流的良好读书习惯。

4. 暑期读书活动

为了让全校学生都能从优秀书籍中汲取精神养料，提高思想道德、文化科学素养和实践创新能力，丰富假期生活，促进身心健康和谐发展，培育和践行社会主义核心价值观，传承中华优秀传统文化，学校每年都会根据市区图工委、读书活动指导委员会的精神要求组织学生开展暑期读书系列活动。

围绕活动主题，开展中小学读书征文活动和创作实践活动：

（1）文学作品创作：诗歌、小小说、散文、随笔等。

（2）艺术作品创作：摄影、摄像、书法、绘画等。

（3）电脑作品创作：绘画、动画、网页、程序设计、电子报刊等。

（4）科技作品创作：科学小论文、科技小制作、科技小创意等。

据统计，2015—2017年间，先后有近50位同学在中小学暑期读书活动中获得不同类型的奖项，学校也多次获得市区的优秀组织奖和优秀指导教师奖。

5. 名家校园行

近年来，学校都会不定期的邀请一些优秀的儿童文学作家和相关领域的专家学者来校和师生见面，通过讲座、互动交流、图片展示等各种形式让孩子们热爱阅读，热爱科学，热爱人民子弟兵。

陶峻老师开设讲座

在书店、出版社等多方的努力下，学校先后请来了郑春华、周锐、殷健林等多位优秀儿童文学作家来校与学生分享他们的文学创作经历，书中人物的原型，故事的发展是如何设定的等等，同学们听得非常认真，还拿出自己喜爱的作品和作家签名留念。

2017年12月，学校邀请中国人民解放军退役国际级空军试飞员徐勇凌大校来到孩子们身边，给孩子们讲讲空军试飞员的故事。活动结束，孩子们纷纷表示要学习解放军战士不怕吃苦不怕牺牲保家卫国的爱国精神，向英雄致敬！

今年6月正值上海国际电影节展映之际，为了给学生带来文化滋养，学校联合上海阳光天使公益发展中心特别邀请了中央电视台著名导演、编导陶峻老师专程来沪，为学生进行"好电影，就是好老师"的互动式电影讲座，用解读好电影的方式链接素质教育，开启了学生暑假生活的第一课。通过看一看、讲一讲、议一议、评一评的方式，引导孩子们积极参与，电影课也确实激发了他们的思维和想象力。

（二）教师读书沙龙活动

向阳小学教师读书沙龙于2008年3月成立，至今已有10个年头了，它已逐渐成为学校工会、学校图书馆工作的一个新亮点，成为教师学校工作生活中一个不可缺少的组成部分。读书沙龙活动在内容和形式上，有读名著与大师对话，有就课堂上的偶发事件展开深入讨论；可以是集体性的"自由漫谈"，也可以是突出个人的"主讲对话"；有具体学科、具体章节教学技巧的思考与实践体会，也有贯彻教改思想的整体打算……

通过活动的开展，在教师中涌现了很多好的经验做法，比如葛素辉老师创建书香班级的工作经验，李磊老师阅读指导的工作经验，陈芳老师如何引导孩子们和书本交朋友的工作经验等。《以书为伴，营造书香校园》一文还作为读书沙龙的阶段经验总结刊登在徐汇区教育工会工作纪实（2004.5—2009.4）上。

通过参加沙龙活动，久而久之教师能建立自己的读书计划，丰富自己的内涵。教师所做的是一项育人、培养人才的系统工作，更需要读书来建立教育信仰，改变精神状态，提升人生境界。向阳小学教师读书沙龙活动仅仅是一个开端，它是稚嫩的，在今后的工作中，还要不断努力和创新，真正成为学校工会和学校图书馆工作中的一个闪光点。

（三）资源共享和数字化阅读

1. "班班飘书香"图书漂流阅读体验

每班设立图书角，通过"献一本，看十本——图书漂流阅读体验"活动，要求每位同学把自己喜欢的书带到班级，由班级图书管理员统一管理、借阅，形成好书都来读，我来读好书的读书氛围。也在交换图书的过程中，培养学生爱护书籍的意识。

2. 数字化平台的应用

随着现代传播技术的发展，学生的阅读行为和教师的教学行动也在更新变革，全新的阅读生态在信息科技的催化下迅速萌生。

2017年上半年，学校图书馆和超星公司合作，购买了超星学习通数字化服务系统。超星学习通是面向智能手机、平板电脑等移动终端的移动学习专业平台。老师和学生可以在超星学习通上自助完成图书馆藏书借阅查询、电子资源搜索下载、图

电子阅览区

书馆资讯浏览、学校课程学习、小组讨论、查看本校通讯录。系统还同时拥有电子图书，报纸文章以及中外文献元数据，为师生提供方便快捷的移动学习服务。

基于此平台，学校图书馆利用红领巾电视台的时间，对全校师生进行了相关的使用培训。每位教师和学生都有一个专属账号，经过一个阶段的使用，学生和老师的反馈还是相当不错的，此平台的使用填补了学校电子阅读的空白，真正实现了多元化阅读和学习。

与此同时，学校图书馆配备的20台平板电脑，填补了没有电子阅览室的空白，图书馆馆藏文献的多元化进程又得到了进一步的提升和扩展。

"阅读是孩子最珍贵的宝藏"，从小养成阅读习惯的人，一生受用无穷。通过营造书香氛围，创设书香育人环境，构建健康、和谐的校园，学生、老师在书香环境中丰富和体验了读书学习的乐趣，让学生、老师在健康和谐的书香环境里不断追随成功的愿景，达到自我激励，自我完善，自我提高，自我发展的目的。

（执笔人：王　麒　郑　杰）

泛舟书海，汲识花开

上海师范大学第一附属小学

上海师范大学第一附属小学简称"上师大一附小"，目前，学校有东、西两个校区。东校区占地面积7574平方米，建筑面积4016平方米，绿化面积2288平方米；西校区占地面积6747平方米，建筑面积4529平方米，绿化面积2400平方米。现有40个教学班，学生1800余名，教职员工120余人，是上海师范大学教育实验基地附属学校之一，上海市中小学课程教材改革研究基地。学校一直秉持"让学生快乐学习，快乐成长"的办学理念，提高师生校园生活质量，形成一批有发展性的艺术教师和学生，形成具有艺术气息的校园文化，同时，将阅读、书法等特色融入日常的课程中。

一、阅读环境创设

学校东、西两校图书馆由图书室和阅览室连通构成，图书馆面积210余平方米，全校师生集思广益，为图书馆起了一个唯美的名字——梦想书院。图书馆秉持"怀揣梦想，展翅遨游"的理念，为全校师生实现梦想助力。两校图书馆各配备一名专职图书管理员教师，目前馆内藏书8万余册，并配有大屏幕滚动宣传图书馆动态，还设有自助电子借阅服务区。馆内有着色彩鲜艳、充满童趣的布置，宽敞明亮、整洁幽雅的借阅环境，开放式的阅览场地，便于学校组织各类图书活动，深受全校师生的喜爱。

二、管理与制度保障

图书馆工作紧密配合学校的教学计划和教学大纲，同时满足学生课外阅读的需要，扩大学生的知识视野，使课堂教学与课外阅读联系起来，互相促进。藏书类型多样，注重教学参考资料和教具的收藏。经常对学生进行阅读指导，图书馆所组织的活动适合学生的兴趣和年龄特点，内容广泛，形式多样，生动活泼。图书馆的阅览与外借工作，除开展个别借书和小组借书外，还采用"班级图书角""图书漂流站"等形式，使图书为学生充分利用，让学生自己来管理图书。引导学生从小学会正确阅读，善于利用图书进行自学，逐步掌握从图书资料中获取各种知识和信息的方法。学校图书馆曾在 2003 年获上海市中小学"一级图书馆"殊荣。

为了能长期保持良好的图书管理工作和流通服务，图书馆从每个班级选出三名学生培养，组建一支小小图书管理员队伍，协助图书馆的工作。在实践中明确分工，实行轮岗制度，发现孩子们只要工作几周，就能对图书的归类非常熟悉。首先，在图书馆的实际管理中，能够从根本上提高图书馆的整体运行效率，也给学生提供了社会实践机会，解决图书流通中的各种矛盾。其次，提高了图书馆的服务质量，读者的满意度是检验工作效果的最佳标准。小小图书管理员能够最直接、最方便地收集读者意见，为读者提供标准化服务，提升读者满意度。由于小小图书管理员对学校图书的了解，又非常清楚同龄人爱看什么书，也为学校采购图书提供帮助，他们选的书往往成为图书馆流通利用率最高的书。学校也在图书借阅量和到馆阅读时间上给予小小图书管理员们更多福利政策。

三、特色活动引领

小学图书馆作为服务教育教学、教育科学研究的重要场所，是基本实现教育现代化的重要体现，是均衡合理配置教育资源的重要内容，是广大学生、教师获取信息资源不可或缺的重要途径，对于保障教学、服务教学、改善教学，提高学生自主学习能力和终身学习能力，促进教师专业成长和学生全面发展具有重要作用。小学图书馆作为国家图书馆服务体系的重要组成部分，对于服务学习型社会和书香社会建设，完善公共文化服务体系，丰富群众精神文化生活具有深远意义。

"书是人类进步的阶梯。"好书，像长者，谆谆教导；似导师，循循善诱；如朋友，心心相印。为进一步推动学校"书香校园文化"的建设，激发学生的读书热情，学校定期举办读书节活动。每个班级的学生都积极行动起来，亲近书本，沉浸书中，分享读书心得，交流读书笔记。回顾活动，师生都收获满满。

（一）专家讲座，开启读书节

开学伊始，学校就利用电子显示屏、教室板报等宣传阵地，开展了多渠道、深层次的宣传，让整个校园充满浓郁的读书节气氛。校会课上，学校举行了隆重的启动仪式，特地请来古典文学研究专家——李定广教授为同学们做讲座。李教授是上海师范大学人文学院教授、博士生导师，中央电视台《中国诗词大会》学术总负责人，他还是上海市民文化节"讲诗团"专家。李教授的讲座深入浅出，带领大家遨游在中国经典诗词的海洋中，他讲的一个个生动有趣的小故事吸引了同学们，"悦读经典品味书香"的读书节活动主题也由此深入人心。读书节开幕式为之后的各项活动奠定了坚实的基础。

（二）师长引领，悦读经典书

读书节的活动方案在校领导的支持和指导下制定。读书节活动的开展，由学校教导处全程调控。各班在班主任的带领下完善图书角建设，制作精美的读书小报。语文老师们为同学们推荐经典好书和阅读方法。更特别的是，每个班级还邀请 2—3 位学生的爸爸，开展了"爸爸进课堂"活动。活动当天，爸爸们都精心制作了 PPT，用心推荐自己读过的经典书籍。这项活动，

读书校会课

给同学们带来一种全新的感受，还上过上海电视台的新闻节目。

（三）品味书香，体验读书乐

学校在读书节活动中，着眼于提高教育质量和促进学生的全面发展，开展一系列丰富多彩的读书学习活动，同学们沉浸在快乐的气氛中，展现出非凡的才能。

1. 最感兴趣的活动——主题阅读

一年级的阅读主题是"日有所诵——弟子规"。同学们不仅阅读理解了《弟子规》，还在生活中积极践行弟子规的训导。你看，一年级小学生的"践行弟子规"图片展，多精彩啊！

二年级的阅读主题是"欢迎来到童话世界"。学生在阅读了学校推荐的童话读物后，也纷纷拿起笔当起了小作家，他们展开丰富的想象力，创作出一篇篇生动有趣的童话故事。

三年级的阅读主题是"故事魔袋里的智慧"。一则则短小精悍、寓意深刻的故事为学生打开了智慧人生的大门。大家读了学校推荐的寓言故事读本后，画出了许多颇有含义的图画，还将故事的寓意写在图画下。你们能猜出这些图画是哪些寓言故事吗？

四年级的阅读主题是"世界真奇妙"。学生读着学校推荐的科普读物，徜徉在有趣的科技海洋中，真是大开眼界。这些图文并茂的"探秘"小报展现的是四年级学生的优秀阅读成果。

五年级的阅读主题是"走近名家名作"。一套《小学生名家文学读本》令大家爱不释手，就连早晨排队等候进校时也会抓紧时间多看几页。学生走近名家，读名家文章，悟文章精髓，品语言精妙，在读书笔记上写下自己的读书心得。

"爸爸进课堂"

通过读书笔记交流活动，大家互取所长，学到了更多读书知识和方法，加深了爱书、用书的思想认识。

2. 最具挑战的比赛——小视频大赛

本届读书节有一项颇具挑战的任务，就是以小视频的形式分享自己的阅读收获。一年级的小学生特地穿上传统服装，录制了弟子规诵读表演的视频来参加 PK 赛。二年级的学生绘声绘色地讲述自己创编的童话故事，"童话大王讲故事"比赛竞争激烈。三年级的"课本剧表演"可谓轰轰烈烈，有的班级甚至是全员参与。拍完视频，大家都感觉是否得奖已经不重要了，重要的是这次宝贵的令人难忘的学习经历。四年级的 TED 演讲多了些沉稳，学生俨然变成了"小科学家"，将自己在阅读中了解的科技知识进行理解整理，通过演讲的形式传播给小伙伴们。五年级是"朗读者"大赛，同学们以声传情，带着大家品味名篇，传承经典文化。

3. 最有氛围的一角——班级图书角

班级图书角是学校读书节活动的又一亮点，许多班级的图书柜都井然有序，布置精美。大家都为班级图书角捐书，大大充实了数量。许多班级还为这些图书编了号，培养了认真负责的小图书管理员。

读书节的活动收到了预期的效果，尤其是提高了学生的阅读兴趣，培养了他们的阅读能力，促使学生从优秀的文学作品中汲取养料，促进素质的全面发展。今后，不仅要让书香溢满校园，还要让书香飘向家庭，飘向社区，让阅读的世界更丰富，让学子的生命更精彩！

四、阅读系统创建

（一）大力开展图书馆数字电子借阅系统

学校于 2014 年正式启用图书馆数字电子预约借阅系统，

需要借阅书籍的学生只要在借书前拿着自己的电子书卡前往分设在学校各处的 PAD 上进行图书借阅的预约工作即可，预约完成后学生需要按时间要求至图书馆借阅图书，这样既形成了既定的借书模式，又培养学生养成良好的借阅习惯，做一个守时守信的人。

（二）不断提高信息化水平

学校将图书馆信息化建设纳入信息化建设整体规划，创造条件积极推进学校数字图书馆及配套阅览条件建设。充分发挥教育主干网、校园网的作用，以区级网络中心为依托推进数字图书馆和信息资源中心建设。逐步建立起小学数字图书馆网络体系，为数字资源共享搭建教育资源公共服务平台。学校数字图书资源中心在不断完善中，力求满足学校教育教学和广大师生电子阅读需求，确保师生更便捷地获取各类图书和期刊等数字资源。除此之外，学校正逐步推进小学图书馆管理信息化和服务形式网络化，探索动态实现学校图书馆纸质图书、报刊的联合采编、公共检索等功能。

五、实施成效与展望

通过各类读书育人活动的推广，以及积极推进学校图书馆功能的提升，改变传统的"书架阅览室"形象，拓展图书馆功能，将学校图书馆打造成为学校的文献资源中心、教学支持中心、师生活动中心、学校对外服务交流中心。学生逐步树立了"人人是学习之人，班班是学习之家"的理念，在整个校园中形成"班班飘书香，处处书声朗"的文化新风气。

爱看书、爱写作的氛围造就了众多学生在近几年的暑假读书活动中取得各类奖项，学校也由此良性循环收获了累累硕果。

腹有诗书气自华，最是书香能致远。是阅读滋润了学校的底气，是阅读给予了学校灵气。使校园有书香之气，老师有书卷之气，学生有书生之气。学校在书香校园建设方面取得了一定的成绩，以"读者第一，服务至上"为宗旨，全力推进图书馆网络化、数字化建设，努力完善馆藏文献资料的建设，致力于把图书馆建设成特色鲜明、功能完善、管理一流的现代化图书馆，相信良性循环的积极推进定能为打造书香校园发挥阵地作用。

（执笔人：陈　珣　包琪瑛）

书海有路园中坐　易择易读暖融融

上海市园南中学

在你的脑海中，图书馆的面貌是不是一排排紧凑的书架，一张张干净的书桌，严肃的阅览氛围？来到园南中学的易读园，你一定会看到一个新型的学习空间。

一、绘制"易读园"创想蓝图

位于徐汇区南部的上海市园南中学，创建于1994年，是徐汇区域内具有相当知名度的公办初级中学，在同类学校中办学水平居于前列。学校毗邻上海植物园，环境优美，生机盎然，学风端正。学校占地面积13433平方米，目前共有23个教学班，学生882人，教职工80人。

学校坚持"以人为本"的科学发展理念，在此次创意图书馆建设项目中，图书馆将作为学校的图书情报中心，与信息化建设紧密结合。为了让师生更好地感受阅读带来的乐趣，让阅读成为一件"容易"的事情，学校为图书馆取名"易读园"。图书馆将立足于中小学校图书馆日常管理、数字交互阅读、校本特色课程等流通、阅读需求，建设以学校校本课程服务为特色的创意图书馆。

二、凸现"易读园"战略优势

学校图书馆于 1994 年设立，图书馆工作纳入学校整体发展规划，重大工作纳入学校议事日程，实施校长领导下的馆长负责制。人员职责及分工明确，各项管理制度健全，并予以落实。迄今为止，我校纸质总藏书量近 5 万册，生均 50 余册，电子图书 13000 余册。书架、书柜、报刊架、阅览桌椅等设备齐全。阅览、外借室全天开放，并实行全开架服务。目前，图书馆设有专职人员 1 名，图书馆专业毕业，馆员职称；兼职人员 2 名。平时利用多种形式定期宣传与推荐优秀读物、新书书目及简介，积极参加市级暑期读书征文等活动，同时配合政教处定期开展书评等征文活动。对于师生借阅，还做好读者咨询服务，尽量满足他们的需求。每年有针对性地整理二次文献，并装订成册，妥善保管。

馆内功能布局合理，分为藏书区、服务区和阅览区；在阅览区域有供学生小组学习和互动讨论的活动区以及为创作提供输入输出等设备支持；馆外的服务延伸分为教室和教师办公室以及可随时自助查询借阅的图书漂流点；同时图书馆还拓展网络服务空间，提供交流、互动空间，以便教师和学生利用手机、平板电脑等移动终端上的远程查询、借阅和下载。

图书馆能重点体现易读、互动、拓展阅读，兼顾阅读与表达等特色。

（一）易读：看书易、换书易、找书易

1. 看书易

（1）环境舒适。图书馆建馆总面积为 270 平方米，可同时容纳 100 人左右。馆舍环境安静，采光及照明度适宜，符合防火、防尘、防潮、防盗、防虫的要求。

学生自主阅读

学生自助检索电子图书

教师指导阅读

（2）空间开放。服务对象不限于到馆读者，包括在教室、公共场合、家庭、社区等场所；利用数字图书馆实现不分开闭馆和休息时间，24小时提供服务（自助、网络）。

（3）布局合理。

藏书区	服务区	阅览区	活动区
图书储存	人工的、自助的读者咨询、查询、借还书服务	教师阅读区、学生阅读区，包含数字的、印本的图书阅览	小组学习、互动讨论

2. 换书易

随时随地的服务让教师与学生充分感受到易读园的特色，只要在数字图书馆中勾选书目，便可轻松借阅，同时换书、还书也相当方便，在家里或者学校电脑房都可以即时即刻完成，充分体现"易"。

3. 找书易

学校拥有数字化触摸屏，宛如一台电脑设备，以丰富公共图书数字资源，方便读者更好地使用图书馆资源获取信息。本月借阅量较大的书籍及教师推荐的书籍，都在触摸屏上循环滚动。同时，触摸屏还可以检索库里有的电子书，利用数据中心多维度分析，提供精确的数据服务，提升数据质量和数据准确性。

（二）互动：线上线下，交流充分

1. 阅读素养养成的必然性

随着社会经济、文化的发展，尤其是终身学习观念的形成，阅读素养的含义也相应地发生变化。它已不只是要求儿童在学校教育期间具备的一种能力，而是在一生中接触的各种阅读材料及与同伴的相互作用下建构的一种可增长的知识、技能和能力。

2. "易读园"的互动途径

借助网络技术与多媒体技术共同搭建的信息平台，学生从仅能读到边读边写，即实时地参与互动交流，这本身就是中学生阅读的深化。

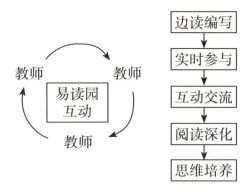

边读编写 → 实时参与 → 互动交流 → 阅读深化 → 思维培养

易读园互动
教师 → 教师 → 教师

3."易读园"与传统阅读的动态交互

传统阅读方式	"易读园"阅读方式
1.传统纸质阅读中,通过设置章节标题、标注页码顺序等方式设定阅读进程,我们往往是被动阅读。	1."易读园"的数字阅读注重动态交互,时间和空间上给中学生的阅读带来更多自由和便捷,网络的开放性可以让学生更自主地阅读、学习。
2.传统的书目调整周期较长,新书的更新需要一定的时间调整。	2.数字化阅读没有时空和地域的限制,网络信息每时每刻都在不断地更新。
3.传统纸质书籍阅读,形式较为单一,强调个体的阅读。	3."易读园"数字阅读丰富多彩、图文相间,多样的元素、丰富的色彩,具有较强的交互性,从而影响着中学生的阅读方式和阅读习惯。
4.传统阅读的时间段较为统一,主要利用阅读课程或是午休等休息时间段。	4.中学生的信息获取可以利用碎片化时间进行,借助数字阅读方式达到一个全新的层次。

总而言之,"易读园"的数字阅读,符合中学生的心理需要,它除了有图片、文字,还有动画、声音、视频等多媒体内容,使学生能在浩如烟海的资源中获得更多知识,从而进行高效学习,并能提高其敏锐度和观察力。

(三)拓展阅读,超越课堂

数字阅读的变革给中学生带来一种崭新、刺激的阅读体验,拓宽了阅读的空间和内容,也在改变着中学生阅读的认知和心理。

为更好地促进学校阅读课程的开展,六年级学生开设"满园春"数字悦读课程。本课程旨在借助数字阅读,拓展学生的语文阅读面和知识面,同时培养学生合作研究能力,如完成研究报告、诗歌创作、论文撰写等。

课程的实施过程为:备课组拟定阅读目标→教师确定研究对象→学生多样阅读→展示研究作品(论文,小报等)。

(四)创造:兼顾阅读与表达

学生的阅读目的更加倾向于欣赏,而不是写作,数字化阅读资源更全面,可以满足不同层次学生的需要,阅读过程中遇到问题还可以及时求助,网络平台对阅读和交流过程的全面记录更有利于自我反思。信息技术与阅读的结合将会成为新的教育方式。借此,语文组依托图书馆,开展主题明确,形式多样的读书节活动。

第十五届校园文化读书节暨首届古诗文大会

三、畅想"易读园"未来蓝图

（一）学科迁移，多维阅读

中考改革已经到来，如何提升学生的阅读能力不再是语文教师的专利，阅读成为所有学科教师共同的目标。未来，"易读园"的座席将开放给各学科，做到学科迁移，把阅读作为一项"工程"，赏文学人物的魅力，品数学家的故事，思自然之奥秘等，真正做到多维阅读。学科迁移的好处是能把爱阅读的教师聚集在一起，围绕核心词"阅读"展开，各显身手，把各学科的魅力在阅读课程中加以体现。

多维阅读

（二）方式多样，有效阅读

1. 阅读方式多样

"易读园"的电子平台将及时把师生所需的课本进行入库，做到电子与纸质的多样化阅读，实现阅读能在学校，也能在任何地方，任何时候。

2. 评价方式多样

未来，"易读园"的评价平台将大不相同，客观检测题能检验学生对于作家及主要人物的理解，主观写作题能让老师看到学生对于书籍内容的分析，评价方式将不再是简单的打分，而是有"教师点赞""阅读方式评价""阅读行为评价"等多种形式，多样化的评价方式将更人性化、理性化、趣味化。

图书馆的功能日益人性化，更聚焦学生的终生发展，致力于把优秀的书籍传递给祖国的建设者们，同时图书馆也在数字化时代的潮流中，逐渐完善它的职能，当翻阅的喜悦，阳光的温柔，舒适的环境融合在一起，这样美妙的地方，怎能不让人欢喜呢？

诗歌创作学习

（执笔人：孙宁漪　叶　楠　李琳娜）

在高质阅读中体验"乐·活"童年

上海市长宁区愚园路第一幼儿园

上海市长宁区愚园路第一幼儿园（简称"愚一幼儿园"）始建于 1939 年，是上海市首批示范性幼儿园、首批陈鹤琴教育思想实践基地。发展至今，形成一园三地的办园格局，开设 18 个班级，在园幼儿 504 名，在编教职工 54 名。

2013 年起，愚一幼儿园一方面传承陈鹤琴先生的"活教育"精髓，一方面融合国际"乐活族"的生活精神，以"乐·活"教育为特色开展教育教学实践研究。

一、图书馆简介

（一）专用阅读室

愚一幼儿园位于愚园路和安化路上，三个园所形成三足鼎立之势。地处中心城区，各园所占地面积有限，在有限的办园条件下，幼儿园在安化分园和凯欣分园都开辟了幼儿阅读专用活动室。专用活动室中以幼儿自主选择、自由阅读为宗旨，布置得温馨舒适，成为滋养幼儿心灵的港湾，也成为幼儿最喜爱的园所一角。

幼儿园根据两地园所儿童年龄分布的不同，有针对性地购买图书和进行图书分类，两地专用阅读室共有藏书近 4000 册。幼儿园结合"乐·活"培养目标，从"人与自我、人与自然、人与社会"的维度进行图书分类。幼儿以班级为单位，每周轮流进室阅读，为了培养幼儿良好的阅读习惯，幼儿园制定了阅读公约、自制借阅卡和未读完记录板，便于幼儿在借阅体验中了解图书借阅的社会规则、开展有效的自我阅读管理、在持续阅读

安化分园阅读室

同伴阅读

凯欣分园阅读区

中培养专注性和持久性等良好的学习品质。

（二）无边界阅读

　　幼儿园为了充分满足幼儿的阅读需求，努力营造图书无处不在，随时随地可以阅读的环境和氛围。每个班级都创设图书角，根据幼儿年龄特点和主题变化需要，每周定期更新调整图书，保障幼儿每天在教室里随时随地自主阅读。同时，幼儿园在公共区域设置"图书站"，倡导幼儿将家里的好书带来放漂，也同时将图书带回家精读，营造出全园悦读、全员共读的氛围。除了传统的纸质出版物阅读外，幼儿园还鼓励家长和教师定期推送电子图书，以二维码的形式呈现，随扫随读，随时更新。无边界阅读既打破了图书与幼儿的空间局限，也突破了图书种类、数量的局限，同时带动家长一起参与到共享好书中来，将积极的阅读兴趣和稳定的阅读习惯延伸到每个家庭中。

二、高质阅读的积极尝试

　　按照心理学的定义，阅读是"从书面语言和其他书面符号中获得意义的社会行为、实践活动和心理过程"。对婴幼儿来说，不仅仅是视觉的，也是听觉的、口语的，甚至是触觉的，一切与阅读活动有关的行为，都可算作阅读。在全园教师对阅读达成这样共识的前提下，主题活动"图书漂流你我他"隆重推出。

　　"图书漂流你我他"是一个以"阅读"和"分享"为关键词的主题活动，以"世界阅读日"为契机，从 4 月 17 日开始启动，历时八周。在这八周时间内，通过系列活动，幼儿园不断支持幼儿自由地体验阅读的价值和分享的快乐。

（一）阅读是愉悦自我的自主选择

　　阅读是通过探寻别人的世界，成就自我的过程，为了让幼

班级阅读推广活动——阅读十分钟　　　　小小书迷合影会　　　　心语树与漂流瓶

小书虫们遨游书海　　　　　　　　　　　快乐的阅读时光

儿潜移默化地体验这份深意，幼儿园将主动权交给幼儿，是否参与、何时参与、参与进程等，一切由幼儿自己做主，教师要做的是营造出全园阅读的氛围，引导幼儿加强对阅读的关注，引发其参与活动的兴趣。为此，幼儿园大厅设置了"小小书虫集合啦"签名墙，无论在活动伊始还是中期，只要幼儿自愿参与图书漂流活动，就可随时在墙面郑重签下自己的名字，表示自己正式加入到"小书虫"的团队中来。每位小书虫都有一张"漂流卡"，小书虫们每读一本书，都可以记录在这张漂流卡上。不仅如此，漂流卡还承担着集章的重要使命，"读书章""讲书章""听书章""享书章""心语章"，默默地激励着小书虫们用多元通道感知阅读的快乐。小书虫们按照自己的节奏开展集章

活动，集齐五章后可以到"阅读能量站"兑换小书虫徽章。

（二）阅读是爱与温暖的美好体验

"图书漂流"活动开展到一定阶段，小书虫们遇到了困扰，原来是漂流站的图书虽多，却无法找到自己心心念念的那一本，心语树和漂流瓶的出现，为小书虫们寻求帮助提供了平台，一个个阅读心愿被放在漂流瓶中，其他书友发现自己家里正好有这本书，就摘下漂流瓶，将书带来放在心语树下，实现了图书的定向漂流。在此过程中，积极的沟通技巧、善于表达自己的情感和需要、展现对他人的同情心、与同伴合作、建立友谊、理解并遵守规则等一系列发展目标得到不断实现。

图书漂流签名活动　　　　　　　　　　　电子图书资源分享

（三）阅读是多元探索的感悟发现

读书是不是一定要端坐桌前，在静谧的环境下开展？阅读除了增长知识还能带来哪些变化？为支持幼儿充分感受到，阅读不仅仅是视觉的，也是听觉的、口语的，甚至是触觉的，从而内化为自身对图书内容的理解，幼儿园在活动室设置分室活动，根据幼儿的阅读兴趣，开展"小小书虫游园会"活动。

【赏书馆】在这里，小书虫们既可以倾听志愿者同伴讲述书的发展历程，也可以直接操作体验不同形式、不同材质的图书，还可以阅读和欣赏同伴创作的图书，为其种下了每个人都是图书的创造者的希望。

电子图书的阅读

【E书馆】小书虫们在E书馆，可以欣赏同伴录制的故事、妈妈故事团讲的故事，也可以自己现场录制故事，充分与新媒介互动。这种既环保又生动的阅读媒介激发了幼儿听故事、讲故事、录故事、编故事的学习兴趣。

【悦书馆】幼儿园引入外教资源，小书虫们可以在分室活动时间，来到外文绘本角，与外教一起阅读英语绘本，感受中西方图书蕴含的不同魅力。

【绘书馆】小书虫们可以自主运用各种材料，自制创意书签和图书，制作好的书签和图书除了自留外，还可投放在悦书馆中，供同伴阅读取用，以此提升阅读品质，养成良好的持续阅读的习惯。

小小故事王表演

【讲书馆】讲书馆始终开展着小小故事王招募、情景剧展演和妈妈讲故事会演等活动，小书虫们在这里通过讲故事、表演情景剧、听故事等各种形式丰富着对书中不同角色的理解。

【趣书馆】小书虫们变身小小科学家、考古学家……，或感受着光影的奇妙变化，或体验着土豆发电的神奇之处，或探索着深埋在沙堆里的恐龙化石秘密，结合阅读，寻找解决问题的答案，解决心中的困惑。

【巡游馆】小书虫们自主选择自己最喜欢的一个书中角色进行装扮，化身书中角色，在巡游中，可以用动作、经典台词、自己的理解向同伴介绍自己是谁，发生了什么有趣的故事，这

跟着图书做实验

个故事藏在哪本书中，在相互介绍中认识更多的角色，了解更多的故事，期待阅读更多的图书。

　　图书为儿童夯实社会文化基础提供了重要的支持，让图书走近儿童，帮助儿童走进图书。除了定期开展"图书漂流"的主题活动以外，幼儿园还以此为方向，设计了"走进阅读"同心圆系列活动——小班每天亲子阅读十分钟，中班图书共享站，大班读书分享会，以期凝聚家园合力，培养幼儿阅读习惯，激发幼儿阅读兴趣，扩展幼儿阅读范围，提升幼儿阅读感悟，针对3—6岁幼儿的阅读元认知能力和学习特点，创设适宜的环境，组织生动的活动，切实支持幼儿形成终身阅读的生活态度和生活方式！

（执笔人：陈丽丽）

书海领航　创意无限

上海市长宁区适存小学

适存小学位于长宁区西部，创办于 1905 年，现为上海市长宁区适存教育集团单位之一。学校现有 31 个教学班，1318 名学生，88 名教职员工。学校以"百年优秀传统"为发展基础，围绕"书香、活力、人文"的培养目标，建设书香校园。

学校目前是上海市教师专业化暨见习教师规范化培训基地、上海市第四批德育实训基地、长宁区教育学院实验基地、上海市书香校园基地。学校曾获得"国际生态学校"称号（绿旗），多次被评为上海市安全文明校园、长宁区文明单位、上海市科技教育特色学校、上海市艺术教育特色学校、上海市传统体育项目学校等，在经典诵读、科技、体育、艺术等方面获得多项荣誉。

一、环境创设

（一）整体设计

适存小学创意图书馆建于 2013 年，坐落于城市学校少年宫一楼、二楼，占地 539 平方米，纸质藏书 4 万余册，种类齐全，提供了学校经典诵读、绘本阅读等特色校本课程资源的数字化管理和阅读服务，收录了 1 万册数字图书、3 万集有声图书，配有一套 RFID 智能借还设备及 RFID 自助借还管理系统，实现智能化管理。图书馆共 1 名专职管理员，全天候向师生开放。图书馆实现了多元资源与课程、教材、教学的结合，实现了图书馆与教育教学的融合发展。

经典诵读区

玩捏区

（二）各区域设计

创意图书馆包含八个专用功能区，每个区主题鲜明，风格迥异，功能突出，外观设计与功能使用相映成趣。功能区创设多种途径和方式，帮助不同个性和特点的孩子爱上阅读，爱上学习。

古典与现代完美结合的诵读区，位于图书馆二楼西侧。诵读区以古代私塾建造为蓝本，处处彰显着古色古香。木质的门楣上悬挂着醒目的如行云流水般的"书香适存"四个红色大字。两张乳白色长桌分立南北两边，每张桌子各配有两条红色软包长矮凳。古风格调的两块屏风合起来成为一幅动人的彩画，画面上一朵婀娜多姿的莲花亭亭玉立。将屏风拉开，一台宽屏壁挂电视映入眼帘，原来这里暗藏玄机，可以进行现代化的教学互动模式。学生所坐的条凳下面设有隐蔽的电源插座，平板电脑亦是学生的阅读工具。朗读区开设三字经、弟子规等经典诵读类课程，学生在品味经典中思接天人。

玩捏区是"巧手"学生的天堂。瞧，孩子们低着头正专注地玩捏着手里的彩泥，不一会儿，活灵活现的小动物在他们手中"诞生"了，看着栩栩如生的作品，孩子们的脸上洋溢着幸福的微笑。在这里，陶艺、彩泥、塑造等各类课程培养了学生的动手能力，激发无限创意。

观赏区位于图书馆二楼"山洞"上方，彩色阶梯的设计便于学生观赏。这里操作方便，随手即得的经典动画、影片缓解了暂时的阅读疲劳。

视听区位于图书馆二楼东侧，是师生欣赏影视作品的地方。摄像机镜头的造型，层圈的阶梯及七彩的颜色让整个空间活泼又灵动。墙壁上挂着精美的宣传海报，让你及时了解新片信息。周一至周四下午三点半到四点半是影视赏析拓展课"魅力光影"的开放时间，学生通过校园网报名，他们在老师的指导下通过讨论交流，碰撞出思维的火花。影评课史丽萍老师是资源影评指导专家，经她指导的影视微电影或影评作品屡屡获奖。

点踩区取意结绳记事的彩色光带蜿蜒于地面，贯穿整个创意中心，每一个"结"中都会"荡漾"出美术作品或者书籍，而且会随着孩子的踩踏动作变换显示内容，一步一情境，一脚一故事。

二、特色活动与教学

创意图书馆中一切的科技、创意、设备、资源只为引导学生"多读书、读好书、好读书"，实现"无处不在的阅读"。学校开展了一系列特色读书活动，激发师生的阅读兴趣，丰富师生的精神生活。

（一）作家进校园

每年学校会根据学生的喜好邀请儿童文学名作家进校园与学生互动，指导学生阅读，也激发他们阅读的热情。自2014年起学校先后邀请了著名儿童文学作家段立欣、郑春华、谷清平、谢倩霓、陆梅、章鱼老师、袁博、周晴以及台湾著名漫画作家孙家裕来校作不同主题的阅读讲座，尤其是2017年著名儿童文学作家杨红樱的到来受到了学生的热烈欢迎。作家走进校园，与学生近距离交流沟通，激发了他们的阅读热情，儿童文学作家的作品也深受学生的喜爱。

（二）校园读书节

学校结合"世界读书日"已经连续举办了六届校园"读书节"活动，每次活动都给学生留下了深刻的印象。2013年以"带着梦想去阅读"为主题，学生把自己装扮成书中的人物形象，用环保材料做衣服，把自己喜欢的书中人物通过服饰造型表现出来，深化了对书中人物的理解，极大地激发了学生阅读的兴趣。

2015年主题为"适存学子绎唐风"的读书节更是精彩纷呈，学生收获满满。我们以学生最熟悉的唐朝文学作品入手，让学生通过各种方式走近唐朝、感受大唐文化。同学们从唐诗、唐代文学作品、唐代文化、唐代历史故事、唐代名人事迹、唐朝文学作品的解析等方面走进大唐时代，感受这个历史上最为鼎盛时期的文化。在"适存学子绎唐风"的闭幕式上，孩子们精彩的汇报演出将整个读书节活动的成果展现出来。《梦回唐朝》展现唐朝曼妙的舞姿，课本剧《王维的另一面》《文成公主入藏》《将进酒》再现了唐代诗人的生活，《唐韵歌四季　适存沐春风》《荷唐悦色》《月下吟》《读唐诗春夏串烧》《秋天的唐诗》《诗韵》《春之韵》等朗朗上口的唐诗在孩子们边吟诵边表演中展现唐韵美。唐诗配画展现出唐诗的意境美。这次活动中三（4）班诵读表演的节目《适存唐韵》还被选送到市里参加了2016年上海市民文化节中华古诗词大赛。

（三）校园淘宝节

除了读书节，学校还开展淘宝节。每年12月30日是学校传统的游戏节，在游戏节最后一个重要环节就是进行"淘宝"活动，即好书交换。学生把自己的好书贡献出来，以班级为单位摆设书摊，根据学生平时的读书表现可以换取"小蜻蜓读书券"，用书券到操场上的书市换取自己喜爱的书籍，这项活动受到学生的热烈欢迎。

"作家进校园活动"杨红樱来校与学生互动交流

"带着梦想去阅读"主题读书节

"适存学子绎唐风"读书节活动

（四）"书香班级""书香家庭"评选

每位班主任都有自己的班级博客,学生每月进行好书推荐,交流分享读书心得。学校定期举办书香社团活动,各年级结合语文周举办古诗配画、古诗诵读、小青蛙讲故事等比赛,班主任会把活动剪影发布到班级博客中进行展示。每个班级都有自己的图书角,每学期开学初学生会从家中带来自己喜欢的书籍放在图书角,供大家轮流借阅。学校图书馆也会定期根据班级人数配送书籍进教室,并两周一次轮换更新,充实班级的图书角。学期末,学校根据各班的读书情况评选出"书香班级"。

读书活动注重学校教育在家庭的延伸,提倡家校携手,家长与孩子一同幸福在共读时光。按照"以校为主、全员参与、师生主体、家长联动"的书香校园建设原则,培养学生将读书好习惯带入家庭,抓住"阅读启蒙,从家庭启航"的理念,以"学习

型家庭"的创建,开展广泛的、个性化而又有质量的阅读,通过家长学校向家长推荐好书,开展"开卷有益"家庭读书研讨会、亲情阅览、"书香育子"漂流日记等活动,带动家长参与读书。通过开展"家庭读书日"活动,形成家庭"好读书、乐读书、勤读书"的读书氛围,还让家长参与建设班级博客,宣传家庭阅读中的新鲜事、快乐事和好书籍,搭建家长阅读的分享平台,促进家长之间的了解。在书香氤氲的熏染下,有的家庭获得了上海市"书香家庭"称号,有的获得了长宁区"书香家庭"称号。

（五）教师读书活动

创意图书馆也为教师的读书创造条件,促进教师的专业发展。在创意学习活动中心一角,精致的职工书屋是教师读书的乐园,称为"六味书屋"。

每周三中午教师的"书海漫步"已成惯例,教师们或开展

六味书屋

"人在旅途"的介绍，分享旅途心得或进行好书推荐，畅游书海、品味书香。读书，为教师的自我成长点亮了心灯。

三、管理与制度保障

（一）制度建设

图书借阅流通管理方面实现了智能化管理。2016 年 11 月引进了 RFID 智能自助借还设备，升级了管理软件，为师生的自助借还、自主阅读提供了便利，提高了图书的流通率。

除此之外，还采用"班级图书角""阅读无处不在"读书漂流架的形式，让学生自主管理图书，培养了一批小图书管理员，引导大家自助借还，自主阅读，诚信取阅，增强了学生的自主管理能力。

（二）资源保障

多终端、数字化的创意图书馆以现代高科技技术传承、发扬了学校的一脉书香，构建了虚实结合的阅读、学习空间，呈现"经典诵读"校本课程，通过网络平台提供课程资源，实现线上线下的多方互动学习方式、拓展阅读视野，激发创造性表达。数字化让阅读突破了地点和时间的限制。

创意中心门口的互动云屏实现了数字图书的有形化，师生通过移动阅读终端、扫描二维码借阅等方式实现了阅读的移动化。与之配套的学生阅读指导系统通过对学生阅读轨迹的跟踪记录以及阅读素养的评测分析，为学生的个性化阅读指导提供了依据。

2016 年学校图书馆引进两台儿童绘本阅读桌，收纳了 500 种电子绘本，绘本内容可以根据需要更新。这为低年级儿童绘本阅读保障了电子阅览资源，激发了阅读兴趣。

四、实施成效与展望

（一）实施成效

2016 年 6 月 3 日，在学校召开了上海市中小学图书馆建设与应用现场交流会。

2016 年 10 月 17 日，在学校举行了上海市中小学图书馆小学组骨干馆长第一次联谊会。会上交流了学校图书馆的建设与利用经验，对兄弟学校的图书馆建设起到了一定的辐射作用。

2017 年 5 月，学校创意图书馆被评为"2017 全国最美校园书屋"。

2018 年 3 月，学校被命名为"书香校园基地学校"。

2018 年 12 月 27 日，上海市书香校园建设研讨交流会小学组现场观摩活动在长宁区适存小学成功举行。学校通过校本课程"阅读经典教学""阅读指导活动""亲子阅读活动"三场活动从不同角度展示了学校书香校园建设的举措与成效。

（二）工作展望

"创意图书馆"这样一个充满着书香、创新、和谐的创意学习活动中心，在学生、家长、老师的心中已经成为校园里最美的所在。相信在各级领导的关心支持下，学校创意图书馆将不断调整思路，激发无限创意，借助大数据平台，为师生及家长的阅读提供更优质的服务。

（执笔人：陆 叶 仲 琴 焦 娇）

创建具有特色功能的中学图书馆

华东政法大学附属中学

创办于 1954 年的华东政法大学附属中学原名番禺中学，是长宁区一所公办完全中学。2009 年 10 月被评为长宁区实验性示范性学校。2009 年 12 月更名为华东政法大学附属中学，成为全国第一所政法类高校附中。

学校占地面积 14467 平方米，校舍建筑总面积 16149 平方米，目前有 30 个教学班，在校学生近千人，在编教职员工 120 人。

学校图书馆是上海市中小学一级图书馆，坐落在教学楼的 4 楼和 5 楼，环境安静舒适，总面积 528 平方米。其中，四楼为藏书室，面积 126 平方米，五楼为教师资料室和学生阅览室，面积 402 平方米。共有藏书 67535 册，生均 86.4 册，期刊 108 种，报纸 60 种。配备工作人员两名，都具备图书上岗证书和教师资格证书。

师生阅览区宽敞明亮，现代高雅，简约大气，功能多样。可错时安排七个年级的语文阅读课程。座椅设置灵活，可分可合，能满足学生民主课堂、小组合作学习讨论的需要。阅览室专门配备电子阅览区域，可进行电子查询阅读，供学生学习研讨和查询。学生能在此潜心阅读，摘抄思考，感受轻松自由、闲适温馨的读书情调。图书馆全时段开放，满足师生借阅要求。图书馆也制定了科学、严谨的规章管理制度，保障每个学生的阅读权利。图书管理员积极主动，力争为广大师生提供准确、周到的服务。

一、以学校特色建设为契机，创建具有特色功能的中学图书馆

作为政法类高校附中，学校坚持"明德尚法，品业双馨"的

办学理念及培养"明德·尚法·精业"的现代公民的育人目标，充分运用华东政法大学等教育资源，开发系列化、层次化和模块化的特色课程群，并通过"整合渗透""多元凸显""体验内化"等方式，在基础型、拓展型和研究型课程中实施，初步构建"明德尚法"课程体系。目前，学校正探索以课程建设为抓手的特色发展办学之路，呈现了良好的发展态势。同时，以学校特色建设为契机，建设具有特色功能的中学图书馆。

（一）融合学校尚法特色的发展，承担起法律知识的传播功能

为融合学校尚法特色的发展和特色课程的落实，学校图书馆也承担了法律知识传播的功能。每年的图书采购注重配备法律、法制类书籍，选择好既能体现中国特色社会主义法制建设，又能符合中学生特点的法律类文献和书籍，提高其采购比例。华东政法大学还向我校捐赠了近3000册法律书籍。除馆藏外，认真做好法律类书籍的配备和开架工作。如在尚法实验室各楼层和教学楼每一个楼层的开放式书架中，设立法律专架。每月进行相关书籍的流动调整（30%左右），让师生能随时随地看到相关的法律书籍。

（二）充分开发利用资源，落实校本课程的研修与实施

图书馆拥有图书资料、报纸期刊、音像资料、电脑软件等诸多资源，内容丰富、种类繁多，宽敞的阅读场所以及浓厚的校园文化氛围为校本课程的开发落实提供了丰富的资源，是着力开发与全面建设校本课程的重要保障。

1. 结合长宁区"阅读领航活动"计划，配合语文学科的课程开发和建设，配合落实语文组教师开展"语文阅读课程"。

2. 落实午休文化课程的管理，创设"悦读时刻"，让这里成为学生的阅读加油站。

3. 阅览室专门配备电子阅览区域，可供学生在进行研究性学习、课题研究时查阅文献或相关资料；阅览区域座椅设置灵活易变，可分可合，能满足学生民主课堂、小组合作学习讨论的需要。

"语文阅读课程"

电子阅览

教师研修

"悦读时刻"

4. 协助教导处积极组织一年一度的校园文化节——阅读节活动。通过开展各类师生讲坛、图书漂流、百本好书大家荐、书签设计、读书征文等活动，倡导"好读书、读好书、读书好"的校园读书氛围。

5. 为学科教研活动提供活动场所和有关的教育教学资料。图书馆的教师资料室，既是教师充电的场所，也是开展科研探讨的处所。教师可以在这里备课、学术讨论，开展各级各类教科研活动，为学校的教育教学发展助威添力。

二、建立动态图书管理体系，适应师生和学校发展需求

随着信息化时代的发展，纸质书面临极大的挑战。作为学校图书馆也难免此关。那能否转换思路，把纸质书推出去，建立动态图书馆。

1. 与年级组班主任协调管理，设立班级图书角。结合学生的阅读需求，图书馆向学生统一借阅 2 本书籍，学生可选择放

在教室的图书角，供全班同学选择阅读，学期末归还图书馆，新学期重新借阅；推举班级图书管理员，制定班级阅读管理制度，加强图书角的管理工作。

2. 在学校的走廊、角落，设立开放式的书架，推出适合同学、老师阅读的纸质书。让在校的师生能时时有书，处处有书，而不必拘泥于图书馆、阅览室。同时，结合我校"尚法"理念，在每一个楼层设立一个法制书籍专架。

3. 利用图书馆得天独厚的优势，开辟专栏《读者园地》，通过学生自我设计，充分展示出学生的精美创意，引导学生思考和学习。同时，也可以通过《读者园地》向同学推荐新书、好书。

4. 设计师生购书征询表，征求教师、学生的读书意愿，为丰富购书种类做好准备，满足师生的阅读需求。

时代在前进，社会在发展，教改任务迫在眉睫，图书馆的作用需要强化，观念需要更新，只有这样才能真正将我校图书馆建设好、利用好，满足师生成长、学校发展的需求。

（执笔人：张　毅　周华钧　李红星）

阅读点亮心灵，书院润泽童年

上海市静安区第四中心小学

书籍，是人类的良师益友，人们不断从阅读中获得快乐的体验。一本好书就是一位很好的老师，它可以陶冶一个人的情操，塑造一个人的灵魂，引导人们排难而上，奋发有为，能使我们的人格臻于完美。

上海市静安区第四中心小学位于彭浦地区，学校以实学争先、争做领跑者为核心理念，为学校师生营造和谐温馨的学习氛围。让学生在友爱、乐观中体现人格健全，生活优雅；在心灵、手巧中体现智慧践行，勇于探究。

在四中心小学的校园里，有一片深受孩子们喜爱的书籍海洋、阅读净土——天人书院。天是天象，人是人文，"天人"二字凸显了学校气象与人文特色。古代对学习的研究，统称"大学书院"。因此，"书院"二字渗透了学校图书馆的设计理念：以

图书文化为载体的创新教育学习中心、拓展课程活动中心、个性发展探索中心。"天人书院"在学校教育资源一体化整合的基础上，拓展学生阅读空间，着手服务于巧手课程建设，在体验式阅读中引领学生参与、体验、探究和感悟；引导学生从广泛"阅读"走向深度"悦读"，让每一个孩子都爱上阅读，在书的海洋里徜徉，在"悦读"中收获更多的知识，培养学生友爱、乐观、心灵、手巧。同时，通过职工书屋的建设，助推教师专业素养精进和教育境界提升，引领师生向着"读书点亮心灵，书院润泽童年"的目标迈进。

一、营造优美的环境，创设"悦读"的氛围

"天人书院"就是要让每一个孩子都爱上"悦读"，让孩子们能够在老师的引领下爱阅读、乐阅读。因此，根据孩子的年龄特点以及喜好，分别设计了四个不同的场馆。

进了大门就是书院的长廊，墙壁的色调是绿白相间，仿真植物镶嵌其中，给人的感觉是绿意盎然，充满生机，寓意着书院正是我们汲取知识的土壤。

科学观察站：简洁舒适的设计能让人感觉舒畅。观察站墙壁上的绿色齿轮，象征着四中心的每个区域都是学校工作不可或缺的一部分。观察站里有许多科普类书籍和杂志，天文、地理、科学，学生可以在这里查阅各种资料，还可以借助电子阅读器阅读实时更新的电子读物。为了能够更好地培养学生的自主能力，这里还是图书馆老师和小小图书管理员们工作的场所，所有图书记录、保管、借阅的工作都在这里完成。

儿童城堡：低年级学生活泼可爱，梦幻般的城堡成了他们最喜欢的一个阅读区域。这里的布置充满童真：天花板上有许多翅膀式的小吊灯，寓意学生能够在阅读时插上想象的翅膀，

知识大讲堂　　　　　　　　　　班级图书角　　　　　　　　　　阅读吧

在遨游书海时能思会想，用心去感受书中的万千世界；中间的白色智慧树用书本堆砌而成，告诉学生从小要多读书，积累知识，方能成才。这里的空间设计也是别具一格，没有固定的桌椅，沙发、垫子随意摆放，城堡内学生可以随心而坐，或席地，或和玩偶相伴。里面的书籍也是适合低年级小朋友的拼音读物和绘本，孩子们不用担心因为不认识字而焦虑了。大家在童话城堡里不仅可以阅读，还可以展开想象，体验阅读的快乐。

阅读吧：舒适的沙发，整洁的吧台，阅读吧依然以绿色为主色调，让人一走进书吧就能放松心情，给人书香氧吧的舒心感受。这个书吧也是书院里藏书量最多，内容最丰富的一个区域，不仅有品种繁多的纸质书，还有能够借助互联网查阅资料的电子阅读器，因此，也成了教师与学生最喜欢的去处，大家都可以来这里与文字对话，慢享时光。

智慧传播厅：传播厅是整个书院面积最大的场馆，可以同时容纳一个年级的学生在这里开展活动。它的两侧是阶梯状的书柜，里面存放着比较有价值的文献以及藏书。中间讲坛的设施更是一应俱全，学生可以在这里开展不同的阅读活动：可以交流阅读心得；可以向同学推荐好书；可以和同学、老师一起合作，开展不同的体验活动；还可以把学生喜欢的作家、学者请来做讲座。有了这个小讲台，学生就可以在活动中体验，在体验中得到思维的碰撞、启发，感受阅读带来的成功感、愉悦感，展现自己的魅力，让自己充满自信！

舒适的环境，轻松的氛围，提升阅读的魅力，感受"悦读"的快乐，让阅读伴随在每个孩子的身边。

二、体验阅读的魅力，感受"悦读"的快乐

为了让每一个孩子都能喜欢上阅读，活动的开展必不可少。今年，学校图书馆借助各学科的主题节活动，将阅读贯穿其中，更是让学生感受到了阅读的魅力。

阅读节上，图书馆结合语文学科特点及学生的年龄特点，设置了不同的主题内容，各班又结合自己班级的特色开展活动。为了营造更好的读书氛围，营造优美的环境，各班在家委会的协助下布置班级图书角，成为学校图书馆的一个小分部。特别是以阅读为主题的自主活动课，把阅读融入学生的日常学习中。活动形式多样，内容丰富精彩。有古诗诵读，品味经典，走进名著，还有和生活联系的"生活中的阅读"。你看，数学课、德育拓展课上，阅读也是无处不在的，俨然成了行走中的阅读，活动让图书馆流动起来，同学们走到哪都能找到自己喜欢的书。

数学节、英语节，同样也是精彩纷呈。除了主题节日活动，每周一次的升旗仪式上，同学们也能感受到阅读的魅力，学校大队部结合书院活动，以阅读为主题展开，每周一次的升旗仪式上，学生通过介绍自己喜欢阅读的理由，把图书馆的好书推荐给大家。

为了更好地让图书馆动起来，儿童作家秦文君老师也被请进了校园，学生可以在校园和作家面对面交流感受，学生在老师的指导下还把秦老师的文章改编成课本剧在见面会上演出，这次零距离的相约，激发了学生学习和阅读的兴趣。当学生纷纷把自己喜欢的藏书请秦老师签名时，那份满足充溢在每一张小脸上，真正体验到了什么是"悦读"，图书馆内秦老师的书也成了大家争相借阅的内容。正因为如此，很多同学也学会了如何去找自己喜欢的作者和书籍。

图书馆作为提高学生阅读的主阵地，让每一个孩子都能爱上阅读，从阅到悦，不仅借助活动让学生感受，图书馆也是全天候的开放，孩子们可以在课余时间随时去天人书院查阅书籍，借阅自己喜欢的书，为了更方便学生，教室里、班级门口的窗台上、教学楼的每个楼面上，都设有阅读角和漂流柜。特别是漂流柜，操作非常简单，每个孩子只要尝试一次，就能自助借阅了。对于家里自己喜欢的旧书，同学们会带到班级图书角，和同学们一起分享。今年，学校大队部还组织了一次向贵州贫困山区学生捐书的公益活动，从动员到活动结束，短短几天时间

就筹到了近千本图书，同学们用自己的爱心把阅读的快乐传递了下去。

捐书活动

休闲阅读

分享阅读

三、感受轻松氛围，激发阅读兴趣

随意是孩子的天性，走进天人书院，你会看到每个场馆里的孩子都会表现出轻松舒适。他们可以选择自己喜欢的读书姿势，或坐，或趴，或躺，他们在体验着轻松阅读。

儿童馆的智慧树上垂挂着一百片树叶书签，走近一看，你会发现，其实每片树叶上都印着一本书，那是为了引导孩子们学习，老师根据学生不同年龄的特点，为大家精心挑选，推荐的一百本好书。每个学生根据自己的喜好，利用五年的小学生涯，看满一百本书，走进教科书以外的书本，去收获知识。同时，书院还会借助留言板，让大家交流阅读心得，让学生把自己喜欢的片段、书目推荐给同学，一起来交流、赏析，也因此爱上天人书院，爱到这里来感受书的魅力，培养自信，激发学生的阅读兴趣。

任何工作都需要不断地创新，天人书院的硬件配置已非常完善，如何让书院受到每一个孩子喜欢，把孩子的被动阅读变成主动阅读，从教师引导变成能自己去发现阅读的魅力，还需要不断地调整思路，创设不同的阅读氛围，还可以和学科相结合，借助校本课程的研发，开展形式多样和阅读有关的活动，让阅读融入孩子的学习及生活中，成为陪伴他们成长的朋友。

（执笔人：施 艳 杨 颖 付丽萍）

让图书馆成为学生自主的新型学习空间

上海市市西中学

上海市市西中学坐落在市中心环境幽静的愚园路上，它源于1870年创建的"尤来旬学校"，1946年正式命名，1953年成为上海市政府命名的重点中学，2004年成为上海市教委首批命名的实验性、示范性高中。

市西校园占地面积40000平方米，总建筑面积达到58228平方米，其中地上建筑面积37353平方米，地下建筑面积20875平方米。学校拥有一流的场地设施、雄厚的师资力量。校长董君武是上海市特级校长、上海市劳动模范、静安区领军人才、静安区名校长。党委书记方秀红是上海市特级书记。目前学校拥有2位在职上海市特级教师，21位静安区学科带头人，48位高级教师。学校共有30个班级，学生860人，教职工139人。

首任校长赵传家先生提出的"好学力行"的校训，是市西师生70年践行和传承铸就的文化传统，已成为市西中学的文化标识，影响和教育了一代代市西师生。在"办学育人为本，发展以校为本"理念的指引下，学校坚持"高质量、有特色、创一流"的办学目标，促进学校工作走上全面、协调、可持续的发展道路。在新的发展时期，学校提出了"从优秀走向卓越"的发展愿景，围绕实施个性化教育的命题，赋予"好学力行"新的时代内

涵，致力于培养志存高远、好学力行、全面而富有个性发展的优秀高中毕业生，为学生"幸福而卓越的人生"奠定坚实的基础。

学校图书馆是学校的重要组成部分，它对学校教书育人以及学校的发展起着十分重要的作用。基础教育特别是高中学段的图书馆建设，更是学校规划和发展、硬件建设中的一项重要内容。教育教学改革呼唤新型学习空间，为了顺应形势，适应学校图书馆不断发展的功能要求，图书馆的空间功能已从传统的以藏书为主发展到为读者提供学习空间为主，这使得空间成为一种服务资源。学校图书馆空间布局须重新规划，各区域功能、面积、空间结构、管理方式都应依据学校师生的需求做出相应改变。在图书馆馆舍空间价值不断凸显的形势下，要充分发掘和利用这种价值，了解读者空间需求，实现以空间为中心的图书馆布局，体现"以人为本"的服务理念，有效实现图书馆空间功能的转型升级。市西中学图书馆，由校长直接领导，咨询评价委员会主任分管，有工作人员三名。

学校图书馆建设，在保留社会图书馆通适功能的基础上，更应该着眼于学校的特色和学生的发展，使图书馆成为彰显现代教育理念，落实教育行为的场所；使图书馆成为构建学校特色发展，促进教学改革的场所；使图书馆成为助推教育，接轨信息社会的场所；使图书馆成为面对教育热点问题，探索实践突破的场所。

在图书馆的建设实践中，形成了"大图书馆"理念，具体分为三个区域。

一是图书馆区。面积1023平方米，位于好学力行楼一楼层面。保留了传统的书库区、阅览区、办公管理区等，增设了信息发布区、分享讨论区、视听区、多媒体查阅区等。没有单独设置电子阅览室，而是将电子阅览与纸质阅览相融合，方便读者使用。面向学校国际部师生，开设了国际课程图书借阅区。图书馆实行全开架借阅一体化，包含纸媒与数字资源，最大限度地将图书馆馆藏资源提供给学校师生使用。为免修学生、国际部空课等自修学生来图书馆个性化、自主学习，提供了丰富多元的信息资源，以及舒适便利的空间环境。

二是思维广场。面积880平方米，位于传家楼一层和二层。思维广场在空间布局上突破了传统教室里桌椅排排放、学生排排坐的形式，在上下两层相通的物理空间里，构建了6个大小各异的讨论室，和由各种不同色彩、不同形状、不同功能的座椅、沙发、茶几、圆台等自由移动、随意组合形成的休憩、阅读、学习、讨论的自由空间。这些讨论室大都由玻璃分隔，既可见又隔音。每个讨论室都精心取名："鹿鸣""知本""致知""衡虑""凝兰""敦行"，蕴含了丰富的文化内涵。讨论室内，不仅安装了投影设备、高清电视屏幕、蓝牙笔使用系统等，而且四面的玻璃墙体也成了学生涂鸦的黑板。思维广场除了6个讨论室外，则是全开放的学习空间。有随处可取的大量书籍和期刊，有电子英汉词典，有可以一次性同时充电的45台平板电脑，有近30台台式电脑，有畅通的无线上网环境。

三是新型学习空间。面积880平方米，坐落在力行楼2~7层的各层面大厅，与教室走廊相通。每一层大厅都摆放了可以自由移动、三五成群的沙发和桌椅，以及可以随时取阅的开架图书，还配置了电脑和查询机供学生即时查阅。这是个自由度最高的全开放新型学习空间，整合了自由交流和自主阅读的功能。在这里，学生可以休息、自修、上网、阅读，构建自己个性化的学习进程与安排；新型学习空间的开放区域能为学生自发

图书馆内景

新型学习空间

主阅览区

信息发布区

组织学习提供空间；可以有小范围的师生互动学习课程，诸如个别化答疑、论文或课题指导、德育心理疏导等，都可在这样一个相对舒适又安静的区域中进行；可以有较大范围的讨论课程，如很多即兴的或是短小的团队讨论活动。在新型学习空间，只要搬动桌椅，分割成一个相对封闭的空间，一场讨论或会议就可以进行了。

学校图书馆的新型建设格局，实现了服务功能的多元化。

一、为个别课程制实施提供学习环境

2014学年度开始，在个别课程制背景下学校实施了语数外理化等课程的免修制度，仅高一年级就有80人次的学生申请了免修。图书馆协助教育管理部门，为免修学生开放了图书馆空间、思维广场和新型学习空间，组织免修学生自我学习、自主学习和预约学习，提供了学生自主活动的场所，以及丰富多元的信息资源。目前免修学生的图书馆学习已经成为常态化，每周的学习时间超过了400学时。另外，国际课程中有很多空课，这些空课的学生同样选择来图书馆进行自主学习，他们可以查阅原版图书，也可以和外教进行线上交流，因为这里

有开放包容的环境以及丰富的传统与网络资源。所有这些，为学生的个性化学习、优势学习、优势发展等等，创造了条件，提供了保障。

二、为思维广场教学活动的开展提供多功能空间

图书馆建构了部分学科的思维广场课程。这里有翻转课堂、混合型翻转课堂、讨论式课堂以及发布论题式的辩论课堂。在思维广场的多功能空间里，开放与半封闭空间相结合，分散与核心区域相结合，实现了独立学习与集中讨论相结合。学生或根据学习任务单，通过查找图书、互联网搜索等方式来获取相关资料，也可以依照预约进行分组讨论，还可以自由组合进行专题辩论。教与学方式的改变，促进了学生思维的深度碰撞，增加了师生交流、生生交流的频率。思维广场课程的教学模式，突破了传统课堂教学的限制，实现了师生之间的交流互动，观点碰撞，思维创新，真正做到了教学相长。目前思维广场课程的频度，已经达到了每周24课时，学科涉及语文、英语、政治、历史、地理五门学科。

思维广场外景

思维广场内景

三、为校本课程的实施提供保障

课程丰富化的今天，社团课程、研究型拓展型课程、语文阅读课程、微型讲座课程等已经成为学校校本课程具有活力的内容。图书馆在活动组织中，将这些校本课程的组织开展纳入到图书馆工作之中，为校本课程的实施提供了场地、资源和师资。图书馆拥有文献资料、网络资料、音视频资料共融的资源系统，兼备信息背景下开放化学习的环境，半封闭空间与开放空间相结合，为学生选择性学习、独立学习、自主学习、合作学习、讨论式学习、研究性学习创造了条件，也收到了很好的效果。目前在图书馆开展的上述校本课程已经达到每周16课时。

四、为教研活动和教师培训提供便利

舒适的环境、先进的多媒体设备、方便快捷的信息条件，使图书馆成为各教研组研讨活动、专题会议和教师培训活动等的首选之地。据不完全统计，2014年以来，在图书馆开展的IB国际课程的教师培训已经超过了110次，各学科组在图书馆中组织的教研活动超过了140次，图书馆内的教学观摩活动超过了60次，其中大型的、全国范围的教学展示研讨活动有很多次。更值得一提的是，开展了"课改30年展示"活动之思维广场教学展示活动。

除此以外，图书馆还协同学校工会和党委，利用中青年教师培训班、见习教师规范化培训和每年假期的读书活动，为中青年教师和全校教职员工推荐阅读书目、组织读书交流。

五、组织开展假期读书活动

组织学生参加市教委图工委主办的暑期读书征文活动，是图书馆的一项常规工作。图书馆在组织这项工作时，精心设计、认真操作、协调沟通相关教研组积极配合，通过图书推荐、文章评比、优秀征文宣读等形式，激励学生多读书、读好书，使假期学生读书活动的组织开展确有成效。同时图书馆还利用学校的微型讲座，先后聘请了图工委老师、师大图书馆系的老师、家长甚至学生介绍图书馆的相关知识、读书体会、阅读心得等，帮助学生更好地理解阅读、正确阅读。多年来，学校在学生暑期读书活动中，有不少学生在市、区级比赛中获奖，多位教师获得了指导奖、学校也获得了优秀组织奖。

六、为学生综合评价提供数据支撑

随着图书馆信息化管理水平的发展，我们开始对学生的阅读习惯、阅读行为、阅读心理进行记录和统计，并延伸到学生的学习习惯、学习行为、学习心理等相关内容，为学生综合评价的多元性、客观性、准确性提供支持。为此学校建设了网络环境、预约学习系统、预约查询系统、一卡通管理系统，打通了图书馆系统和校园网的传输系统，打通了图书馆系统和学生数据平台的连接，为学生图书馆活动相关情况的积累，奠定了基础。

市西中学图书馆的建设走出了一条新路，其创新效能正日益体现，这个成功创举既有效发挥了学校图书馆的功能，又必定会引发新的学习变革。

（执笔人：周　瑾）

懂书懂行懂付出　为师为生为一线

上海市风华中学

上海市风华中学位于静安区大宁地区，以"学会做人，学会求知"为育人目标，秉承"理理融通，以理育人"的特色文化传统，重视学生思想品德和知识能力的培养，以浓郁的文化气息和人文精神营造优良的育人环境。学校共 23 个班级，792 名学生，教职工 166 人。

图书馆的建设和管理成为推进学校文化建设的重要内容。校园处处体现着和谐温馨的育人氛围，散发着智慧芬芳的书香气息。图书馆培养学生的阅读习惯，肩负起激发学生的想象力和创造力的使命。简言之，图书馆的最大价值就是使人们永葆好奇心并养成终生求知的习惯。

一、环境创设

（一）整体设计

图书馆总面积为 692 平方米，其中书刊阅览室约 346 平方米（座位 150 个），书库 173 平方米，电子阅览室 173 平方米，配备电子阅览座位 45 个，并配有工作电脑、打印机、复印机、扫描仪等设备。

图书馆现有藏书 8 万余册、馆藏过刊（2002 年至今）2049 册、订阅现刊（包括报纸）近 200 种，以及丰富的电子读物和声像资料。利用 Perfect 图书管理系统，实现流通自动化。

（二）各区域设计

学校图书馆环境舒适优美。馆舍分上下两层，中间螺旋形楼梯相接，环形的落地窗可鸟瞰美丽的校园。馆内环境常年清爽温馨，书架布局合理，排架井然有序，师生查阅书籍能够做到准确快捷，全面营造宁静愉悦的阅读环境。

一楼书库：全天候、全书架开放，并设有阅览位置。为学生的阅读提供了丰富的选择。为了鼓励学生充分利用图书馆资源，还制定了"寒暑假无限量借阅制度"。

电子阅览室：提供数字图书馆与电脑相结合的阅读模式，学生可以在"中文在线"的数字图书馆中选取需要阅读的书目，可以通过图书馆提供的电子阅览器阅读，也可以通过电脑阅读，极大地节约了学生查找书目的时间，提升了阅读的效率。

二楼阅览室：设有学校教育教学和文化活动的专题宣传版面。整个馆容馆貌突出浓浓的文化气息和优雅的育人氛围，成为学校文化的一道亮丽风景线。一所学校的灵魂是图书馆。图书在学生学习成长的过程中扮演着极为重要的角色，一个人学生时代看书的多少往往与其学业水平和日后的事业成就成正比。图书馆与教学一线共同合作，可以使学生们在深度阅读、自主学习、独立思考解决问题以及信息和交流技能方面达到更高的水平。

二、特色活动与教学

（一）丰富多样的读书活动

1. 学生社团

图书馆有丰富的馆藏资源提供给学生，社团活动结合馆藏资源，让学生在聆听智慧的声音中、在思想的碰撞中、在相互的交流探讨中完善和发展自己，增强学习的兴趣，提升学习的效

学生电子阅览

学生社团活动

果。各类学生社团都会定期到图书馆进行社团活动，比如"读书社""心理社""摄影社"等。社团形式多种多样，有集体查阅资料共同学习；有教师指导，根据主题找寻相关资料完成论文等。

社团探究活动的主题来自方方面面，将课程和学生想要探索周围世界的渴望联结在一起，真实有趣又具有挑战性，因为他们在探究的过程中要解决问题，学会学习的策略，激发学生的创造性思考，担负起学习的责任，他们思考并发展想法，使用科技工具来取得资料，尝试厘清差异点并提出证据，与同学合作沟通，真正培养起利用知识创造新知识的能力。

2. 精读拓展课

在学校长期特色教学的构建下，每学期都会开设两季拓展课。图书馆与语文组联合开设"精读经典"阅读拓展课。每两周与学生一同深入探讨学习一本经典。阅读让人的精神世界丰富、饱满，阅读令人宁静、恬淡、智慧明达。

学生必须经常走出教室，走进图书馆，自主寻求资源。老师在阅读教学的过程中是促进者，能够广泛关注到学生的需求以及进展，引导学生建构个人世界的意义，发展他们组织

与自我管理的技巧。让学生真正地进入深度学习，成为自主的学习者。

罗曼·罗兰说：从来没有人读书，只有人在书中读自己，发现自己或检查自己。我们始终相信阅读的力量，它足以让一个人更加美好。

拓展课活动

3. 读书活动闪耀在党员活动日

2018年，风华中学党支部党员教师经典诵读活动，在图书馆举办了两季。初心不改，一颗红心向党旗。在学深悟透的诵读活动中，老师们不断领会习总书记的系列重要讲话的重大的政治意义和指导意义，不断加深对党的理论的把握、理解和落实。活动第二阶段，由图书馆精心挑选了一批优秀的纸媒读物，为党员活动提供丰富的精神养分。党员们在常常读、时时悟中，牢记自己的入党誓言，守住初心，努力奋斗。

（二）书香捐赠活动

胸藏文墨怀若谷，腹有诗书气自华。以"知识因传播而美丽"为主题，让学生将自己手中闲置的图书与别的同学交换阅读。一本本精致的图书，筑成知识的阶梯，让越来越多的学子沿着知识的阶梯去攀登人生的理想；公益行动，不仅传递着文明，传递着爱心，更传递着"行动让世界更美好"的信念。

（三）毕业生与图书馆惜别留影活动

量杯量筒怎能量师生情谊；卷尺直尺何可测母校胸怀。每年毕业季，毕业生都会自发举行"母校美景留心间"的摄影惜别活动。图书馆更是每个毕业生都不愿意错过的取景之地。一片绿叶，一排书架，一本好书，一份宁静，这是校园里最美的风景。在这里，拍摄的画面那么温馨而美好，感情那么真挚而浓烈，毕业生们精心构思，不断拍摄，美好青春的笑脸中，泪花莹莹闪烁。

三、实施成效与展望

图书馆作为承载"阶梯"的场所，对提升校园文化气质、丰富学生精神世界起到重要作用。进入宽敞明亮的馆内，浓郁的书香氛围，便捷周到的服务管理，便能让师生享受全方位立体

党员活动

捐书活动

式的优质阅读体验。图书馆始终坚持遵循"以人为本，服务至上"的理念，并把这一理念落实到日常的工作中，尊重学生，真诚沟通，主动服务，竭尽所能地提供给学生和教师所需的各种信息。通过与不同专长的教师协作，不断发展图书馆课程。图书馆的学习不再是单纯的阅读和简单的知识堆砌，而是多元互动式的立体课堂。

2004 年我馆被评为"上海市中小学示范图书馆"，2005 年和 2008 年两度被评为"上海市中小学图书馆先进集体"。

付慧英馆长在 2017 年作为上海市唯一代表获得全国"图书馆榜样人物"称号。

结合科研工作的实践，图书馆老师先后撰写了多篇论文，在各级各类刊物上发表并获奖。从 2005 年至今，连续十几年，在市级区级比赛中，获得一、二、三等奖。图书馆在历年的上海市中小学读书活动中，多次荣获"优秀组织奖"。

任何有价值的事情都是充满挑战的，图书馆工作也面临严峻的挑战。面对未来的最好方式，就是勇敢面对，持续学习，并勇于去开拓，去创造。图书馆在全民深入学习的热潮中，越来越发挥出厚重承载的作用。我们愿意扎根图书馆，始终致力于源源不断地提供丰富多样的资源，为发展学生的核心素养的和教师的教学探索，提供高质量的养分。

"丰厚别人的生命，人生会更有意义。"真正的阅读和终身学习，不能仅仅停留在图书馆里，而应成为每一个学生的生活方式，伴随他们的一生。美好的未来在我们面前，我们图书馆人都应该刻苦实干，创新发展，引领学生用阅读创造属于他们的未来，无论面对多少困难，我们都不会停下深入探索、不断进步的脚步。

（执笔人：付慧英　陈　静）

悦享书籍，读得成长

上海市普陀区上河湾幼儿园

普陀区上河湾幼儿园前身为普陀区长风二村幼儿园上河湾分园，是一所公办一级幼儿园。幼儿园位于千阳南路88弄70号，毗邻苏州河绿地，隶属长征街道，现有12个班（4小4中4大）。全园共计有350多名幼儿，50多名教职员工。

儿童期是培养阅读兴趣、形成阅读习惯的最佳时期和关键阶段。历年来，我园以幼儿"早期阅读"为办园特色，紧紧围绕"悦读点亮心灵、互动推进发展"的办园理念，倡导"阅读是生活、阅读是学习、阅读是游戏"的课程理念，着力推进特色课程的实施。近年来，幼儿园积极以家园亲子阅读特色项目为载体，以培养喜欢阅读勤于思考的儿童为目标，为幼儿的终身发展奠定坚实的基础。著名的教育专家陈鹤琴先生指出："要小孩子喜欢阅读，我们的家庭、我们的社会，必定要先有阅读的环境。"幼儿园图书室的创建让孩子有足够的机会接触各类图书，接受书籍的熏陶，在观察欣赏的同时发展思维，获得愉悦的情感体验，从而达到爱看书、会看书的目的。我园设有图书室与班级图书角。通过"童心童阅"幼儿阅读专用活动室的建设，积极为幼儿创设温馨、童趣、富有个性化的阅读环境与场所，以培养幼儿具有良好的阅读兴趣、阅读习惯和阅读能力，以及促进幼儿动手动脑能力、创造力和想象力等，助推幼儿发展，锻造办园品牌，努力办家长满意、特色鲜明、高品质的优质幼儿园。

一、创设温馨的阅读环境

幼儿园图书室的创设，满足了幼儿广泛阅读的需要，激发幼儿阅读的兴趣以及有助于培养幼儿良好的阅读习惯。因此，图书室创建在幼儿园课程中发挥着举足轻重的作用。

我园以"童心书缘"为主题创设图书室，其面积为 73 平方米，空间布局合理、充满童趣。墙裙地垫的颜色注意色彩搭配，采用柔和的色彩，避免使用明黄色等纯度较高的暖色和较暗的颜色，从而保持较长时间安静专心阅读。图书室还添加了适宜的辅助材料，可以激起并保持幼儿阅读的兴趣，例如：柔软舒适又鲜艳美观的靠垫及地毯的使用提高幼儿阅读时身体的舒适度。纱帘的使用不但营造了童话般的气氛，也避免强光的照射。造型可爱的小型配套桌椅和沙发、角落里散发的花草香，使整个阅读室变得舒适温馨又赏心悦目。这种环境能使孩子感受到阅读的无穷乐趣，从而养成爱阅读的品质。

通过简单明确的标志，使幼儿在无声的环境中朝着预期的行为方向发展，充满着人文的关怀。例如：在地上贴上小脚丫提示孩子一个区可以进去几人，在图书制作区贴上图书制作流程图，教师和幼儿共同制作"请小声说话""请保持安静"等标志。将取放翻阅图书的正确方法拍成照片，给幼儿以直观的提示。

在图书室中，为了培养幼儿阅读的专注性，我们将图书室以区域的形式划分开，创设了幼儿静态阅读区、教师阅读区、视听区、图书修补区、亲子阅读区等多种功能区。目前图书室有书籍几千余册，其中包含了绘本类、科常类、童话类、立体书类等各种领域的童书，供幼儿自主阅读。

视听区中提供点读笔，通过幼儿与点读笔、与书的互动，调动幼儿的视觉、听觉，促进幼儿积极思考，深入阅读。小阁楼上的阅读区域则给了幼儿一个相对私密的空间，幼儿选择的目的性则会增强，并更能专注于自己所阅读的图书。

我园在 2018 年还引入了图书借阅管理系统，通过对所有书目二维码的登记，实现了图书信息化管理，从而让教师对幼儿的阅读情况能有更加深入的了解。

教师也喜欢在图书室中办公，幼儿园不仅在图书室的一角为教师提供了丰富的教学参考资料，还开通了网络数据库平台，方便教师查阅相关教学资料，提高教师教学理论水平。

二、组建专人管理团队

我园设有图书室管理小组，根据小、中、大三个年龄段幼儿的特点和幼儿园课程主题的进展情况，定期更新推荐书目，让幼儿能阅读到更多、更有趣的图书。管理团队合理安排活动，并制作活动安排表和记录表，将图书室得到最大化利用，让每个班级都能够有机会定期进入图书室。活动后教师根据幼儿的阅读情况进行详细记录，记录活动过程中幼儿的积极表现，遇到的问题以及对目标达成情况进行评估。

管理小组的成员在学期末使用我园在科研课题中开发的软件"绘本点点读"对幼儿进行阅读评价，通过幼儿与书本的互动，利用点读笔的信息采集功能收集幼儿阅读的感受，接受幼儿的即时反馈，这样能让教师及时了解幼儿当前的阅读水平，从而开展个性化的教学，提高幼儿的阅读能力。

除了教师管理团队，我们还请大班的幼儿担任"小小图书管理员"，帮助小朋友把图书分类摆放、归还原位，并帮助同伴整理图书室。这样不仅能锻炼幼儿的责任意识，也强化了幼儿的阅读规则意识。

三、家园联动拓展功能

我们的图书室会向社区、向家长开放。每年的4月我园都会举办"读书月系列活动"，至今已成功举办了八届。我们以"悦读、悦活、悦耳、悦众"为活动载体，开展家园特色活动，目前已形成了《世界很远、图书很近》的家庭亲子阅读干预与指导的成果集。

在亲子阅读活动中，家长、幼儿、教师都是阅读的主体，都是积极参与阅读的对象，成为真正的阅读的主人。在幼儿园的亲子互动中，我们通过亲子间、幼儿间、家长与教师间的积极互动与交流，使幼儿园和家庭交互融合，共享阅读。亲子阅读不仅仅是阅读，更全方位地促进幼儿、家长、教师的共同发展，最终使幼儿园和家庭在各方面都收获满满。

家庭阅读角

（一）环境营造，书香满满

关注环境的营造是家长与孩子共读的必要准备，为了让幼儿在家里也能有一个良好的阅读环境，幼儿园以图书室的环境为例，让家长走进校园，参与阅读环境的创设。我们还对家长开展专题讲座，帮助家长更好地营造家庭亲子阅读角的氛围，科学合理地选择书籍、因地制宜地创设家庭阅读环境，使孩子在家也能够爱上阅读。

我们通过活动逐步建立亲子阅读资源库，充分体现幼儿园亲子阅读活动指导的科学性、系统性和全面性。为教师如何有效开展亲子阅读活动指导提供有力的保障。资源库内容丰富，其中包括亲子阅读书籍、活动案例、亲子故事点读录音、亲子阅读互动二维码、幼儿阅读理解水平评价数据等各方面的资料，不断丰富了幼儿园亲子阅读活动的内容。

（二）爸爸讲故事，搭建展示风采的平台

在幼儿园浓浓的阅读氛围中，爸爸们也蠢蠢欲动，于是我园组织了"爸爸讲故事"的活动。爸爸们带来一个个有趣的故事，精彩的互动、生动的表情能立刻抓住孩子的注意力。孩子们也跟着故事的氛围时而紧张时而开心，积极地回答爸爸们在故事中提出的问题。

这样的亲子阅读活动拉近了爸爸和孩子的距离，孩子们对自己的爸爸来园讲故事感到很自豪，同时爸爸们也利用这个平台学到了亲子互动的有效方法。

（三）童话剧演绎，深入绘本展示自我

阅读有多种不同的形式，童话剧的演绎，能使平面的阅读活动立体化。通过平时的观察，我们发现幼儿对绘本故事都非常喜爱，有时会模仿绘本故事中的语言和动作。根据孩子们的年龄特点，在老师和家长的支持帮助下，鼓励幼儿对绘本故事

师生阅读

爸爸讲故事

幼儿点读

进行演绎，进一步体会故事的内涵，将自己的感受在表演中展现。小演员们投入的表演，家长演员的积极配合，将绘本故事进行生动演绎，赢得了大家阵阵的掌声。通过这样的活动，促使幼儿对故事表演产生了极大的兴趣，家长们也在其中体验到了别样的阅读快乐。

图书义卖

（四）与书店、社区图书馆联动

在图书馆里，幼儿可以接触到更多的书籍和杂志；在图书馆里，同伴可以相互推荐书籍，这可以扩展孩子们的品位，开阔眼界和增加词汇量。安静的图书馆虽然看上去和叽叽喳喳的孩子们会产生距离，实际上当孩子们步入了这一区域，就会自动被安静的氛围所感染。我园与长征社区图书馆展开联动，教师带领幼儿参观图书馆，图书管理员们也向小读者们介绍图书馆的规则、图书借阅卡的使用规则等，让幼儿对图书馆产生向往，从而能自发地、坚持到图书馆去看书，养成爱阅读的好习惯。

（五）图书漂流，分享快乐

图书漂流，传递书香。向身边的小朋友传递知识和阅读习惯，当书"漂"到自己家的时候，家长就和孩子一起认真阅读，共同演绎书中的内容，书又会"漂"去另一家。下一本什么时候能"漂"到我家呢？不知从何时起，随着一本书的"漂去"，静静地守望着另一本书的"漂来"，这种期盼的幸福已经成为每个家庭生活中不可或缺的一部分。孩子们见面的话题渐渐地由看动画片变成了"书漂到你家了吗？""你看《小兔找表哥》了吗？"……家长们欣喜地发现了孩子们的变化，欣慰地交流着孩子们的变化。

我园定期举办图书漂流活动，每次活动前教师都会在图书室中挑选绘本供幼儿自主漂流，孩子们共同制定图书漂流的规则。在每本书后，会有一张图书漂流卡，幼儿可以将看书后的感受与想法记录在卡片上，传递给下一名小读者。

图书室的多功能运用，让幼儿在书的海洋中遨游，其中的教育意义将陪伴孩子一生。

（执笔人：陈　璐　尹瑜宸　何抒音）

书香溢校园　阅读伴成长

上海市文达学校

上海市文达学校成立于2012年，是一所"高起点、高标准、高质量"的九年一贯制公建配套学校。"文达"一名，既是学校"知书、达理、至善"办学思想的标识，也是学校"文思睿达、文理通达、文明豁达、文体兼达"至善课程的浓缩。

我校秉着"以人为本，以书为根"的理念，致力于开展"生态阅读"的活动框架设计与精细化推进，为每一个学生积蓄成才的力量。学校成立以来，先后成为"上海市儿童文学研究推广学会理事单位""上海市儿童阅读实验基地学校""上海市小语会实验基地"；在连续两届的"上海市儿童创新阅读大赛"中获得了"绘本剧比赛银奖""最佳表演奖""特殊贡献奖""优秀

组织奖"等荣誉。

我校将图书馆纳入总体规划，重点打造与学校办学宗旨相统一的现代化新型图书馆。我校图书馆面积约489平方米，图书馆馆藏文献总量4万余册。每年订阅期刊约106种，报纸32种，电脑14台，并配置复印机、扫描仪、投影仪、打印机等一系列设施设备。图书馆实行校长领导下的馆长负责制。建校以来，学校图书馆以热心周到的管理服务、包罗万象的藏书资源、分层递进的阅读活动，为师生提供了舒适的阅读场所，引领师生畅游知识海洋，最大限度地发挥图书馆的职能。

为此，我校图书馆通过营造浓浓的书香气熏染每一个文达

专题书架

休闲阅读

师生阅读

学子，以"书香"引领学生成长，让每一个学子成为"好学习、明正理、能担当、会合作"的现代化学生，让阅读陪伴学生"走"得更高、更远。

一、特色课程，让阅读伴学生"走"得更快

学生的阅读兴趣和习惯是通过教师正确的指导和悉心的引导培养的，基于这样的认识，学校在每周课程中增设一节阅读指导课，于开放式的图书馆中，由各班语文老师执教，图书馆老师配合共同完成。学期初，图书馆馆长都会编制好本学期的阅读内容及阅读进度，各班各教师严格遵守进度表进行阅读指导。进度表中，单周为固定内容的阅读指导，图书馆根据学生年龄特点，推荐了世界著名的经典绘本给各年级阅读，如：安东尼布朗的《我爸爸》和《我妈妈》、玛格丽特的《逃家小兔》、五味太郎的《鳄鱼怕怕牙医怕怕》，等等。双周则让学生在每学期的推荐阅读书目中，自由选择阅读。此外，每学期的前四周安排了学生阅读礼仪的训练和巩固，为构建"知书达理"的阅读课程作好铺垫。

二、阅读盛会，让阅读伴学生"走"得更乐

要让学生乐于读书，善于读书，前提是对读书有直接的兴趣。学校每学期一次的"阅读节"活动，是我校全体师生的一个盛大节日，它也逐渐使学校的品牌特色得到了延续和坚持。

从第一届以"我们爱读书"为主题的阅读节活动，到前不久刚结束的学校第十二届阅读节"四月满芳菲，书香溢校园"，每次活动的开展，学校发展规划部都与图书馆一起精心策划方案，认真落实，在为期一个月的密集活动中，营造了校园浓厚的阅读氛围。

以第三届阅读节为例，学校以"走近绘本大师"为主题，设计了"心愿卡"活动，"读绘本、画绘本"活动、"读绘本，演绘本"活动、"经典诵读"比赛，"魔力书包"传递活动，"志愿者老师讲故事"等内容。图书馆从学生们读过的绘本中选出了安东尼布朗、谢尔·希尔弗斯坦、"花婆婆"方素珍等8位世界著名的绘本大师，制作了精美的绘本大师介绍，布置在走廊背景墙上。通过游园的活动方式，由8位志愿者老师各居一处，为来游园的学生作绘本大师的介绍。老师们自然的表情、优美的语言、生动的小故事拉近了学生们与绘本大师的距离。活动结束后，学生们还亲手制作了心愿卡，表达自己对绘本大师的喜爱之情，还把心愿卡张贴在这个绘本大师的背景墙上。

三、"营养加餐"，让阅读伴学生"走"得更广

每个孩子都喜欢听故事，每个人的童年都需要故事的滋养。给孩子讲故事不仅是爱的"加餐"，更是孩子成长中的健康

学生共读

经典晨读

"魔力书包棒棒传"活动

伴侣。上海市文达学校的老师们每天在学生享用午餐时给孩子们带来不同的故事，如：《农夫和蛇》《乌鸦喝水》《蚂蚁报恩》等。通过故事分享着不同的美好，为孩子们的营养"加餐"。有的故事能够深深地打动孩子，这时他们就会产生阅读的兴趣。伴着饭香聆听故事是孩子们最喜欢最期盼的时刻！成长，是从听故事开始的。每个人，从故事里看到行为选择的结局，看到情感变化的关系，孩子在故事里理解着世界与人心的微妙，大人在故事里感受着单纯的美好。

四、课题研究，让阅读伴学生"走"得更稳

我校坚持"学生发展为本"的素质教育思想，着力通过"生态阅读"的实践与研究，开启学生生命之旅的动能，为每一个学生终身发展奠基。在这样的背景下，普陀区重点课题"学校'生态阅读'活动的框架设计与精细化推进的行动研究"于2015年1月立项，现在已经进入结题阶段。

围绕主课题，我们"全校投入、依托专家"，开展了"'生态阅读'理论探索""'生态阅读'活动框架设计""'生态阅读'课堂教学的方法指导""经典诵读经验汇总""图书馆'生态环境'的探究""'生态阅读'的亲子阅读方法总结"等子课题研究，积累了大量"生态阅读"活动开展的经验，也为九年一贯制学校的"生态阅读"研究提供了一个很好的范例。

五、"魔力书包"，让阅读伴学生"走"得更暖

亲子阅读对于学生的身心成长具有特殊的意义，亲子阅读可以让孩子喜爱书本，激发孩子的求知欲；可以提高孩子的阅读理解能力，激发其创造性思维的发展。为此，上海市文达学校开展了"魔力棒棒传"——魔力书包亲子阅读传递活动，这是文达学校第三届阅读节启动的一项活动。刚开始，图书馆准备了24个魔力书包，每个书包里都装有两本绘本和一本精美的记录手册。这些书包在全校251个家庭中轮流传递。如今，魔力书包增加到一、二年级每班4

个。全校每周以至少 32 个家庭的传递速度迅速扩散。后接棒的家庭不仅能留下亲子阅读的痕迹，还能从前面的家庭阅读心得中得到启发，形成良好的亲子阅读态势。

这个活动的设计，不仅成为改善以往学校开展亲子阅读记录手册收效甚微的一个新举措，也是图书馆借阅方式的一种新尝试。根据数据统计，2013 学年至今，魔力书包传递总量达 4724 人次，共借阅书籍 9048 册。

六、"上海好童书"，让阅读伴学生"走"得更远

近年来，在世界各国掀起的教育改革浪潮中，都把儿童阅读作为一项重要的教育政策来实施。

2014 年至今，学校有幸连续五届参加了"上海好童书"评选阅读推广活动。每年的好童书评选活动，学校图书馆都组织语文老师积极参与。我们利用学校每周开设的阅读课，将优秀的好童书推荐给了孩子们。班里的孩子们在老师的带领下，认真阅读，并开展了多样的活动。如"亲子阅读""读童书 画插图""课本剧表演""故事大王比赛""写读后感"等。这些值得一读的佳作，为教师打开了一扇扇心灵之窗，为孩子们开启了一道道知识之门，引领他们走进一个魅力无穷的大千世界，也提升了学校阅读的品位，提高了学校在市、区的知名度。

七、绘本论坛，让阅读伴学生"走"得更高

为了更好地推广阅读，培养孩子爱阅读、勤思考的学习习惯，文达学校先后承办了两届海峡两岸和香港儿童绘本高端论坛暨教学观摩活动。

该活动由上海市儿童文学推广学会、上海教育出版社、中国福利会出版社主办，"海峡两岸儿童文学研究会"（台湾）、香港儿童文艺协会协办，上海市文达学校、《小学语文教师》编辑部、《看图说话》编辑部承办。海峡两岸和香港的著名儿童作家、学者、教育专家、出版社社长及六百余位绘本教学工作者参加了本次活动。在"绘本教学观摩活动"环节，黄晓峰校长进行"绘本教育的实践"分享汇报，学校教师刘晓慧执教了《我有友情要出租》一课。普陀区教育局局长范以纲在参与本次活动后曾说："这次活动是中国儿童绘本学术研究与阅读推广的一次重要亮相，它将会对中国儿童绘本的创作、发展和阅读推广产生深远的意义。"

（执笔人：葛 玮 袁 畅 潘艳娇）

"上海好童书"颁奖典礼

书香校园，让师生走近博雅

华东师范大学第四附属中学

华东师范大学第四附属中学是为了适应上海市城区重点建设项目——普陀区长风生态商务区的建设和协调，充分突出教育优先发展的战略思想，由普陀区政府和华东师范大学共同创办的一所公办初中。现有中学部 20 个教学班，小学部 6 个教学班，全校学生共计 867 名，教职员工 110 名。

2014 年 9 月搬迁泸定路新校址后，学校秉承"博雅教育"的办学理念，在图书馆阅读环境建设方面进行创新运作，"博雅书香育桃李"，引导师生好读、乐读、多读、会读、从而实现身心和谐发展。学校图书馆以人为本，优化空间功能拓展，将借阅、教育教学活动和汇展三大功能集成一体，实现"藏书管理—借阅咨询—教学教研—文宣展示—休闲生活"一体化的全新格局，为学生打通文字探寻、文化阅读、文明传承的通道。三年多来，优化创新的图书馆吸引了包括本市各区和全国各地的同行百余批次到访、学习、交流。2018 年春，学校图书馆被评为全国"校园最美书屋"，成为学校最大的"文化场"。

一、以人为本，优化空间功能拓展

（一）以人为本，整体规划

2014 年，学校搬迁至新校舍时，便将有限经费投入学校第一个大型教育文化工程——图书馆，且最早施工和启用。图书馆位于出入方便、人气最旺的教学楼"敦行楼"一楼全层，建筑面积为 528 平方米。图书馆通过整体规划，使馆舍建设、设施建设、信息化环境建设和资源建设得到全面推进。同时引入功能性家具设施，唯美大气，并注重拓宽功能，创意分隔，将空间设置与服务融合到图书馆的整体信息服务中，使图书馆成为比

优化创新的阅读环境

家还温馨、比居家书房更大气漂亮的空间，以吸引学生来到图书馆，进而形成良好的阅读习惯。

（二）优化空间，拓展功能

图书馆除了在入馆处设立常规的服务吧台外，同时以高低错落的书柜隔断将图书馆大空间分隔成相应的功能区域，主要有：电子阅览室、休闲阅读区、阶梯广场的分层教学区、懒人阅读游戏区、主题阅读探究学习区和名师沙龙六大区域，实现"藏书管理—借阅咨询—教学教研—文宣展示—休闲生活"一体化的全新格局。休闲阅读区陈设数字触屏一体机和沙发桌椅，可供师生进行小规模教研学习。智慧学习广场是由半人高的书柜圈围成的半圆形阶梯状小广场，外侧的软木布告栏常年展示学生的各种文化阅读成果。

圆形的懒人阅读区使用软垫包边装饰，铺设安全地垫和卡通靠枕，使读者可以放飞心灵，轻松阅读，爱上阅读的感觉。主题阅读区分时段配置教师指导专题阅读书籍，外围的金属板既是授课时老师的题板、任务板和背景资料宣传提示板，又是学生作业成果的静态展示板。名师沙龙是图书馆唯一的封闭区域，可以进行小型公开课教学展示，也可供名师

专家进行学术研讨，还可作为第二课堂丰富学生校园生活。多样的教育教学需求和学习方式生成在图书馆，以提高资源的使用率，并促进师生对文献资源的检索、咨询和利用，实现有效、高效学习。

（三）丰富馆藏，扩充资源

学校图书馆的馆藏种类丰富，现有图书总量4万多册，各类报纸杂志200余种，配置合理，生均藏书量高达59册。在多渠道丰富阅读资源的同时，电子阅览室做到 Wi-Fi 全覆盖，25台平板电脑终端可供师生浏览海量数字图书资源和各种电子期刊。师生既可以在此处阅读纸质图书，也可自带数字终端，使用手机、平板电脑或是笔记本电脑，以有线、无线上网的方式，进行阅读学习。网络阅读装备与纸质图书相融合，传统读物与数字阅读相辉映。

二、有效利用，优化服务机制保障

为了促进图书馆资源的有效利用，学校采取了一系列举措，在各方面加以保障。

在线阅读 ipad 数字资源

暑期读书活动指导

（一）时间保障

借助信息化工具，按照学生基础性课程、限定性拓展课程、自主选学拓展课程、走班式管理，重置学生课表和学习时间，引导师生充分利用课余时间来图书馆读书学习。

（二）空间保障

图书馆设电子和纸质台账"线下网上"双通道预约图书馆空间，做到合理配置图书馆各区间的使用。在校内，图书馆空间串连起走廊书吧和教室阅读角，最大限度地统筹配置学生自由阅读，开放阅读空间；在校外，一方面，图书馆代表学校牵头附近新华书店和市、区图书馆，不断做好优质图书的配置和组织学生开展读书沙龙活动；另一方面，图书馆会同德育部门和语文组，开展学生家庭图书馆的建立、指导课外阅读、开展闲暇阅读等。

（三）组织保障

学校将图书馆工作纳入学校课程建设和文化活动统一策划和管理。除了聘用语文教师任馆长、引进专职教师充实图书馆专业工作外，校长、课程教学部教导主任和文史政等学科教研组长、学生指导部的政教主任和年级组长、信息部主任与信息技术教师组成工作小组，参与包括图情信息检索、读书方法指导、探究性学习方法指导的课程研发实施、并对网上资讯发布、文化宣传组织、教师培训、师生成果展示、个性化定制学习需求服务等进行多维度的细化分工，确保图书馆成为借阅、学习探究、成果发布展示的教育资讯集散中心和研学高地。学生爱上图书馆的开放式学习，进而形成学习成果；阅读也成为检验学习成效、验证学业成果的一项有意义和有趣的活动。

（四）技术保障

图书馆现使用 Interlib 图书馆集群管理系统，利用信息技术提高日常借阅的效能，提升管理服务水平。不仅将图书馆的老师从机械的盘点、上架、整理等工作中解放出来，更重要的是让图书馆有限的专业师资更有精力和时间参与课程研发、活动设计策划、学校文化活动的配套服务升级。

除了利用 Interlib 图书馆集群管理系统进行日常借阅率等常规数据统计之外，图书馆更关注充分调查研究后通过校园网班级平台发布购书意见征询单，以便在学生荐书中按需服务；从更关注好书推荐公示到更关注公示每个月统计整理最受师生欢迎的书籍排行榜，并依据借阅量数据选评学生中的"阅读之星"，利用校园网"博雅阅读"专栏、"校内外"平台和学校微信公众号多角度多渠道地定期推荐馆藏新书，交流师生阅读感受，开展阅读推广活动，完善激励机制，助推学生学习动机，张扬成就感。

三、学习创生，优化组织资源融合

学校重视图书馆与学校课程的整合和融通，通过图书馆与众多学科组的协作，开展各种形式的"书香文化"活动，促进学校文化建设，促进图书馆从过去的幕后"配角"走向与各科教师共同策划各类活动的前台，成为与各科教师实现优势互补的同盟，并在引导师生主题读书、经典阅读、闲暇阅读、快乐读书中充分发挥作用，参与更多的校内外资源配置、提供教学设计建议和统筹服务等。

（一）携手基础课程，深入拓展探究

图书馆与各学科教研组合作，根据不同学科的要求，以小学、初中的语文、英语、政治、历史、地理五个学科为主，开设开放式专题阅读课程和开展长作业探究学习。图书馆与学科组教师认真商讨并安排阅读内容及要求，布置图书馆专业资源陈列和网上资源线索菜单等，及时发布学习要求，将学习成果集结成册，在图书馆进行展示。

学生阅读成果展示

（二）营造阅读氛围，创建书香校园

2016年，图书馆在学校常规读书节的基础上整合人文学科学习，联合学校的德育部门学生指导部策划开展"经典阅读cosplay"，作为华师大四附中六一庆祝系列活动之一，学生们用自己独特的审美和人文视角，理解经典名著的真情实感和观点思想，从阅读中汲取正能量，将自己装扮成一个个鲜活的书本中的角色，更好地分享和激励自己和身边的小伙伴们，从中体验博学雅趣的新魅力。

第二年，在阅读cosplay的基础上，又举办了"千回百转，相思成语"大赛，比赛由学生指导部和图书馆共同策划、语文教

小学生手绘图画书

研组主办，群策群力形成答题库，涵盖了六、七、八三个年级的所有学生。寓教于乐，以游戏答题的方式让学生重温中华传统文字的魅力，体会知识积累的重要性，灵活运用多种形式传播传统文学，让书香溢满整个校园。

我校小学部开发了以阅读为基底的"博雅金三角·创意阅读"绘本课程，打破纯课堂教学的形式，以活动类的形式来开展，以小学生从小学会阅读、热爱阅读为出发点，在一年级图画书阅读—专题阅读—品读指导的基础上，以读、写、讲、画、做、演等多种形式开展读书活动。课程至今，一年级上、下两册创新阅读教学活动设计共计36篇，汇编成册，付梓印刷，为下一年创新阅读课程教学打下了丰厚的基础。为了照顾到识字量刚起步的小学部新生，图书馆在大量购买优秀儿童绘本和注音读物的同时，还提供了电子触屏阅读桌。孩子们指点之间就可以在线阅读各类有声绘本故事，接受远程教育学习辅导。学生们在经典阅读中展开想象的翅膀，用图文绘画或是戏剧表演等各种方法来表达自己的感受，还动手制作一本本好看又好玩的手工图画书。

（三）整合校外资源，打造文化品牌

在全体领导的关心支持下，各学科教师精心策划各项活动，各部门团结协作做好保障，学生们踊跃参加学习，家长志愿者和校外合作单位等社会资源积极配合，诞生了"最美校园书屋"，打造了"博学雅趣"的学校教育文化品牌！

1. 联合新华书店，组织小学生走出课堂，走出学校，走进书店，开展"小小看世界——书海遨游"学习活动。活动前，在学校图书馆布置模拟书店模拟购书，让学生了解各种图书和绘本的区别。活动中，以小组为单位，学生从自身的阅读兴趣出发，为自己和班级同学选书，并要求不重复购书。"小小看世界——书海遨游"活动不仅激发了孩子的阅读兴趣，还培养了他们互助合作的能力。

一年级小小看世界自主购书活动　　　　　　　　　　　汉字展　　　　　　　　　　　懒人阅读区

2. 图书馆与学校家委会联合，由后者牵头成立"阅悦亲子吟"家长阅读沙龙，将阅读活动延伸到家庭、社会中。鼓励家庭诵读、亲子诵读，将爱父母、爱家乡、爱祖国的教育贯穿于各个教育环节中。在计划这个项目的初期，家长群就自发组织设计了相关电子问卷，广泛征询家长参与的必要性与需求。调查显示，100%的家长支持该项活动。与此同时，已有多名家长早期已经投入到志愿者的队伍中来，共同出谋划策。结合了亲子讲坛、教子经验分享、专家讲座、沙龙交流、外出考察等形式积极开展孩子学习方法指导、阅读方法指导、生活习惯引导和能力素养培育。

3. 2018年6月，我校图书馆与上海市儿童博物馆共同承办了由国家语委和中国文字博物馆主办的文字巡展，将"汉字展·走进上海"请进校园，分别在小学部展出"趣说汉字"，在中学部展出"汉字的起源与发展"。除了在校的中小学生外，本次文字展的受益人群还惠及整个长风地区的中小学生和居民。这是继去年的流动科技馆、流动美术馆进校园之后，华四校园的

又一大文化盛事。这一切都是为了培养孩子们认知和探索世界文明与语言文字的发展规律，更好地继承、发扬和传播中华优秀传统文化，弘扬中华汉字文化、扣好社会主义核心价值观的第一粒扣子。

未来，学校图书馆还将进一步加快信息化步伐，与专业数据平台公司联合研发，提高自身管理服务的效率。引入最新刷脸技术入馆签到，自动统计入馆自主学习时间和频度，以及24小时自助预约、借还服务系统，试行无人管理环境下或学生自学探究期间的借还自由、进出自由，用数据分析学生在校碎片化生活中的学习行为，纳入学分管理，归入学生综合素养测评系统予以实证积累、自我管理。

今后，学校图书馆还将不断整合优质专业教育资源，创新教育思想，关注学科融合，积极探索学校阅读文化活动的新途径、新方法，创造性地开展各种阅读文化活动，更好地培养造就博学雅趣、自信乐学的现代学子。

（执笔人：王　蓓）

全方位融入书香，让阅读助推成长

上海市洵阳中学

上海市洵阳中学是一所公办初级中学，曾经是一个以铁路、纺织工人聚集、外来务工人员子女就读为主的公办初级中学。多年来学校坚持"承文化德、学会做人；分层递进、学会学习，托起每位学生成才梦想"的办学理念，遵循"以校为本、以师为本、以学生发展为本"的教育思想，结合校情和地方教育资源特色，盘活各种教育资源，进行"以爱国主义为核心、以人文精神和科学精神为重点、凸显实践能力和创新能力"培养的校本课程体系建设。学校以创建"书香校园"为平台，把立德树人、学会做人放在创建的工作首位，坚持以社会主义核心价值

体系为主导，以传承中华经典文化、弘扬科学创新精神为重点，通过美文阅读、养成教育、行为规范教育、"阳光少年"等活动，积淀学生为人处世、学会学习的基本素养与品质。学校办学质量稳步提高，已经成为老百姓口中的"家门口的好学校"。

洵阳中学图书馆馆舍面积300多平方米，具有现代化的硬件设施，优雅的阅读文化环境，生均60册的书籍馆藏，年生均借阅量达17.8册，是普陀区中小学一级图书馆、普陀区中小学阅读推广先进集体。多年来，学校图书馆顺应教育的发展趋势，积极融入课程建设，利用图书馆文献宝库的优势，开发图书馆

教师指导学生阅读　　　　　　　　　　　　　新书推荐　　　　　　　　　　　　　二次文献

现有的资源为教师和学生提供知识和信息服务，起到知识信息的导航作用，在推进和深化阅读活动·书香校园建设方面进行了一系列的实践探索。

一、开发校本课程，引领学生阅读

围绕学校"承文化德"的办学理念，学校在图书订购、图书推荐、编制二次文献时注重校本特点，新购图书注重经典名著，突出新思想、新科技；在内容上，以热爱祖国、感恩父母、勤劳敬业、品味生活、科学发展为主；在汇编材料方面，根据《上海市中小学生学业质量绿色指标（试行）》标准，编制了《美文阅读》《主题阅读活动汇编》《典范英语》等校本读物，并在课时、师资、校本教研等方面有效落实，使校本课程与国家课程实现无缝衔接。这些校本教材既落实了课内的基础，又通过延伸阅读丰富了知识，打开了学生的眼界，提升了学生的学习素养。

二、面向教学，以"服务教学"助力阅读推广

学校图书馆的重要功能，是依据学校教学工作的需要，有目的、有计划地搜集各科课程有关的教学参考资料和课外读物，为教师的教学提供参考，即"实现新时代学校图书馆的主要功能从过去传统的藏书利用教育（learning resources center）向信

息资源中心（library media center）转化"（联合国教科文组织1980年12月宣言）。

学校图书馆教师在保留原有对文本资料的二次汇编工作前提下，重点开展了对学校发展过程资料、网络信息平台上的电子资料的收集、汇编（索引）工作，先后编撰了《英语学科论文资料汇编》《区优秀教研员教案及点评汇编》等，为一线教师开展教育教学活动提供参考。例如：语文教师利用这些资料指导学生写好"自读笔记"，有效开展"美文阅读"，解读文本内在逻辑，激发学生对现代文阅读的活力，把准课标和教学要求，同时落实到平时的课堂教学中去，开展片段作文和生活化作文训练，提高了学生的阅读理解水准和读写能力。英语学科教师利用这些资料开展以有效提高学生阅读能力为主攻目标，开发多样化的教学方法策略和渠道，着手解决学生一些具体学习困难问题，如：英语作文问题、两个"填空"问题、听力问题等，引导学生有策略地阅读，不仅提高了教学质量，也提高了学生的学习素养。

为使这些二次编撰的文献资料更方便使用，学校邀请了区、校的专家导师为集册写序，为重点资料撰写提要、使用（借鉴）建议，还特别聘请了普陀区唯一一位中小学图书馆副研究馆员、原曹杨中学图书馆馆长朱耀琴老师为顾问，对图书资料工作进行把关，提升了资料的借用率，提高了阅读推广的实效。

三、对接世界读书日，让每天都成为阅读的好时光

学校积极响应"世界读书日"活动要求，成立以校长（书记）为第一责任人的"上海市洵阳中学读书活动领导小组"，成员有分管德育的副校长、教导处主任、科研室主任、图书管理员、语文教研组组长、各年级组组长等。成立以德育副校长为组长，语文教研组为核心团队、各班班主任教师参加的"上海市洵阳中学学生读书活动指导小组"，指导师生每年开展近十个主题系列读书活动。

学校图书馆把"传承中华民族美德，提升学生学习生活品质"作为"世界读书日"的活动目标，从三个维度落实：一是培养学生的阅读习惯，通过阅读使他们的知识得以丰富，精神得以陶冶，智慧得以启迪，让学习成为学生生命的一部分；二是让阅读成为教师的自觉需求，让阅读成为教师获取知识的源头活水，用阅读提升教师素质；三是创设学习化、人文化、潜移默化的校园阅读生态环境，让校园氤氲书香，从而带动整体教育教学质量的提高，激发全校师生"多读书、读好书、好读书"的热情，共同孕育师生与书为友、与书为伴的校园读书氛围。

为了使阅读活动达到润物细无声的效果，依据"让我们的孩子在浸润式阅读中提升品质"的观念，创建了引领学生阅读的"八步活动法"，概括为"挖一口深井（W-E-L-L）、唱一出小戏（S-H-O-W）"。

1. 让墙壁（Wall）"说话"：鼓励学生在班级教室的墙上不留"空白"之地，以自制的阅读记录卡、手抄报、自摄的同学阅读风采照片等在墙上"见缝插针"，让教室环境也成为阅读文化的软实力；

2. 建一个"展会"（Exhibition）：学生利用业余时间在自己的书桌上"摆摊"向同伴推荐，培育学生"人人为我，我为人人"的意识，让有限的图书资源为大家共享；

3. 找一个"领导"（Leader）：加强班级小小图书管理员队伍建设，对班中的小组长、其他同学也采用"轮庄选用"的模式，利用每天早上的早读时间，让他们走上讲台，进行"领"读、"导"读；

4. 融阅读于课程（Lesson）：班主任老师、语文学科教师通过"新书推荐""美文赏析""翰墨书香"等系列专题，向学生普及阅读知识；通过每学期两次的阅读指导课，组织学生以"讲一讲""演一演""评一评"的形式，将阅读成果化为"课本剧"，以更形象、更直观的形态来展现阅读的魅力。

5. 每周一次"交心"（Swap）：每天早上利用课前5分钟请学生上台示范读一段文章，谈几句阅读体会；每周五中午用20分钟时间，各班对一周以来的学生"课前5分钟讲读"进行点评。这样的形式既锻炼了每一个学生的表达能力，也有效地保证了开展阅读的质量；

6. 每旬一次"家读"（Home）：班级在开展书香教室的活动中，不忘"三位一体"。通过"大手拉小手，同读一本书"的家庭亲子阅读活动，携手学生家长共同参与；

7. 每月一次"号令"（Order）：学校读书指导小组围绕"承文化德"的办学理念，坚持每月向师生推荐中华传统文化、优秀历史典籍书籍，引导学生读什么书、怎样读好书；

8. 每季一次"文会"（Writing）：各班每季度在班中召开一次"阅读文会"，以专栏、班刊、主题班会、黑板报等形式来扩大学生阅读之后写作的"读后感"的影响；学校微信公众号、网站还对学生的优秀文章进行转载，并向社会报纸杂志推荐。

"一口深井"，强调的是持之以恒；"一出小戏"，重视的是身体力行。"八步活动法"使学校的"世界读书日"活动有声有色、有效开展，更重要的是学生综合素质得到历练。

四、以文化广场为载体，把学校建在图书馆之中

苏霍姆林斯基说过："对周围世界的美感，能陶冶学生的情

操，使他们变得高雅。"为此，学校投入数十万资金，在教学楼每一楼层腾出一间教室，破墙连廊，建成了校园文化广场。在学校文化广场里，有定期更新的图书杂志、立地大屏的即时电子报刊、各类工具书和百兆带宽的互联网，让师生无手续、无障碍、全空间开展阅读和资料查询。学生一走出教室就能够闻到书香，随时随地进行阅读。

文化广场的布置分别以自然、人文、科技、创新为主题，营造出一种美好，一种清新，一种诗意，一种生机，一种浓郁的文化气息。

在上级主管部门的大力支持下，学校在文化广场中配置高端笔记本电脑、校园网内自建结合教学的专题电子书刊等供学生开展阅读，实现了阅读无国界。学校文化广场的建立，不仅为学生的课余学习提供了立体、全面的场所，也为学生自我实践、自我完善提供了一个践行"行知合一"的操练之所。文化广场的创建，让人感受到学校建在了图书馆之中，使师生时时处处沐浴着书香。

五、建台唱戏，让阅读充满青春活力

为了让学生更接受现代阅读，学校以"课本剧进校园"的形式，开设拓展课、探究课，积极为培养学生创新精神和实践能力搭建平台。每年开展"汉语节""英语节""数学节"，开展音乐剧《狮子王》《阿拉丁》（洵阳版）课本剧展演活动。学校图书馆积极配合，将有关童话原著、引申读物，有关流行歌曲、现代舞蹈、激情表演等理论资料送到每个班级的"图书角"，力求使学生的才艺拓展、审美体验和心智养育、自信交友、张扬个性等综合素质得到历练；学校现代信息技术"比特实验室""数字艺术教室"创建之后，图书馆、资料室也及时为学生配置了由浅入深的各类辅导教材、电脑科技书籍等，配备到这些实验室里，让学生能够对照阅读，查解困惑。

洵阳中学在推进阅读活动·书香校园的创建活动中，针对校园文化育德功能的弥散性、指向性、选择性、激励性四大特点，进行了有针对性的创建活动，取得了良好的实绩。学校图

汉语节经典朗诵　　　　　　　　　　　诗歌美文表演

校长接受电视台"阅读与城市：2016年上海市民文化节"的访谈

书馆获得2016年度上海市民文化节读书活动先进单位、普陀区书香校园建设先进单位、普陀区中小学优秀图书馆等荣誉称号。同时，扎实的"书香校园"创建活动，也助力学校获得了普陀区文明单位、上海市少先队红旗大队、上海市星级志愿者服务队、全国智慧校园建设示范校等系列荣誉。

近年来，学校在开展阅读活动方面取得的各种荣誉、奖项累计超过了百多项。校长应丹晖撰写的论文荣获上海市中小学图书馆工作研究论文评选活动征文一等奖，被评为2016年上海市民文化节优秀推广人，并应邀接受了上海电视台"阅读与城市：2016年上海市民文化节"的访谈。在访谈中，应丹晖校长

对阅读与学生成长之间的关系，以及将整个校园创建成师生阅读场所的思考进行了阐述，详实专业的内容和幽默风趣的谈吐给书迷们留下了深刻的印象。

书香校园的创建是个系统化的工程，我们将在原有的基础上，开展系统的调查研究，完善学校课程建设，整合家庭和社区的资源，将阅读活动引向深入，让阅读成为校园文化中一道亮丽的风景线，助推师生共同成长，使书香校园建设更上一层楼。

（执笔人：濮正堂　朱耀琴　罗惠连）

让校园溢满书香

上海市江宁学校

江宁学校是由上海市最早的 26 所实验小学之一江宁小学延伸而来的九年一贯制学校，已有七十余年的历史。学校落实吴庆琳校长的办学理念："不一定第一，但绝对唯一"，依据每一位学生的个性发展，使得每一个孩子都能获得恰如其分的健康发展。

一直以来，江宁学校高度重视图书馆建设，将图书馆工作作为学校开展教育教学的重要组成部分，随着学校发展而发展，满足教育教学的需求，以创示范图书馆为工作目标，不断加强馆舍设施硬件建设，不断提升管理服务工作水平，充分发挥了图书馆的育人服务功能，将图书馆打造成展现校园文化的重要窗口、体现办学水平的重要平台。学校把图书馆建设纳入整体发展规划，对图书馆的建设，在校长吴庆琳领导下、分管领导具体负责。

一、多重保障，优化办馆条件

（一）保障硬件投入

学校现有学生 1800 余人，教师 160 余人。除了保障图书经费专款专用，每年选购图书之外，学校自投经费添置初中"走班阅读"书籍约 20 种，小学"走进文化经典"集体阅读书籍 110 余种，低年级绘本阅读书籍约 50 种。同时安排专项办公经费，保障了办公用品和设备的购置。图书馆现有藏书 10 万余册，各

低幼阅览区　　　　　　　　　　　　学生阅览区　　　　　　　　　　　　教师阅览区

类报刊、电子期刊300余种。使用面积达644平方米，有阅览座位180余个，配备平板电脑40台。馆舍环境优雅安静、照明齐全、采光良好，通风、换气、防尘、防火、防潮、防盗、防蛀、防高温等保护设施齐全，打印机、塑封机、装订机等各项设备配备到位。2014年，为使读者能在馆内舒适阅览，学校自投经费，为图书馆添置了消毒柜和空气净化器等设备，使馆内服务更加人性化。2016年学校又为图书馆添置了更完善的视听音响设备等，完善图书馆功能，提高馆内电子资源使用效果，给读者更好的阅读体验。

（二）加强队伍建设

图书馆现有工作人员4人，保证图书管理人员稳定。实行专业技术职务聘任制，组织工作人员积极参加图书分类、编目和计算机能力等方面的专业培训，提高图书管理人员的业务素养。

二、多管齐下，提升管理质量

（一）建章立制，实现规范管理

建立了一系列全面、规范、严格、可操作性的工作制度，各项工作的开展做到章可循，规范操作。同时在每学期和每学年都制订图书馆工作计划，定期召开图书馆内工作会议，有效推动了图书馆管理工作。文献资产管理规范有序，在分类、排架、标识及入账等，做到了科学规范。

（二）创造条件，完善基本服务

以"以人为本，服务至上"为服务理念，实行借阅一体化的开架式服务模式，每天开放9小时；在寒暑假，坚持每周开放4小时，为师生提供优质的阅读服务。

三、多方创新，创设特色服务

（一）根据读者需求，优化阅读宣传模式

在校园内，图书馆搭建了多种宣传平台，向全校师生推荐新书、发布活动信息。比如：在校门口宣传栏推荐"最新好书"；在三楼宣传大厅滚动"悦"读墙；图书馆内的"悦"读园地，等等。利用这些宣传阵地为师生轮番发送新书推荐、学生书评、读书活动方案、学生读书作品等。同时，利用馆内视听设备，定期为师生放映由书籍改编的电影、音乐剧，等等，让读者感受由阅读演化而来的艺术之美……此外，图书馆也为给师生提供更多的阅读指导。图书馆定期为新生开设图书馆知识讲座，帮助学生学会利用图书馆资源，养成爱阅读的好习惯。把学生社团"图书情报与信息"列入走班课表，为社团成员讲解图情知识，让学生能够更深入了解图书馆，学会利用各类信息资源。

（二）实施混龄阅读，尊重学生选择

为尊重学生的阅读选择，图书馆与语文组联合开设了"创新实验室"课程：混龄阅读课。图书馆听取师生意见，制定阅

读书目，并以借阅方式为学生提供阅读书籍。将阅读指导课程变成了混龄走班课程，学生喜欢哪部作品就可以选报相关的阅读课程，在课前由图书馆工作人员根据各课程的使用需求准备相应图书。图书馆提供的集体读物既有《老人与海》《梁衡散文集》《飞鸟集》《繁星·春水》等名家名典。图书馆邀请学校喜爱该书的教师，在引导初中学生阅读的同时，还能和学生分享自己的阅读心得，使得阅读课程更有互动性，课堂更加活跃，教师们也在与学生的交流中有新的感悟。走班阅读由原来的教师指定读什么，转变为学生自己选择要读什么，学生和教师的阅读热情都提高了，极大增强了阅读课程的生动性和吸引力。课后，图书馆还向学生征集读书心得与更多师生分享。此外，图书馆还添置适合低年级阅读的绘本《猜猜我有多爱你》《爱心树》；注音读物《小猪稀里哗啦》、沈石溪动物小说系列等。利用午间"快乐30分"，在一、二年级进行"快乐绘本阅读"，以故事接龙等方式，鼓励学生进行阅读再创造，不断探索如何有效引导低年级学生的阅读兴趣，养成良好的阅读习惯。比如，2018年9月图书馆尝试开展"我最喜欢的……"低年级绘本制作活动，以班级为单位，通过学生的投票，选择"我最喜欢的动物""我最喜欢的交通工具"等贴近他们生活的主题，制作绘本，计划制作电子绘本5册。活动得到了学生和家长的欢迎和踊跃参与。

（三）开设"悦"读角，倡导"诚信阅读"

图书馆在校园内开设了"悦"读角，陈设各类热门图书、杂志，并定期进行更换，供学生在课间自取阅读，在空间和时间两个维度上拓展了图书馆的服务范围，为学生创造了自取式的全天阅读新模式。以此为载体，配合学校德育处对学生进行诚信教育。同时，我馆招募了一批小志愿者，对"悦"读角的日常管理进行宣传、指导和维护。

（四）开展读书活动，建设书香校园

图书馆根据学校安排，积极组织开展了形式多样的读书活动，比如，"校园处处有书香"征文比赛、"阅读最美丽"演讲比赛、"我的阅读心愿"书签制作比赛、"美在阅读中"摄影比赛等。近三年，图书馆组织参与市、区读书活动获得奖项60余项。其中，2015年获得市级奖项14个，区级奖项9个；2016年获得市级奖项11个，区级奖项9个；2017年获得市级奖项13个，区级奖项8个。2017年，我校学生戴千惠还在"阅读·思享·成长——世界阅读日上海主题活动"中代表发言，分享自己的阅读心得。学校图书馆也被评为"上海市中小学图书馆工作先进集体"；连续多年获得"上海市中小学生暑期读书系列活动"优秀组织奖、"上海市普陀区中小学生读书活动"优秀组织

"悦读角"诚信阅读

走班阅读课程《老人与海》

教师阅读分享会

奖。此外，学校组织的学生"我心中最美古诗词"小报征集活动、"我想推荐"系列学生荐书活动等，也取得良好成效，使得学校的书香氛围更为浓厚，促进了校园文化建设。

电子阅览

（五）与德育相结合，培养师生奉献意识

图书馆一直以来都是学校德育教育的重要阵地之一。首先，组建了学生志愿者队伍，作为小管理员，帮助图书馆日常维护，引导同学文明借阅。做好图书馆与学生之间的信息传递工作。为发挥图书小管理员的作用，每学期组织小管理员举办图书馆相关知识讲座，鼓励小管理员协助图书馆更好地为学生服务。同时，为每一位图书管理员建立"志愿者争章表"，根据小管理员的活动情况进行鼓励，调动了志愿者的积极性。其次，图书馆还与学校"致青春"青年教师志愿者团队合作，利用馆内现有资源，开设"爱心晚托班"，解决家长"放学后一小时"的后顾之忧，得到了学生和家长的一致好评。

（六）提供个性定制，服务教研需求

图书馆通过耐心的了解，根据教师个人发展需求和教科研需求，提供个性化、关联性的资料信息推荐，并提供"送书上门"服务，以方便教师学习和工作。此外，我馆利用走廊空间搭建教师阅览室，设置可自由组合的藤椅组、旋转式书架，提供轻松的阅读方式，吸引越来越多的教师来图书馆工作、学习、小憩。同时，图书馆积极整合馆内信息资源，对近年来的教师资料咨询情况进行收集、分类，根据教科研需求制作资料汇编24册、教育文萃3册，教师制作课件98篇，得到了全校教师的广泛传阅和好评。然后是在学校各项课题研究中，积极提供研究场所和文献查询等服务。比如：在我校"基于学生差异的课程校本化实施策略研究"课题中，图书馆提供参考文献40余篇，并协助课题研究负责人进行课题总结。该项课题申报为上海市教育科学研究市级项目，制作学校课题研究资料2册。图书馆也积极参与区课题"数字化背景下提升区域中小学图书馆管理与服务水平

的实践研究"，进一步提升学校图书馆的服务、教育水平。

（七）拓展服务功能，放大育人作用

一是不断加强电子读物的采购配置。2014年添置40台平板电脑，购置京东电子畅读书库10个，共有图书10000册。二是不断完善电子阅读平台。利用图书馆检索机、电子阅览室，并在学校网站建立图书馆主页，实现了多人在线、轻松阅读。三是不断发挥电子图书作用。在京东电子畅读书库的10000册图书中，由图书馆下载5000册作为指定阅读读本，其余5000册由读者自行选择阅读。这些电子图书也将走进混龄阅读课，充分发挥低成本、零复本、阅读人数和阅读环境不限、方便开展班级阅读等优势。同时利用电子期刊平台举办"走进云阅读"读书活动，读者上传读后感、读书笔记至校园网，收集教师提供的教育教学文献2000余篇、学生阅读读后感278篇。以家庭为单位举办"好书共读"活动，家长与孩子利用电子书库平台共读同一本好书，写下阅读心得互相交流，体验亲子共读的愉悦。四是不断推进资源共享。与长寿街道图书馆签订了协作合同，共同组织、相互参与读书活动，定期馆际互借，寒暑假期间对社区居民开放，组织高年级学生到长寿街道图书馆做志愿者，增加了学生的课外阅读量，创设了图书馆开展社区服务的新平台。

（执笔人：张议文）

师道传书香　悦读兴宜川

上海市宜川中学

上海市宜川中学创建于1957年，经过半个多世纪的不懈努力，学校全面实施素质教育，取得了令人瞩目的成绩。2005年9月，学校被命名为"上海市实验性示范性高中"。

目前，学校有特级教师2人，教职工135人，学生1200余人，30个教学班。

学校在"以人为本，和谐发展"办学理念的引领下，通过开设丰富多样的课程，开展丰富多彩的活动，创建和营造浓郁书香校园氛围，将其认真、有序、具体、生动地落到实处。

学校图书馆是书刊齐全、资料广泛的信息中心，它直接面向师生，提供各种信息服务。目前拥有图书10万余册，并有大量光盘资料，多年报刊合订本，中小学电子期刊100余种等各类资源。根据学校馆舍规划、布局等特点，图书馆采取了师生共享，书刊合一，阅览室、资料室合一的模式，是集采编、借阅、视听、阅览、流通、咨询等多项功能为一体的学校教育辅助部门。

目前工作人员2名，工作职责各有重心，但又相互合作，为提高全校教师和学生的整体素质发挥了极大的作用。

学校将图书馆定义为文化中心、教学中心、创新中心以及成长中心，并最终实现学生知识增长、能力提高和精神成长的场所。

一、图书馆是文化传承与积淀的场所

我校以中华文化符号贯穿整个图书馆，让学生在"文明之源、文明之川、文明之光"的序列中感受学习中华优秀文化。另外，图书馆还是积淀学校文化的地方，为了实现这个目的，我校图书馆设立宜川特色馆藏、宜川特色书架以及宜川真人图书馆等区域，帮助学生了解宜川，阅读宜川，爱上宜川。在图书馆的文化空间，新建图书馆将设主题演讲区、展览区、文化沙龙区等，让图书馆不仅限于"藏"的功能，还能发挥文化活动中心的作用。引领师生在墨香净土中，营造互动分享的宜川文化理念。

在藏书结构上，注重各类图书采购的合理比例，每年订阅丰富品种的报纸、期刊，有计划有步骤地加大电子图书采购比例。在学生用书方面，注重满足学生年龄成长需要、促进学生全面发展的优秀课外读物的挑选，在教师用书方面则注重教育教学急需的新学科知识、现代教育教学手段、优秀教案以及继

特色书架——阅读宜川

续教育用书的挑选。同时在校园网开通图书馆论坛，加大与学生、教师的交流沟通力度，了解他们的需求，尽可能地满足他们的需求。

图书馆工作方法的创新，最重要的一点就是要让书"活"起来，才能真正提高图书馆的利用率。调研各个年级段，了解学校教育教学进度要求，收集各学段教师、学生开出的相关学

个性阅读区

扫一扫 读好书　　　　　　　　学生在悦读　　　　　　　书评社成员分享读书心得

科的拓展书单，我们都会及时进行相关图书的添置。

为了提高藏书质量、多途径征求教师、学生建议，邀请他们一起采购图书，采用多种购书方式相结合，如：现采、网购、推荐等，尽量使读者满意。如：结合学校活动，采购专题图书，如：国学、班主任工作、德育工作、书院文化等专题。

为了让学生了解图书馆藏书，让书"活"起来，我们特意开通了图书馆网页，推荐好书，推荐新书，做各类主题资料，宣传图书馆资源。

二、图书馆是师生践行教学拓展与创新活动的阵地

图书馆应该成为两个载体：一是课程与教学深度融合的载体；二是新阅读空间与新技术深度融合的载体。为此，我校在图书馆开设通识课程与学科拓展课程，通过规定某些学科在图书馆上课的最低时数、优化学科推荐书目等措施，深入践行综合素质评价。图书馆通识教育也走进课堂，通过开展传授和实践体验结合的形式，综合培养学生阅读能力、文献研究能力、图书馆礼仪、信息责任、图书馆情感、终身学习能力等多种素养。

学校图书馆服务的对象是教师和学生，这就决定了图书馆的工作重点应围绕师生服务展开。在工作中努力做到服务态度细致化、服务内容信息化、服务方式多样化、服务手段现代化，密切图书馆与读者的联系，使读者了解图书馆、有效地利用图书馆，成为读者与图书馆沟通的桥梁，使得图书馆成为师生乐于研习和活动的场所。

为了能够发挥图书馆丰富资源的优势，我们从多个角度、途径积极主动向教师宣传信息服务工作内容并提供各类教育教学热点信息，如：学科预学习、作业设计、学案导学、学科素养、深度学习，等等，并以定题服务、专题服务、个性服务等不同形式提供。

新馆启用后，学校在图书馆开设通识课程与学科拓展课程，通过规定某些学科在图书馆上课的最低时数、优化学科推荐书目等措施，深入践行综合素质评价，并通过"爱阅读"云图书馆以及与上海图书馆合作，开设视听图书馆区域等，让学生扫一扫就能看喜欢的书籍、期刊以及视频。

新改建的图书馆引进和开发了不同载体形式的数字化资源以及多种多媒体设备。例如："爱悦读"数字阅读自助机是宜川中学通过上海图书馆专门为读者定制的智能移动客户端交互设备，拥有2万余种热门电子图书，供读者在线阅读和下载。另外图书馆还不定期地提供各学科拓展视频、音频的二维码，师生只须"扫一扫"对应的二维码，即可顺利链接进行阅读。

三、图书馆是师生悦读、分享心得的活动场所

读书在人生成长的过程中有着极为重要的作用，中小学校

图书馆常被誉为学生的第二课堂，学生可以在课外时间自由地、轻松地到图书馆寻找自己喜欢的图书，汲取知识，拓宽视野，充实自己，达到个性发展的目的。

提倡多阅读，但不能死读书，只有把自己的读书心得体会与他人分享交流，才能形成自己的观点、思想，才能达到提升自身素质的目的，图书馆积极创造多途径、多方位地给学生展示自己的机会。图书馆每学期都有多个主题的读书活动，为广大的学生提供舞台，让他们展现自己，达到相互交流、共同进步的目的。比如：请资深语文老师举办文学讲座，举办不同主题的征文、演讲比赛，给学生提供了一个表现自己的舞台。多年来，图书馆积极组织学生参加市区各类读书活动，均获得了优良成绩。图书馆还获得全国中小学先进集体的殊荣。

四、图书馆将致力于服务的专业化与个性化

在多年的学校图书馆工作中，发现学生并不缺乏阅读兴趣，与课本相比，课外阅读显然要愉悦、轻松得多。因此，在关注他们喜欢阅读的图书类型同时，与他们近距离交谈，推荐一些心灵滋养和人文熏陶图书。比如：趣味哲学，3D技术等有时代感、有思考内容的图书。

学校提倡的重素养、扬个性办学理念为每一位进入宜川的资优学生量身定制相关课程。未来的社会需要具有良好的社会适应能力、丰富的创新潜质以及个性健康发展的人才，学校的各类学科设置正是为了让更多学子能够得到个性化成长。因此，对图书馆工作也提出更高要求。服务专业化，并符合每位学生的个性化需求是我们努力的方向。图书馆将基于大数据分析，每天、每学期了解学生的阅读习惯，并在每学年评选年度阅读达人、年度阅读排行榜，激励学生阅读，并基于学生的发展需求引领学生的阅读。

阅读延伸到校外，为拓展学生的学科知识和视野，提升学生的文学底蕴与实践能力，我校打造了"读书行路"系列课程。"中华书院课程"是其中的重要组成部分。从岳麓书院、白鹿洞书院到东林书院，"中华书院之行"考察与研究活动在每年寒暑假定期开展。活动旨在拓展学生视野，增强团队合作意识，提高文化底蕴和研究能力，促进师生通过读书、论辩、行路、课题研究等方式，汲取中华传统文化精华，同时践行"读万卷书 行万里路"，将课内的文史哲学习与社会考察活动相结合，感受中华书院严谨治学、大胆质疑、自由论辩的学风，学习书院人关注国事、关心民众、清正廉洁、刚正不阿的民族气节和家国情怀。

华夏神州五千年的文明与辉煌，给我们留下了宝贵的精神财富。阅读播种精神食粮，教育推动灵魂成长。我们静心阅读，去积淀为人师者的底蕴；我们立足讲台，来传递师道与书香。腹有诗书气自华，最是书香能致远。愿宜川师生悦闻书香，悦品书道，书香伴行，幸福成长！

（执笔人：赵子云　李世才）

问礼岳麓

麻雀虽小，有容乃大

江西北路幼儿园

江西北路幼儿园是坐落于虹口区武进路老城区的一所二级幼儿园，由于场地狭小，房舍老旧，故而无法规划出一个独立的图书馆。但正如高尔基所言："书是人类进步的阶梯"，阅读习惯是让幼儿一生获益的好品质。因此，我园两年前启动了阅读文化建设项目，为的就是通过有效利用幼儿园狭小空间为幼儿创设出更有效的阅读环境——迷你图书馆；通过教师阅读观念的提升，将阅读这一概念融合到一日活动中去；通过家长进校园的各项家园互动活动，有效引入家长资源，输出我园阅读文化理念；通过各项社会资源的有效利用，开展我园多元的校园文化建设活动，包括参观图书馆、千字文学习、童心园项目、家长阅读讲座等，多途径、多角度地推行学校的阅读文化建设项目。

一、迷你图书馆的建设是阅读文化项目建设的基础

根据我园小班部与中大班部分别坐落于不同老城区的地理特点，我园图书馆也存在着一园两制的特点。

中大班园所地由老旧房屋改造而成，二楼三楼有三个活动室和一个两班公用的卧室，除此以外仅有两条狭长走廊的空间，并已创设为幼儿角色、建构、电脑等游戏公共区域，因此，设置在园长办公室的"江幼迷你图书馆"诞生了。6个放满图书的图书柜占据了园长办公室的2/3空间，可供幼儿自主阅读，也可供教师借阅至班级。园长办公时，孩子们可以自由出入借阅、自主阅读，爸爸妈妈故事团可以带着孩子走进迷你图书馆为孩

子讲故事，这也是江幼的一道风景线。

江幼迷你图书馆场地虽狭小，园长、幼儿、家长却能相安无事办公、自主阅读、讲故事，是因为有江幼师生、家长共同制定的借阅、阅读制度和规则的保证。图书按类整齐有序地摆放，幼儿每日自由活动及午餐后可自主选择在江幼迷你图书馆或是班级图书馆阅读书籍，也可选择阅读自己带来的个人书籍，并且鼓励幼儿互相交换书籍阅读。幼儿阅读后需要在图书馆借阅表中签字，教师为班级图书馆选择书籍后也需要签字登记。借阅表制度不但能管理幼儿与教师的借阅情况，更为幼儿良好阅读规则的建立打好基础。可以说，迷你图书馆的建设是我园阅读文化建设的基础。

小班部的图书馆与餐厅整合一室，书架整齐罗列于一边，根据小班幼儿的阅读习惯与特点，书架上的书以一圆点对应一绘本的要求整齐摆放，书本的数量也以多于幼儿数量 50% 更为适宜，既不影响幼儿的自由选择，也不让幼儿由于选择过多而反复更换书籍，从而无法专注阅读。幼儿除每日午餐后可自主阅读，每周更有 2 次阅读室活动时间，有助于教师引导幼儿养成良好的阅读习惯和规则意识，比如：安静、专注地阅读书籍，阅读后将书本归位。每月阅读室书籍会进行更新，以保证幼儿的阅读量。

除了校迷你图书馆，更有班迷你图书馆，在环境受限的情况下，更有效地利用空间，珍惜教室的每一个角落。故而我园班级迷你图书馆除了有引导孩子自主选择图书阅读的功能，更有倾听故事、表演故事的功能。

二、阅读整合观的建立使阅读文化项目得以有效实施

我园除了有效利用有限的空间建设迷你图书馆这些基础设施外，更对教师的阅读观念进行培训与提升，从而建立教师的整合阅读观。我们的整合阅读观认为，幼儿一日生活中的各个环节皆有阅读。比如：规则标示的阅读，区域活动中游戏内容的阅读，语言活动中图片内涵的阅读，等等，即使是与同伴的交往过程中，也不乏阅读同伴的表情、情绪，理解同伴的表达意图。因此我园教师在各班开展不同的阅读项目：童话故事表演项目、看图创编故事项目，传统文化传播项目中更有沪语童谣、历史经典故事、古诗传唱等子项目，通过各个项目的开展，教师的阅读理念也在逐渐更新，教师不但从宏观上对整合阅读观有了新的认识，而且建立了不同的阅读项目组，对于我园阅读文化建设的课程储备作出贡献。

校迷你图书馆

角色游戏区

长廊建构区

班迷你图书馆　　　　　　　　　　　　　　　　自主阅读　　　　　　　　　　　　　　　"家长进校园"活动

三、家长资源的有效融入丰富了幼儿阅读的形式

阅读是影响孩子一生的好习惯，这少不了家长的配合与支持，当然，家园合作也是我园阅读文化项目的一部分，这其中包括了我园的理念输出以及家长的资源输入。

理念输出方面，我园积极开展讲座、约谈、家长阅读指导等多元指导方式，旨在帮助家长更好地理解我园阅读文化建设的内涵，从而鼓励家长从阅读环节的创设、阅读文化的渲染、阅读习惯的建立、阅读时间的固定等各个方面培养孩子乐于阅读、善于阅读的习惯。

家长资源输入方面，我园开展了"家长进校园"的家园合作项目，邀请不同职业领域的家长进入校园，参与到家长课堂的活动中去。比如：中班家长的"书法"课程，展现了中国传统文化的博大精深，通过介绍文房四宝让孩子对中国古代书法工具有了更深入的了解，同时，家长也展示了自己的书法功底，让孩子们在欣赏书法韵味的基础上更感叹中国传统书写的与众不同，在孩子心中埋下了对中华文化的敬仰之情。我园还开展家长故事团活动，由小组成员的家长带领小组共同阅读书籍，由家长为孩子们讲故事，引导幼儿各抒己见，表达自己对于故事的理解与认识。家长资源的有效融入丰富了幼儿阅读的形式，开拓了幼儿的眼界。

四、社会资源的整合利用拓展了阅读的多样性

由于场地限制、资源不足的先天因素，又结合我园整合的阅读观，因此非常注重利用各种社会资源来开拓孩子们的眼界，引导他们更宏观地阅读自己生活城市和区域。我园传承经典的校园文化引领着我园各项社会实践活动。

"参观图书馆"的活动从阅读文化建设项目启动之时便已开始，学校每年组织一次出行参观虹口区图书馆，通过讲解员的引导与讲解，了解图书馆的布局与功能；通过进入儿童借阅区阅读书籍，了解图书馆的借阅规则；通过结合视频体验千字文的活动，对千字文有了初步的认识与兴趣，为大班幼儿千字文学习埋下兴趣的种子。与此同时，孩子们还了解了洄游书屋的功能——允许孩子们带着自己的一本书来更换图书馆的任意一本书籍；而古书室中的各种古典书籍也让孩子们感受到中华文化的博大精深。参观图书馆已成为我园文化阅读项目中的固定活动。

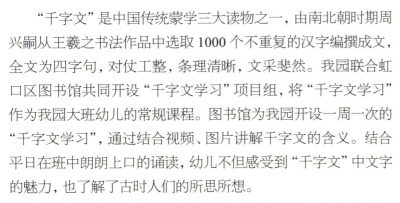

沪语童谣　　　　　　　　　　　　　　　　　　　　　幼儿故事表演

"千字文"是中国传统蒙学三大读物之一，由南北朝时期周兴嗣从王羲之书法作品中选取 1000 个不重复的汉字编撰成文，全文为四字句，对仗工整，条理清晰，文采斐然。我园联合虹口区图书馆共同开设"千字文学习"项目组，将"千字文学习"作为我园大班幼儿的常规课程。图书馆为我园开设一周一次的"千字文学习"，通过结合视频、图片讲解千字文的含义。结合平日在班中朗朗上口的诵读，幼儿不但感受到"千字文"中文字的魅力，也了解了古时人们的所思所想。

"同心圆"活动是针对"幼升小"年龄段的少儿亲子活动，通过传统文化、绘本阅读、寓教于乐、科普知识、社会实践等类别开展不同的主题活动。

传统文化类的活动中，"一起读经典"活动引导孩子们学习中华传统文学。

绘本阅读类的活动中，"阅读越精彩"少儿绘本分享会由志愿者每月推荐生动有趣的主题绘本故事。

寓教于乐类的"放飞奇思妙想"思维拓展活动，邀请上师大教育学院的志愿者们带来的"培养小朋友爱与责任"的系列活动，以趣味游戏为主，激发小朋友们的想象力与创造力。

科普知识类的"生活中的科学"小实验活动，通过实验还原真相，开拓小朋友对科学的好奇与认知。

社会实践中寒假"同心圆夏令营"及暑期"小小图书管理员"的活动让孩子们一起来做图书管理员，通过劳动获得收获，不但收获礼物，更收获了对书籍的尊重与热爱。

除此以外，我园还会定期开展家长阅读讲座并定期发放家长阅读指导，通过实际的案例传递"生活皆阅读"的理念，指导家长如何开展亲子阅读，如何创设适宜的阅读环境等。

我园虽然场地狭小，环境先天不足，无法为幼儿创设"高、大、上"的图书馆，但是教师们因地制宜、多元开发，有效利用了现有空间，并结合家长与社区资源，创设了江西北路幼儿园阅读文化建设项目。此项目品牌日益成熟，从中生成的"迷你图书馆""传统文化传承""家长进校园""千字文学习"等活动也逐渐纳入我园常规课程。"麻雀虽小，有容乃大"，正是这样的胸怀与精神支撑我们不断探索与研究，形成了江西北路幼儿园园本文化，在资源有限的前提下开拓出多元的经典文化传承。

（执笔人：陈依佳）

书香酝童真，书海酿童趣

上海市虹口区曲阳第三小学

上海市虹口区曲阳第三小学，位于赤峰路 317 弄 17 号，占地面积 6461 平方米，校舍建筑面积 4037 平方米，拥有现代化教学设施、标准化教学办公大楼、塑胶运动场、校园网，配有图书阅览室、创新实验室、美术室、唱游室、多媒体教室等专用教室，环境优美，绿意盎然。

现有教学班 19 个，学生 700 余人，在编教职工 58 人。多年来，学校围绕着"呵护童心，善待童真，孕育童趣，一切为师生发展"的办学理念，形成了一系列"曲三童话"特色课程和活动：以"童"为中心开展的三大类课程、"六一童话盛典""童书童画"童话类活动等。同样，"童心图书馆"的工作开展也离不开"童话"。

一、图书馆基本情况

（一）整体设计

图书馆是教育教学的重要平台之一，学校非常重视图书馆的建设。2017 年，学校以"酝童真，酿童趣"为设计主题，重新修缮了"童心图书馆"，创设了一个色彩斑斓、富有童趣的童话阅读环境，更新了硬件配套设施。图书馆坐落于创新实验室大楼一楼，占地 98 平方米，馆藏书籍近 2 万册。主要功能区为借阅区、阅读区、影视区、电子阅览区。

（二）各区域设计

走入图书馆，便能望见以蓝色海洋为主基调、大气敞亮的阅读区和借阅区，六角形书桌居于中间，靠窗处则整齐排列着长方形桌椅，旁边整齐地罗列着若干书架。左侧橙色墙面上贴有"悦读园"展示板，标明了各班借阅时间和规则。绿色墙面上贴有卡通装饰画，为整体环境增添童话元素。

学校高效利用有限资源，开辟了嵌入型的影视区。考虑到图书馆面积有限，设计修缮时，充分开发了阅读区的"第二功能"：将影视区嵌入阅读区。里侧蓝色墙配置的蝴蝶形彩色书架，既作为设施，又作为背景装饰，同时配备了"希沃"设备，六角形书桌则为"观众座"。

电子阅览区在图书馆右侧，分为自主借阅区和中文在线阅览区，学生们也可使用电子设备在阅览区浏览。

总体说来，得益于合理的设计和有效的管理，图书馆四个功能区虽在地理位置上有所重叠，却又分工明确，互不干扰。

（三）藏书建设工作

学校有计划地扩充各类书籍，特别是童话类系列丛书，注重多样性、益智性、知识性、童趣性相结合。此外，学校组织学科教研组长组成采购组，根据学科特点、教育教学、教育科研等方面的需求，有针对性地购书，以满足广大师生的需要。

二、图书馆教学与特色活动

（一）育人教学

图书馆有其独特的育人价值。每学年，图书馆"开学第一课"通识教育就是对学生开展专题讲座，内容主要为图书的分类、借阅制度等，新学员能第一时间了解图书馆，老学员能温故借阅流程，各班能明确各自的借还书时间，提高学生的自主管理能力。

（二）学生读书活动

1. 趣味竞赛延伸阅读活动

鼓励学生参加读书趣味知识竞赛，有益于学生用知识开拓大脑。学校在校内组织"红领巾读书活动""诗歌朗诵比赛""故事演讲比赛"等阅读拓展活动，鼓励学生参加"科普微童话""吟诵中华，红十字朗读者—中华优秀传统文化古诗朗读"等线上活动。每年暑期还组织学生参加虹口区暑期读书活

动。多年来，学校获得多项市级奖项，斩获颇丰。

2. 校外实践多样阅读体验

通过校外实践活动，让学生走近图书馆，身临其境，体验阅读魅力。2015年，学校组织学生分批前往松江"钟书阁"进行阅读体验，学生们自行畅游书海，感受阅读乐趣。2017年，学校再度组织学生前往"钟书阁"进行活动。暑假前夕，学校也会对"上海书展"进行宣传，建议家长利用假期带孩子参观，亲近阅读。

学生参观钟书阁

图书馆内景

阅读区

自主阅读区

通识第一课

班级书角

教师"书香润校园"特色活动

童话校本读物

"童话大冲浪"系列活动

学生管理员自主借书

3. 电子资源开拓阅读途径

本校电子图书种类丰富，选择范围广，学校鼓励学生使用在线图书馆进行阅读。暑假前，学校也会推荐经典名著、童话在线书籍供学生、家长选择，并收集优秀读后感。

（三）童话特色系列拓展活动

1. 童话特色教学

"童心图书馆"是学校童话校本课程重要的资源支持。依托藏书资源，语数外学科编写的童话校本阅读资源包"童话小屋、智慧城堡、英语经典童话"早已成册入课堂。2018学年启动的院校合作项目"童话情境创艺拓展课程"中的"英语童话""童书童画""偶遇童年"等学习资源包编写也得到了馆藏支持。

2. 童话特色活动

每学年，由语文教研组选择书籍，组织学生进行阅读，并在各年级开展"童话语文学科节"：一年级——童谣伴成长，学童谣、唱童谣；二年级——童话梦世界，看童话、讲童话；三年级——童话大冲浪，读童话、续童话；四年级——童话嘉年华，画童话、编漫画；五年级——童话快乐园，写童话、演童话。

此外，学校举办的"童真童趣"绘本阅读故事比赛，给低年级学生一次很好的锻炼机会；"梦幻翅膀"童话故事阅读续尾赛，给中高年级学生一个童话创作的舞台；在"我爱我家，亲情浓浓"童话城堡联谊会上，富有童趣的剧本得到了孩子们的真情演绎。

（四）教师读书活动

1. "书香润校园"师德素养建设

图书馆服务于教师，满足教师阅读需求。教师可凭借书证借阅教育类理论书籍、经典名著等进行自主学习。每学期，工会组织教师进行诗词和名著选读，以评选读后感、节目演绎、诗歌朗诵等方式，开展"书香润校园"师德素养建设活动。

2．教师实践活动

2017 年 1 月和 6 月，学校组织教师分别前往松江"钟书阁"和"建投书局"学习参观，每人购买一本心仪的图书，阅读完毕后归还图书馆。同年，"青苗计划"青年教师组织团建活动，在新华书店购买读物进行自修。

三、管理与制度保障

（一）学校管理制度

学校重视图书馆管理工作，由德育教导主任分管，安排一名专职图书管理员，要求图书馆工作有计划、有总结，并进行定期检查。教导处专门制订了"曲阳三小各年级阅读标准实施办法"，精细化管理，将各班每周借阅情况进行统计，并以此作为学期考核的依据之一。

学校重视提高图书管理员的业务能力，让专职教师参加相关培训，提高教师规范化、科学化管理的意识和技能，为图书馆工作提供有力保障。

（二）学生自主管理制度

每班选出两名学生担任小管理员，组织他们学习了解图书的种类，学习查找图书、操作电脑借阅的方法。小管理员最终能够独立进行借阅、登记、整理等工作。小管理员还须协助班主任整理班级的"图书角"。

四、实施成效与展望

目前，"童心图书馆"工作得到有效管理，整体运作有序，受到了师生的热烈好评。学生们乐于畅游书海、教师们乐于取用资源，各取所需，乐此不疲。

对图书馆进行精准的功能定位，充分发挥它的积极作用，有益于推进教育教学、教师专业素养建设、校童话特色建设。在今后的工作中，学校将继续努力完善图书馆各项建设，为学校工作保障资源、开发特色、服务师生。

（执笔人：赵晔宁　程　洁）

多元化途径开展小学阅读活动

上海市杨浦区长白二村小学分校

杨浦区长白二村小学分校创办于 1977 年，现为上海理工大学附小教育集团成员单位之一。近年来，学校提出"建彩虹般美丽校园，促进师生和悦成长"的办学目标。

学校拥有教学班 11 个，学生 308 名，随迁子女占比达 60%，教职工 35 位。学校图书馆由校长室直接领导，图书馆专职工作人员 1 人，被聘为学校德育领导小组成员。

2014 年 9 月，学校图书馆面向全体教师、学生、家长征集馆名，同年 11 月"彩虹书坊"以 76.8% 的得票率正式成为图书馆馆名。2015 年 12 月"彩虹书坊"被评为"上海市中小学图书馆先进集体"。2016 年学校成为杨浦区第一批"提升工程"项目校。

环境引导人的思维及行为模式，一个科学且符合教育发展的阅读空间，将有效协助阅读的开展及教育目标的达成。"彩虹书坊"设计之初就有这样一个理念，让传统的图书馆"破壳"，打破阅览室、藏书室、教师阅览室等封闭空间。新建后的"彩虹书坊"占地 238 平方米，兼具低幼阅读、儿童自主借阅、教

低幼阅读区　　　　　　　　学生外借及阅览区　　　　　　　教师借阅及小型研修会议区

师阅览、教研互动一体、影音辅助等多功能，全开放的阅读、教研、活动场所。现代化设备的引入，更是让图书馆成为自主、自助阅览的场所、教师人文素养提升的场所、师生心灵休憩的场所。

当今的学校图书馆正面临演变，"彩虹书坊"清晰认识并致力于建构一个让阅读保持时效性、让学习自然发生的阅读生态系统，关注师生阅读推广生态化发展，用可持续发展理念作指导，与更多维度的教育策略相融汇，以各项有意思更有意义的阅读拓展活动为手段，保持其具有持续发展的潜力。具体做法如下：

一、学生层面，倡导"让阅读成为儿童触手可及的一种氛围"

（一）让阅读走进"班级"，酝酿"书窝"氛围

班级是学生生活学习的重要场所，班级"书窝"建设，让好书近在手边。近年来，班级"书窝"建设已成为"彩虹书坊"的常态工作。由于教室面积较小，班级"书窝"设立在学校统一定制的置物柜桌面上，不能放置较多书籍，通过测量及调研，"彩虹书坊"采用每次50册图书，每月更换一次的频率开展班级"书窝"书目配备。"书窝"图书配备由语文教师、图书馆专业教师、班级小志愿者共同参与挑选更换，配合学校各类"彩虹"系

列主题教育活动，让班级"书窝"里的图书能充分融入学校德育教育中，做到图书常更新，配备有目的，也营造了每个班级的文化氛围。

（二）让阅读落地"行走"，开启"图书馆"之旅

图书馆已成为一座城市的灵魂。或现代，或低调的图书馆，只有走进他，才能了解他，进而爱上他。那怎样让孩子在假期中更多地走进图书馆，亲近图书馆，"彩虹书坊"在活动设计、宣传导向中花了很多心思。2016年9月"国家图书馆日"前夕，四年级学生带上他们的第一份"游学菜单"——《寻找家门口的图书馆》，在这个城市里，将自己当作一个充满好奇心和探索精神的图书馆旅行者，一起重新探寻这座城市的精神栖息地。这张不断更新的"手绘图书馆"地图，记载着孩子们对待上海这座城市文化脉络的搜寻，也是他们发出的城市阅读之声。同时，这份"手绘图书馆"地图也成为2017年学校第六届彩虹阅读节中送给全校师生的一份散发书香的"礼物"。2017年9月"国家图书馆日"前夕，"彩虹书坊"利用校会课开设专题讲座，介绍了中国现存最早的私家藏书楼，也是亚洲现有最古老的图书馆、世界最早的三大家族图书馆之一——宁波"天一阁"。宁波在国庆小长假期间成为许多彩虹小书虫家庭旅行的首选，带上对"天一生水，地六成之"之语的好奇，小书虫们纷纷踏上了探寻中国现存最早的私家藏书楼之旅。旅行后一张张旅行明信片让这次行走成为小书虫们心中特别难忘的一次图书馆之旅。"图书馆之旅"为"彩虹书坊"打开了一扇窗，让孩子们从学校图书馆出发，走进城市图书馆。在"行走"的路上，越来越多的父母会有意识地利用假期带上孩子去探寻别具特色的图书馆或书店，孩子们在图书馆中也结识了更多的阅读小伙伴，交流着阅读心得。"图书馆之旅"让孩子们不由自主地爱上图书馆，亲近图书馆，也让亲子互动在书香氛围中更为融洽与和谐。

（三）让阅读跨界"融合"，打造"手作"课程

手作课程，源于小书虫们的阅读小愿望——希望能够拥有更多的动手实践机会，学习一些小手艺。学校就跨界融合，整合阅读内容，开设"手作课程"，我们试图让孩子们通过双手的操作，体悟阅读的世界，以匠人之心做美好之事。阅读《妈妈心妈妈树》后，与学校不织布拓展组联合，动手做一做不织布，在母亲节送给妈妈一个自己缝制的心形香囊。阅读《中国记忆——中秋节》后，与学校乐陶陶彩泥拓展组联合，捏一捏造型

"图书馆探宝大行动"——《找找图书的家》图情知识课课堂实录　　　　《大个子老鼠小个子猫去哪儿系列（俄罗斯篇）》阅读手账制作

各异的中秋月饼。阅读《云朵面包》后，与学校超轻黏土组联合，一个个充满想象力的"云朵面包"新鲜出炉。阅读《大个子老鼠小个子猫去哪儿系列（俄罗斯篇）》后，列一列主人公的出游行程，旅行手账制作收获粉丝无数。在这些手作课程中，彩虹书虫找寻着中国优秀的传统文化，寻找生活中的那份美。

（四）让阅读更多"体验"，拓展活动要"设计"

2016 年第五届"彩虹阅读节"上，学校"彩虹书坊"正式与上海采芹人编辑部签订合作协议，"采芹人阅读体验基地"开始运作。两年来，编辑姐姐讲《一本书的诞生》——图书编辑的幕后故事，让书虫们第一次详细透彻地了解图书编辑这份职业；美编姐姐聊插画——儿童文学作品中的美丽插画，让书虫学会从另一个角度去"读书"；书虫小记者为动物大王沈石溪的动物小说撰写了精彩的"百字推荐"，采访了台湾儿童文学作家桂文亚老师；暑期"飞翔的阅读课堂"微信网络课程，读桂文亚《诗中秋》，原定 35 人的网络教室，最终涌入了 200 多位校内外小读者；由儿童文学作家辫子姐姐郁雨君为领读者，为全校书虫送上了《辫子姐姐长大有意思系列丛书》中的《花台灯》一文，并开启了"我为阅读而来"的微信线上阅读活动，《无人超市》《春分竖蛋》等一批书虫们自己撰写并朗读的小短文关注率节节攀升。2018 年春节前夕，一则微信征集令"寻味中国年——2018 汪汪我的中国年系列活动"线上活动又正式启动，从"读——我是小小朗读者"读"过年"相关美文；"绘——我是小小绘画师"画一幅含"狗狗"元素的儿童画；"写——我是小小书法家"大红纸，毛笔字，写一个福字送长辈；"摄——我是小小摄影师"用手机记录下一家人一起过年的美好时光；"记——我是小小手账师"记录家乡过大年的趣事、美食和习俗。一个热闹而丰富的"狗年"让书虫们忙碌着，开心着，记录着，寻味着……精心设计打磨的一个个活动，为学校阅读推广增加了新的模式、新的理念，拓展了学校的阅读平台，让活动形式更多，内容更新，体验更多，知识更新。

《大个子老鼠小个子猫去哪儿系列》
作家见面会暨学校第七届"彩虹"阅读节开幕式

编辑姐姐讲《一本书的诞生》阅读拓展活动

幼小衔接之幼儿园宝宝参观"彩虹书坊"

（五）依托阅读"公众号"，阅读活动在延伸

2015 年 4 月 15 日，学校"彩虹书坊"微信公众号正式上线。三年来，每一届的"彩虹阅读节"都有精彩的活动报道；

"寻找最美图书馆"活动；春天那么美，你得读一读；绘本里的"秋天"；书虫参加"国际童书展"小记；有书的"大雪"似春天（大雪节气阅读推荐）；幼小衔接，幼儿园宝宝参观"彩虹书坊"；

暑期读些啥——暑假阅读书目推荐；"共享书香韵　同绘彩虹情"爱心图书捐助募集令；寒假书单来袭——寒假阅读书目推荐；图书馆达人——身边图书馆探宝大行动；

图书馆想象画大赛等，线上线下有机结合，让学校阅读拓展活动离儿童更近，让家长共同参与。

二、教师层面，倡导"让阅读成为我们生活的一种习惯"

从服务于读者，到不断主动提供阅读信息，逐步建立起培养读者的新职责。充分利用网络及信息技术，依托学校共享云盘，以"互联网＋阅读"的工作模式，培育教师新的阅读生态和形式，让教师把有阅读需求就找"彩虹书坊"当作一种习惯，而"彩虹书坊"也通过教师阅读推广宣传及活动把培养更多热爱阅读的读者当作了一份责任。

"彩虹书坊"从关注教育热点、关注教师身边事、关注教师心理着手，做了以下工作。

建立了"悦美时光 FM"音频库，让教师们用耳朵听书已经推出了十六季主题各异，时长基本为 15 分钟左右的读书音频；建立了"名人演讲库"，关注教育热点，收录了 28 期名人演讲文字实录；建立了"共享电子书库"，两百余本电子书丰富着学校"彩虹书坊"的藏书架构；制作了教师书目视频推荐四期，累计

达 40 分钟。利用学校 QQ 群及微信群开展推荐工作，在群内定期、不定期地发布图书馆新书入库及阅读亮点的推荐，精美的电子海报也在不断吸引着教师们，培养他们的阅读兴趣及习惯。"彩虹书坊"从小小的校园延伸到了无尽的网上云盘和微信公众平台。

2016 年"彩虹书坊"开展了"微爱阅读张小娴作品"推荐讲座。2017 年举办"书香幽深处　分享纸笔间"教师阅读分享活动。2018 年以"纸短情长"为主题的教师经典诵读活动，在近一个月的时间里，全体教师手书美文，在此基础上年段组推选"年段好声音"进行音频录制，彩虹书坊微信公众号举办"线上沙龙"，诚邀大家选出"彩虹校园好声音"。在 2018 年 6 月学期即将结束的一个午后，"我是天空里的一片云，偶尔投影在你的波心""当我走向你的时候，我原想收获一缕春风，你却给了我整个春天，让我怎样感谢你""巴学园，巴学园"……那些或婉转缠绵或铿锵有力的经典词语，由微信投票评选出的"彩虹校园好声音"带着浓浓的校园气息也带着生命的感怀，回荡在长白二村小学分校的"彩虹书坊"里。在繁忙工作之余，老师们走近经典、诵读美文，共同建设书香校园，锤炼教师的师德与师魂。

杨浦区长白二村小学分校"彩虹书坊"努力通过阅读推广活动的多元化发展，让阅读以更有趣、更现代、更快乐、更便捷、更个性的不同形态连接起一个健康并可持续发展的阅读生态圈探索。让学校的图书馆不仅仅是为藏书和阅读提供场所这么简单，"彩虹书坊"将努力成长为学校的中心，是师生最常去、最喜欢的地方，也努力地让阅读与应试分离，直指核心素养，打通逻辑思维能力，培养现代公民意识；让学校、师生、家庭实现通达融合，无限延伸，无限生机，无限可能……

（执笔人：乐科宇）

面向未来学习　重构学校图书馆

上海市控江中学

汇百川个性，踞海控江。

修玉兰品性，悠悠学堂永留芳。

坚忍不拔，含英咀华。

玩学合一，创智乐享。

作为首批"上海市实验性示范性高中"，上海市控江中学坚持"倡导自主，追求创新"的办学理念，旨在培养具备"自辨、自学、自锻、自理"基本素养和"自择、自强、自砺、自评"高层素养的高中毕业生。近年来，低控制、高支持、重自主、崇创新的校园文化，宽而不散、严而不苛的育人环境，逐渐形成了"玩在控江"的社会口碑，结合核心素养的培育目标和高考新政的变革要求，学校又提炼出了"玩学合一"的课程哲学与教学模式。学校现有学生 1096 人，高中教学班 36 个，教师 146 人。图书馆现有工作人员 3 名，一名图书馆学专业硕士，一名拥有二十多年图书馆工作经验的专职馆员，一名拥有文学博士学位的语文老师兼阅读指导工作。

一、空间改造，提升阅读环境

学校图书馆始建于 1953 年，曾被评为上海市中小学一级图书馆、全国中小学图书馆先进集体。之后，虽经历数次变

图书馆新楼

迁，但图书馆人始终秉承"以人为本、服务师生；自主管理、师生共建"的办馆理念，遵循"共建共享"的原则，不断改革、创新、突破。

2016年，在区教育局和校领导的关心支持下，学校图书馆顺应新一轮课程改革和综合素质评价的需要，着手重建。在新馆设计的过程中，图书馆人积极走访公共图书馆、知名中小学图书馆、江浙沪特色书店，网罗优秀设计创意，并紧密关注图书馆发展趋势，试图拓展图书馆的空间功能。同时，广泛听取师生建议，总结分析读者需求，获得些许改善细节，如：设置有隔断的小空间、增设带灯阅览桌等。

2017年，一所以智能化、数字化和人性化为特征的现代图书馆建成。新馆位于综合楼，馆舍面积1100多平方米，师生阅览座位300多个，为师生提供了合作学习、研修交流、创作实践、社团活动的多元阅读和活动空间。除传统的学生阅览室和教师阅览室之外，还增设了开放研讨室和创阅活动中心。原有馆藏纸质书7万余册、音像资料2000多件，区级共享数据库1个，电子书1万册，新馆建成后又购入有声读物6000集，电子书14000册。另外，还全面收集学校最新的校本特色资源。新

馆致力于推广个性化自主阅读，面向未来学习提供功能服务。

　　图书馆是控江师生最向往的地方之一。在这里，书已不是单一主角，新馆环境优美，风格简约明快，被评为"2018年杨浦区最美图书馆"之一。来这里聆听各路名家谈古论今，随处可见沉迷书香的读书人。从这里出发，跟随图书馆人走进最美书店，现场嗨购，选你所爱。千古之智唯善读书者享之。

二、革新理念，打造优质资源和服务

（一）了解需求，提供个性化资源

　　图书馆始终坚守自己的核心价值，做好文献资源的建设和

保障，定期开展"你点书 我买单"书单征询活动。每年组织师生去书店、书展等进行人文行走和图书采购。根据学校教学需求和办学特色，为社团、文创和科创实验室、导航课、师生科研和特色活动等选配专题图书、设立专架；设立党政专题书架，积极宣传最新党建文件精神；收集校本资源，形成特色馆藏。学校馆藏不能满足的需求，图书馆老师尽己所能，通过兄弟校馆际互借、公共馆助借或下载分享免费电子书、期刊文章等形式提供全方位服务。

（二）创新思维，提供人性化服务

　　图书馆在职能定位、读者特点、服务内容、操作方式、发展

学生阅览室休闲阅读区　　　　　　　　学生休闲阅读　　　　　　　　师生行走书店采购的新书专区

趋势等方面不断思考和探索管理思维的创新，力图提供更为人性化、个性化的服务。如：允许学生带包、带水入馆（饮料、食品除外）；允许学生外借期刊；为预约图书的师生，提供送书上门服务；对退休教师仍旧提供借阅服务，并帮助搜索和打印资料；甚至对物业人员提出的阅读需求也一并满足，一视同仁，充分尊重其阅读的权利。

（三）自主管理，树立主人翁姿态

图书馆是学生自由成长的"生命场"。图书馆一直致力于通过让学生参与图书馆的建设和管理来吸引学生走进图书馆、重新认识图书馆，通过自身体验发现图书馆的真正价值。在这里，学生志愿者可以以主人翁的姿态，与图书馆老师一起，共同建设梦想中的图书馆。

甲骨文 VR 体验

志愿者除流通借阅、书刊上架、送书上门等基础工作外，还担任图书馆宣传大使和图书智囊团，作为图书馆与学生沟通的桥梁为图书馆建设提供金点子。这两年，学生策划拍摄了《图书馆变迁史》《最美图书馆》《走进最美书店》三部宣传片。我们鼓励他们在志愿者服务期间学会发现、多读经典、积极实践，尤其要提高对信息的敏感度。同时，享受这个过程，在自主发展的过程中实现自我成长。

新馆服务模式的创新和改变，获得了读者的广泛认可，最直接的表现就是图书馆的读者越来越多，空间和资源的利用率越来越高。

三、面向未来学习，加强阅读指导

图书馆倡导个性化的自主阅读，通过开展多种喜闻乐见的读书和阅读推广活动，激发源于内心的阅读需求。同时，也非常重视阅读指导工作。

（一）积极引导，开展创意阅读活动

多媒体阅读时代，学校图书馆努力推广"大阅读"理念。图书馆有自己主办的创阅读书节。今年，图书馆携手社团部策划组织了以社团为主体，以"组团伴读 资源共享 文化同创"为主题的读书节，通过构建以社团为单位的阅读共同体，引导社员共享阅读资源，共读一本书，不断完善和优化自我的知识体系，深化社团活动的文化内涵，打造控江特色阅读品牌。

第一届读书节开设的主要活动有：最美书店人文行走、名家讲座、读书征文、图书馆文创衍生品设计、最美读书人摄影展、最美图书馆宣传片、文学改编电影的赏析等。此外，还有龙

鳞装手制书艺术展、甲骨文 VR 体验、藏书票展、签名本和最美设计图书大奖作品展等特色活动。

活动要求以社团为单位参加，阅读的书刊围绕学期社团活动主题和相关课题开展，最后的作品也要求体现社团文化特性。这个过程中，我们提倡社团指导老师全程指导，并给出适合社团的推荐书单。此次活动期间，管乐队、BC 商赛社、电影社、心理社的指导老师都提供了社团书单，日语社、心潮杂志社、文学社的指导老师陪同参加书店人文行走，近 20 个社团参加了图书馆组织的大型讲座，近 70 位师生参与了书店人文行走。最后，我们收到了各个社团递交的读后感和读书活动策划方案，并择优推荐参加市暑期读书活动评选。今后，图书馆计划开展与学生研究性学习、职业生涯规划、青少年心理教育等方面的创阅读书节。

汉文化节手制书艺术展

（二）空间资源服务三位一体，服务教育教学

学校以"自主精神突出、学术基础扎实、创新元素丰富、校本特色鲜明"为学校的课程建设目标。图书馆积极关注教育改革政策、师生科研动向、教师专业发展和学生综合素养要求，主动与社团老师、科创中心、文创中心、学科组老师沟通，深入了解其需求，从教师维度、家长维度和学生维度去理解思考，为其提供个性化、专题化参考咨询、资源配置、空间功能服务和信息检索专题指导。如今，艺术课、社团活动、高校苗圃计划讲座、学科组教研活动、师生个别辅导、各类比赛备赛等在图书馆开展得如火如荼。

知识服务和用户教育方面，图书馆每年坚持开展新生入馆教育，发放图书馆利用指南；开设信息检索讲座（如专门为科创比赛开设的科技文献检索讲座），推广如何利用图书馆做研究（开通 CNKI 总库免费试用）；为师生科研提供专题咨询服务（如论文查重、科技查新），对于 CNKI 基础教育库不能满足需求的论文，通过分享开放获取资源满足师生需求；积极推广公共馆（国家图书馆、上海图书馆等）的 APP、微信端数字资源，分享其信息教育和培训讲座活动，提高师生利用图书馆的意识和技能。

（三）开展项目研究，打造"阅读指导"平台

数字图书馆阅读平台可以通过流通数据，对阅读行为进行采集分析，实现阅读轨迹跟踪记录与阅读素养评测分析，通过多种终端阅读分享方式，为高中学生提供科学的、基于实证的、个性化的阅读指导。同时，配置适合高中图书馆的数字图书资源及相应阅读设备，努力打造"学校在图书馆中"的新格局。项目主要成果：

1. 定制图书馆门户网站及特色板块

具有学校特色的定制化图书馆门户网站，聚合了数字图书馆平台和学生阅读指导平台，可以实现馆藏资源跨库检索。根

据学校社团发展特色，设立了社团悦读板块。基于师生个性化阅读需求，设置了推荐图书的"添加心愿单"板块。

2. 创建阅读指导系统

学生阅读指导系统，可以根据图书阅读类型、借阅时间、互动评价、测评结果等数据，生成阅读报告，反馈给管理员和学科教师。结合学校的阅读活动，把阅读与学科教学进行有机融合、渗透，逐渐形成独具特色的校本阅读学科课程。系统在推荐书目页面设置可添加推荐语的功能模块，师生都可添加内容介绍和推荐理由，形成丰富的阅读指导建议。

3. 阅读多终端发布展示系统

师生可利用电脑 PC 端、移动设备 APP、校内大屏设备扫描二维码阅读电子书和有声书。这种多种资源形式与多种终端设备相结合的方式激发了师生对于学校现有资源的使用欲望。

4. 数字资源和校本资源建设

图书馆邀请语文老师一起精心挑选了一批数字图书与数字多媒体资源，充实到学校文献资源库中。同时，鼓励教师积极上传校本资源，组织学生开展个性化阅读活动。

平台只是基础，今后我们将重点放在联合学科教师、社团学生，不断充实阅读内容，打造成体系、多学科、高品质的阅读指导文献资源和课程资源。

四、求变求新，图书馆未来可期

图书馆人坚守岗位，求新求变，坚持研读图书馆方面的专业报刊（《图书馆报》《图书馆杂志》等），关注专业公众号，提升专业素养。考取教师资格证，提高开展读书活动、开设馆本课程的能力，积极向图书教师的身份转变。图书馆人协助教师开展科研活动，为学校汉文化节、社团招新、专题培训讲座等提供空间、资源和服务，实现了与学校教学活动的空前融合。

图书馆重视与外区外省市图书馆的馆际交流和合作，通过参与南京中小学图书馆新馆员培训，与南京中小学图书馆实现了友好交流互动。今后，期待能与大学图书馆、公共图书馆建立更多的合作机会，不断引进先进理念，提升控江中学图书馆的建馆水平，加强区域辐射和影响。

我们在馆舍创意空间设计方面所做的努力，让更多师生体验到了创新、智慧的图书馆功能服务，将图书馆打造成一个培育和提升广大师生艺术修养、信息素养、科创精神的文献资源中心和学习空间。

面向未来学习，重构学校图书馆，其实是在重新定位学校未来发展的目标层级。希望通过图书馆人的努力，可以助力学校新一轮卡位战，培养更为优秀的控江人。我们相信，图书馆未来可期。

（执笔人：孙爱莉）

因悦而读　因读而悦

闵行区佳佳中心幼儿园

闵行区佳佳中心幼儿园创建于 1992 年，是一所公办全日制幼儿园。

近年来，我园紧随课改步伐、围绕三年发展规划，积极贯彻"依法办园、文化引领、自主发展、办出特色"的办园宗旨，遵循"悦读佳品，书香育人，为幼儿一生幸福奠基"的办园理念，聚焦课程建设，追求教育内涵为发展重心，在努力实践基础性课程和特色课程有效融合的同时，探寻从分享阅读走向"悦"读课程特色的发展途径，不断实现着"重实践研究""升课程品质""具悦读特色""显内涵发展"的办园目标以及培养"喜闻乐见、勤思善表、身心健康、快乐自信"的佳幼儿童。

随着幼儿园课程的推进，我园凝练出属于佳佳的"书香"文化，同时聚焦"书"和"香"，为孩子们创设了不同类型的图书馆、图书借阅机和数字图书馆，让佳佳幼儿园的"悦"读环境里散发着浓郁的书香气息。

一、确立以书为伴的悦读环境

佳佳幼儿园的课程理念是"因悦而读　因读而悦"，孩子们因为快乐而读书，家长和教师因为孩子们读书而快乐。那么，首先要给孩子提供让他们快乐的书籍。

打造书香文化，"书"指的是幼儿园通过提供丰富的阅读资源，为"悦"读环境的创设提供硬件支持，同时结合制度鼓励教师提升自身阅读素养，从而打造良好的"悦"读环境。

（一）硬件环境的打造

目前我园拥有 2 个自动图书借阅机、1 个绘本花园、1 个开放式亲子图书馆、1 个绘本馆、1 个电子阅读室、1 个 APP 数字图书馆以及 1 个声音图书馆。图书馆藏书过万册，并且按类、按需进行排列和分类。

绘本馆的布局，从《指南》中的五大领域：生活、语言、科学、社会、艺术引发思考和启示，按照情感、文学、科学、生活、艺术、社会以及中国风 6 大类进行了分类，形成了教育在细节中的归一性。绘本馆提供图书借阅卡，所有幼儿的借阅行为都可通过云端存入服务器，系统会自动记录"在某时某刻某人借了/还了某本书"。

电子阅读室更多体现现代化设施设备的运用，贴近当前数字化时代及孩子们成长中的个性需求，包括 3D 书、4D 书、纸张触摸立体类、电子阅读类（iPad、电脑）等各类图书。可听、可玩、可看还可以做互动游戏，是孩子们非常喜爱的阅读形式。

开放式的亲子图书馆，作用于来园和离园时段，家长可以自由随意地陪伴孩子在这里阅读。在这个区域，我园提供可分解的书桌、软沙发以及大面积的软包地垫，体现自然、随意的阅读氛围，受到家长和孩子的喜爱。

自动图书借阅机，可容纳 80 本书籍，我园一般投放近几年国际上获得大奖的儿童读物，每周按照班级排序轮流借阅。

绘本花园是教师最花心思的地方，在美丽的花园中间，摆放着教师每周推荐给孩子们的经典书籍，引发着孩子们阅读的兴趣。

APP 数字图书馆是幼儿园的试点项目，我园将图书馆内的书籍全部扫码进入"闵豆家园 APP 互动平台"上的数字图书馆内，家长可以通过手机端，浏览图书馆，根据需要点击借阅，教师端则立马生成"××家长借阅××书籍"的数据，在孩子离园时，教师便可将书籍交给孩子带回。书本收回时，教师的手机端对书本进行扫码，便可显示"书籍已入库"的信息。

声音图书馆也是"闵豆家园 APP 互动平台"上的图书馆，是幼儿在"声音童书馆"中讲故事、念儿歌和沪语童谣等，并上传声效和视频。

（二）图书借阅制度的保障

幼儿园在建立健全图书馆相关管理制度时，听取教师、幼儿、家长、出版社以及数据软件开发公司几方的意见，综合考虑，形成了借阅、流通制度、图书管理制度、悦读激励制度、APP数字图书馆使用制度以及图书馆收纳、整理制度保障图书馆的有效运转，促进了幼儿园图书的合理利用和有效保管。

（三）软件环境的营造

以"追求整体和谐，彰显阅读特色，立足互动开放"为指导思想，注重幼儿园文化理念和办园特色的呈现。在走廊、楼道的环境布置中，我园注重将"悦"读元素融入其中。

在一日活动中，除了关注集体阅读活动，个别化学习活动也是我园"悦"读元素渗透的一个重要途径。我园创设了适合孩子的"悦"读情境，并通过投放互动材料、点读笔等引导孩子养成良好的阅读习惯，激发幼儿的阅读兴趣。

二、确立"书香""书享"的育人价值

书香的"香"指幼儿园在良好的硬件条件的基础上，营造"悦"读氛围，让幼儿更好地感受到阅读的快乐，充分发挥"悦"读的育人价值；"香"同"享"，指幼儿园鼓励幼儿、教师、家长共同参与到"悦"读的过程中，积极交流、分享感受，碰撞出思想的火花。

我园充分利用图书馆的不同功能，不断推进着幼儿园书香文化的凝练。

（一）图书漂流——共享阅读资源

我园前期投入大量的资金为"亲子共读"购买系列图书，并以隔周周三为"漂流日"，让幼儿每周带一本书回家与家长共读，一周后再与其他班级轮换。这样的漂流形式使孩子们与家长能读到更多的好书，也能形成家园共读的温馨氛围。但是，过程中我们发现在图书的选择上，孩子和家长没有自主权，有些书籍孩子自己在家已经阅读过。于是，我园在保留原有的图书漂流模式之外，增添了图书借阅，定期地向幼儿和家长开放学校绘本馆，利用借阅系统，可以自主选择图书，进行自由借阅。

借阅系统的研发和开放，激发了幼儿的阅读兴趣，扩大了幼儿的阅读量，保障幼儿看到喜欢看的绘本；有效引发亲子共读的积极性，增加亲子互通交流的机会、情感的积累；提高学校图书的利用率，让其价值最大化。

（二）亲子课堂——提升教育理念

我园让家长转换成"教师"角色，走进课堂参与活动。家长从事的职业各不相同，不同的行业有各自不同的专业知识与背景，但许多工作内容与我园的教育工作有着千丝万缕的联系。因此我园邀请家长来园，在老师的指导下开展分享阅读活动，使家长亲身体验分享阅读活动的精彩与有效，更好地提升家长的亲子共读指导能力，从而促进幼儿多元表达表现能力的培养。

2017年，我园在亲子课堂中挖掘了"声音图书馆"的功能特点，现场开展朗读小达人秀，在大力推广平台的同时，激发了幼儿多元表达表现的愿望，提升了自信心，还不断丰富着幼儿园的"声音图书"。

幼儿借阅图书

我的阅读故事

亲子课堂让家长对于平台有了更多的认识与了解，形成了多元教育理念；提升幼儿的自信心与多元表达表现能力。

（三）好书推荐——建立沟通渠道

传统的书目推荐，主要是教师通过网站交流平台、家园联系栏、家长开放活动、亲子课堂等渠道，向家长推荐有价值的书目。但是，我们发现这样的推荐方式存在一定问题，因为定期关注幼儿园网站动态的家长数量不多，同时，纸质的书稿，冰冷的屏幕，对于家长来说重视程度不够，所以指导的辐射面也不是很广。于是，我们改在幼儿园显眼的大厅，布置图书借阅机和"绘本花园"，图书借阅机上有对于全球各类幼儿读物的奖项标识；在充满唯美花卉和饰品的"绘本花园"中间布置了教师推荐给孩子的图书专区，每周换新，夺人眼球。让家长在接收到更多我园特色课程的资讯，也能更多地参与到课程中来。

（四）APP数字图书馆——让课程在家庭中延伸

每周一次的图书馆借阅频率，大大提高了孩子们的阅读量，并且在阅读图书——上传音频——听听同伴的音频记录——点评同伴的表达的过程中，让课程渗透更深入，也让课程在家庭中得到延伸。

佳佳幼儿园自 2007 年开展阅读研究到 2012 年提出"悦"读的概念，至今一直在寻求阅读以及"悦"读与育人的价值，书香文化的凝练让我园静下心来思考我们做"悦"读特色的初心是什么、阅读能否带来育人的能量、如何传递和影响。于是，我们现在常常带着图书、带着学生和家长走进那些需要帮助的孩子，以"朗读天使"的身份传递阅读的力量，希望我园的书香将不再止步于幼儿园，而是渗透到更多幼儿的心田。

（执笔人：姚莉莉　邓小英）

大厅绘本花园

从自育走向自强

上海市闵行第四中学

上海市闵行第四中学地处闵行区最西南城郊接合部，是闵行教育局直属的一所公办初级中学，学校占地 78 亩，建筑面积 1.5 万平方米。学校教育设施一流，现共有 24 个教学班，872 名学生，95 位教职员工。学校图书馆由校长室直接领导，图书馆专职工作人员 2 人。学校以"关注个体生命成长，促进全体师生的主动健康发展"为办学愿景，提倡自育文化，校园处处散发着和谐温馨的人文气息，洋溢着醇厚的书香之味。我们的学生来源于最普通的工人家庭、困难家庭，还有相当一部分是外来务工人员子女，家庭藏书、订阅报刊数量极少。学校特别重视图书馆的建设和阅读习惯的培养，期望我们的孩子因为学校创

设的阅读条件与课程生活，最大程度地开阔眼界，了解认识外面的世界，知天地人事，明人生之理。

一、环境创设

（一）整体设计

图书馆坐落于学校励志楼四楼，建筑面积 400 多平方米，馆藏图书 89622 册，生均图书 103 册。学校图书馆全天候、全开架开放。

（二）各区域设计

1. 我们利用时空拓展，精心打造阅读新课程。已故阿根廷作家博尔赫斯曾说过："如果有天堂，那应该就是图书馆的模样"，这句经典名言将图书馆的美好发挥到极致。我们坚信：阅读是教育的内在身份。因此，学校应先重视物理空间的优化。

2016年学校对图书馆进一步改造，改造后的图书馆更名为"欣阅阁"，包括阅览室、资料室、阳光阅览区、视听室四个部分。从西往东望去，最亮眼的是阳光阅览区，它位于四楼的室外天台处，宽阔明亮，格调静雅，空气清新，步入其中感觉到了新天地。温暖的午后阳光透过百叶窗洒进走道，孩子们沐浴在和煦的阳光中阅读，何其美好。资料室设立在最东面的一个幽静的拐角处，一排排整齐的书架上陈列着教育类的书籍，供教师撰写论文和学习使用。还新建成了具有学校特色的视听室，它位于"欣阅阁"的最东面，建立了试听资源库，实现有声阅读，学生可以来这里观看或者交流学习。阅读阶梯的设计，让学生随手可阅，随处可座，甚至席地而坐。由此，图书馆成为学生最喜欢的校园十景之一。

2. 我们的理念是图书馆不仅在欣阅阁，还应在校园的很多地方，甚至是某一隅，某一个转角。因此，这两年我们先后在校园内建起"快乐驿站""小憩书亭"，在新装修的"思维空间""艺术中心"等场所设置了书架书柜，相关书籍随之进入，努力达成阅读无处不在、阅读无时不可的效果。

欣阅阁阳光阅览区　　　　　　　　　　　　　　　　　　学生阅读

二、特色活动与教学

（一）开展特色主题活动，创造师生阅读新生活

人一定是通过活动，在活动中成长的，阅读也不例外，有意义的节点活动一定能促进师生阅读兴趣、氛围、能力的提升。

我校将校园活动整合成基于学校自育文化的四大校园节日，其中重头就是读书节，开展"悦览经典，传承文明"的读书节系列活动。我们的读书节活动呈现如下几个特点：

1. 多方策划。图书馆工作人员、爱阅览的教师以及学校相关部门共同参与。

2. 师生共读、亲子阅读。读书节期间开展"师生共读一本书""书香家庭亲子阅读计划"，让师生、父母与子女因阅读而真正成为同一屋檐下的人。

3. 激励跟进。（1）设立"阅读积分卡"开展有意义的兑换活动；（2）评选书香班级、书香家庭、阅读之星等。

4. 丰富活动。我校读书节设传统活动十多个，如：（1）主题班会"读书是最美的姿势"；（2）读书节宣传标语征集；（3）"书香满校园"摄影比赛；（4）现场演讲、小报、课本剧表演；（5）我的读书格言征集……

今年的读书节我们有"我爱语言美"还书大会的精彩相约，

读书节系列活动——好书漂流

读书节开幕式

读书节闭幕式

还书大会

有"现场作文大赛"的笔端争雄，有"我交换，我快乐"的好书漂流，还有"做笔正、心正的四中人"软笔书法比赛，更有一张张充满个性的二十四节气书签、"语"见春天诗词吟诵会……

每年的读书节都很隆重，内容很丰富，在丰富与隆重之中，图书的充分利用得以体现，我们追求的目标是：让阅读真正成为习惯，成为生活的一部分。

（二）配合语文老师，认真做好学校自编的校本教学指导活动

《自育自强好少年》是学校的校本教材，由学校领导编写完成，我们图书馆工作人员配合中预语文组老师一同指导学生来馆阅读。阅读方式采取自由阅读、小组合作等方式，并组织阅读交流会，对学生整本书的阅读效果和阅读过程进行质性评价，保证此书阅读的有效进行。

三、管理与制度保障

（一）制度建设

图书馆的阅览与外借工作，除了开展学生个别借阅外，还采用了"班级图书角"形式，开学初为每班设立专门的借书号，便于学生在班内开展日常阅读，体现学校提倡的自育文化，让学生自己来管理图书。我们将图书馆下放，建在班级，建在办公室，设年级专用书橱、班级阅读书架。引导学生从小学起即

会正确阅读，善于利用图书进行自学，逐步掌握从图书资料中获取各种知识和信息的方法。

为了能长期保持良好的图书管理工作和流通服务，我们从每个班级选出一名学生培养，组建一支图书小小管理员队伍，协助图书馆老师的工作。在实践中明确分工，实行轮岗制度，发现小管理员只要工作几周，就能对图书的归类非常熟悉。

（二）阅读时间保障

1. 为了有效实现空间利用、图书流通、学生阅读兴趣能力双提升之目标，学校在时间上予以延长，全天候开放阅览室，寒暑假开放阅览室，阅读课保障阅读时间……

2. 自 2010 年起，我校还首创了"闵四时间"，作为课程的重要部分，即每周一下午的社团时间及每天午间"悦读 30 分"，作为校本课程时间，"悦读 30 分"课程由语文老师与班主任联合落实推进，成为学生成长的重要印记。

四、实施成效与展望

2010 年学校成立"小荷文学社"，开展丰富多彩的活动，小荷才露尖尖角，提高了学生的写作水平，既然有辛勤的付出就一定会有收获的喜悦，我们学校积极参与区里各类读书活动，在 2018 闵行区中小学华人少年作文比赛中：七（5）班褚泽铭的《给自己的一封信》获特等奖，七（4）班崔欣怡《给自己的一封信》获得一等奖，八（1）班黄懿玲《我的爱好》获得二等奖。

"欣阅阁"将继续坚持"服务第一，读者至上"的理念，热情地服务于师生。图书馆的未来，可以非常多元化，它可以像奢华的酒店天堂，给人提供舒适的休憩场所；更可像一个棋牌乐的度假屋，让每个到图书馆的读者，都有一种宾至如归的感觉。未来的图书馆提供的不仅仅是服务，更是一个让每个人都可以展示自己的舞台。

（执笔人：吴　峥）

融美育和创意　建书香田园

上海市田园高级中学

　　上海市田园高级中学创建于 2003 年，是七宝中学教育集团核心学校，2009 年被教育部中央教科所列为"全国首批 306 所特色高中建设项目学校"，2010 年创建成为闵行区首批实验性示范性高中。学校是上海市文明单位、上海市特色高中建设项目学校、上海市行为规范示范校、上海市语言文字规范化示范校、上海市安全文明校园、上海市花园单位、上海市体育传统项目优秀学校；区艺术特色学校、区教育科研先进单位、上海市蔡元培故居美育共建单位、全国陶行知教育思想实验学校、"中语会"领衔的"全国校园文学委员会"授予"全国文学校园师范学校"称号。

　　学校办学规模为 20 个教学班，目前在校学生 820 人，在编教职工 99 人，一线教师 77 人，其中高级教师 28 人。2018 年 9 月学校搬迁到都莲路 62 号新校区，校园占地 43333 平方米，建筑面积 50000 平方米。十多年来，学校秉持"美育引领，创意发展"的特色办学理念，坚持"为每一位师生创设发展的空间"的办学宗旨、"每位学生天生有才，每位学生各有精彩"的学生观、"教育为了人的幸福"的教育价值取向，以"建设人文绿色的幸福校园"作为新阶段的办学目标。

　　学校将"书香校园"作为文化建设的主要内容，早在 2005 年第一个三年规划中，"书香田园"就作为校园文化氛围建设的重要组成部分被列入学校整体发展规划。在闵行区语委办、区教育局、区教育学院的多方指导下，凭借多年来学校在语言文字规范化建设上的出色表现，我校于 2016 年被列为上海市首批"书香校园"建设基地学校。同时，"书香校园"的建设也在项目的支撑引领下，更注重学生个性化教育和潜能激发，更注重学生创新素养的发展培育，更注重学生在各项读书写作活动中培

图书馆正门

图书馆藏书区

养阅读习惯和提升素养。经过两年的努力，2017 年我校顺利通过"书香校园"评审验收，正式挂牌"上海市书香校园"。

一、环境营造，创设优雅"悦读"空间

学校图书馆的设计高端、大气、现代感十足，共分上、下两个楼面，整体面积共达 1069.5 平方米。根据图书馆的使用功能和特点，以及读者对图书馆的各种需求，我们将图书馆划分为 5 大区域：藏书区、阅览区、自助借书还书检索区、读书沙龙区以及图书漂流区。在"美育引领，创意发展"整体理念的指导下，每个区域都有自己的设计特色和与之相应的功能。

图书馆藏书区的图书集中分布于图书馆上、下两层的北面位置，而重中之重的文学类和历史类图书我们将其放在图书馆的上层位置，之所以这样设置，是根据学生平时阅读关注的重点和阅览课的要求来的。其他类别的图书则有序地摆放在图书馆的下面一层。图书的种类购置齐全同时又能考虑到高中生的阅读特点。当年的报纸杂志电子读物则分布在师生方便翻阅的图书矮柜上，师生们查阅资料非常快捷，图书管理员摆放整理起来也特别有序。

在全开放式阅读的设计理念的指导下，图书馆的阅览区域就设置在图书馆藏书区域的旁边，没有任何隔断。阅览区域是一个提供多功能服务的区域，师生能够在工作学习之余翻阅自己喜爱的书籍、报刊；读书阅读课，也会有专门的教师负责让学生在图书馆安静阅读，提升阅读的品位；高一学生的晚自习活动也安排在图书馆的阅览区域内，阅览区域被充分使用。

学校创意发展，图书馆也必须与时俱进。馆内引进了最新的阿法迪网络系统设备，使图书馆形成了图书自助借阅、还书、检索智能化区域。该区域的形成，使师生们能够在最新的智能化系统上搜索到自己所需要的书籍，自助进行借书还书。这个区域的形成，既方便了读者，又大大提高了图书馆管理员的工作效率，一举多得。

阅览室

悦读咖吧区

读书沙龙区域则设置在图书馆的下层位置，在这里，既能够看到我校师生丰富多彩的读书沙龙会，又不乏校外友人在此举办各项读书沙龙活动。读书沙龙区功能齐全，装修雅致，充满创意，让人流连忘返。

图书漂流区域则分布在学校二楼至五楼的各个楼面，学生将自己最喜爱的有品质的图书放置在造型简洁别致的书架上进行图书漂流。读一本好书就如同与人交流了一种高尚的思想。在高尚思想的指导下，同学们视野开阔了，阅读品位提升了，对自己的未来有了明确的规划，自己的行为也更加合乎规范。

五大区域的分布让图书馆工作更加井然有序，富有内涵，是现代创意和传统特色合而为一的完美组合。图书馆工作也更加精细化，馆员们主动学习发展，努力跟上学校不断创意发展的步伐，实践着美好人生的梦想。

二、课程抓手，培育创建特色活动

（一）阅读课程校本开发

根据田园高中《课程校本化实施方案》要求，我校编辑出版了20余本"书香田园"校本化读物：《田园人文读本》《源头活水》《田园牧歌》《江南可采莲》《田园故事》《田园雅韵》等，

语文组制定了以诗歌鉴赏和作文为主要内容的校本化课程方案。学生在三类课程中均可接受良好的"书香田园"熏陶。

（二）课程实施鼓励创意

我校在书香校园三类课程建设中，始终把"创意发展"理念放在首位，突出学生的自主学习能力。我们坚持小组学习和自主学习，成立阅读与学习小组，深入开展课堂研讨，注重"输入"与"输出"的衔接，学习小组每节课有口头和书面的学习成果展示。在研究性课程如高一阅读研究主题中，学生自主组建阅读小组，确定阅读研究方向，分工明确，有的确定阅读书目，有的负责文字写作，有的制作PPT，有的进行读书报告。每一次读书报告会不仅学术性强，而且呈现形式精彩纷呈。在拓展性课程如创意工作坊学习中，文学社社刊《二月》由文学社员发动各班学生写作，组稿、编辑、排版、封面设计等完全由学生自主完成。戏剧表演工作坊确定教学"编、导、演、评"四环节，编剧、表演、剧务、评价都由学生主持。播音主持工作坊学生采编新闻，制作校园新闻联播，阅读、写作、采编、播送环环相扣。另外还有模拟联合国、各种辩论赛、演讲，校园课程极大地激发了学生的创意和热情，发掘了学生的潜能，创意发展的空间不可限量。

（三）活动实践学生主导

让学生深入到各种阅读活动中，比如学校每年的读书节。读书节是田园高中"书香校园"建设的重要组成部分，是学生整学年阅读活动的一次总结与反馈，使校园读书活动有序列有目标，落到实处。田园高中的读书节已经举办了十五届，每年的读书节都能充分调动学生的积极性，从策划到作品结集出版，学生都是作为主体参与其中。读书节主题与阅读课主题结合，例如近三年阅读课和读书节的主题是"读国学经典，写道德文章"，2013年为"读《诗经》"，2014年为"读《论语》"，2015年为"读《学记》"，2016年为"史传文学"专题，2017年为"读名

读书报告会交流

古诗吟诵表演

模联——华沙集会

人事迹，成就最好的自己"，各有不同又传承一体。2017年的读书节创新整合"学区化办学"思想，邀请学区化办学兄弟学校共同参与，融合学校创意工作坊开展，为期两周的读书节，由语文组和学发中心、创意策划工作坊师生共同策划实施，从升旗仪式上国旗下的讲话动员开始，有全校各班用黑板报宣传、有教师推荐书目的专栏专版展出、有田园十大诗人评选、"田园朗读者"等众多形式为全校师生送上一场听读盛宴。这一系列的活动，全体学生都在参与，撰写各类诗歌，班级选拔选送，收集学生优秀作品60余篇（首），撰写名人读书笔记（《作家报》2017年第47、48期有专版报道），教师的推荐书目由海报工作坊的师生设计成海报张贴，闭幕式上的"朗读者"节目由各班初选推荐，与其让学生单纯埋头读书，不如以读书为载体将书本的知识、思想化为实际的行动，始终将"求真向善爱美"的思想贯彻在丰富多彩的读书活动中，真正落实让学生在书海畅游中体验美、感受美、创造美。

（四）阅读指导专家引领

聘请专家学者进行"国学雅韵"系列讲座，对全体师生的阅读和写作进行高端指导。2013年起，我校每学期邀请大学教授或知名学者来校进行国学系列讲座，到校专家有著名主持人金波、上海交大兼职教授鲍鹏山、知名学者黄仁生、顾文豪等，讲座主题有"中西文化大不同""新说水浒""打油诗的写作""闲话读书"等等，每学期5—8次，固定时间进行，高一全体师生现场听课，高二、高三收看电视直播。学生有机会与大学教授现场互动，接受高端知识的同时展示我校学生的文化积淀和精神风貌。

三、制度跟进，落实保障

学校设有健全的书香校园建设校级组织架构，各级各类阅读组织人员分工明确，组织运转有序。设立丰富多样的师生阅读组织，大力推进书香校园建设。图书馆工作的组织架构网络如下图所示：

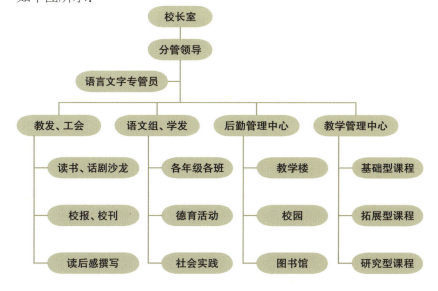

图书馆设 2 名专职图书管理员，教工之家设 1 名图书管理员，学校有图书馆装修、校园其他阅读场馆建设和图书购买的专项经费，每年保证图书购买量和阅读环境建设；学校由教师发展中心牵头图书馆操作，给每位教师订购一份与本专业相关的期刊，鼓励教师阅读；每个班级保证每周 1 节图书馆阅读课时间；每年 11 月中旬至 12 月初为全校读书节，每年读书节闭幕式为学生朗诵与读书交流会，每学期开学第一次教工大会都有教师寒暑假读书交流环节。

学校各级领导都对书香校园创建工作非常重视，将创建工作的要求纳入"美育引领，创意发展"的总体规划之中，纳入学校常规管理，创造性地落实在三类课程和德、智、体、美和社会实践等教育活动之中。

6 本学生作品集

四、实施的成效与展望

近年来，田园高中师生共出版各类书籍 38 本，5 位教师出版个人专著，7 位学生出版自己的个人文集，成为小作家。建校十多年来，有 362 人次在区级作文竞赛和古诗文阅读大赛中获得等第奖项，有 189 人次在市级以上刊物发表文章，《青青园中葵》《源头活水》《葵花礼赞》等 5 本学生集体参与的作品集出版，师生朗诵《少年中国说》参与"木铎金声"上海市民朗诵节展演，戏剧表演创意工作坊的课本剧屡获市级大奖。北辰模拟联合国召集三届"联合国大会"，由学生完全自主策划，全国多校参加；田园辩论社参加上海市中学生辩论赛，拿到高中组亚军；二月文学社被授予全国文学校园示范社团称号；陆振权校长被评为"全国文学校园优秀校长"，语文教研组长李卫华老师被评为"全国文学校园优秀指导教师"。未来的田园高中将坚持书香校园建设，坚持文化浸润人生，手捧书香，美好前行！

（执笔人：黄子超 朱 虹 杨 柳）

少年中国说表演

经典陪伴童年，阅读润泽成长

上海市宝山区机关幼儿园

宝山区区直机关幼儿园，是一所上海市一级一类幼儿园，区示范性的公办园。创办于 1981 年，占地 5.6 亩，1984 年 6 月迁址密山路 4 号。1997 年 6 月，内部面积增加 1940 平方米，2010 年扩建为一园两部（密山部、白玉兰部）。现共设置 15 个班（2 个托班、5 个小班、4 个中班和 4 个大班）。多年来，幼儿园始终秉承"以人为本、以儿童和谐发展为本"的办园宗旨，以"快乐教育，快乐成长"为课程建设的核心，致力于培育"健康、活泼、善于表达与表现"的幼儿，注重幼儿人格与体格、智力与能力并重的全面发展，为每一个幼儿终身发展奠定优质的基础。

幼儿园白玉兰部环境整洁优美，统一中又充分凸显孩子不同的年龄特点。幼儿学习、生活场所宽敞明亮，丰富而又充满童趣，教育教学设施设备齐全，所见之处无不渗透着"环境彰显课程"的办园理念。在环境的创建过程中，幼儿园还紧紧围绕阅读课程特色，以"书香 书海 书境"的环境打造为理念，构建富有童趣、充分激发幼儿阅读兴趣的阅读空间，并有效利用环境组织丰富多彩的阅读活动，让幼儿园处处溢满书香。

一、打造独具特色的幼儿绘本馆

幼儿绘本馆坐落在幼儿园的二楼，由三间教室打通而成，

面积约 280 平方米，整个空间通透、明亮，分"种子馆、海洋馆、小舞台"三个阅读场馆。

校园门厅一角

（一）种子馆——播下阅读的种子

"种子馆"采用大开间的格局，以"在孩子的心间播下一颗颗热爱阅读的种子"为设计理念，采用嫩绿色为房间的主色调，寓意"生态、自然"。中央是一棵通体浅绿色的大树，宽大的树身上正反两面两个椭圆形的树洞使得大树瞬时变得通透，大大提高了该区域的采光度，特别吸引孩子。孩子们来此既可靠着大树阅读，也可钻进树洞内阅读，获得一方属于自己的相对私密的阅读空间。孩子在此阅读仿佛置身于大自然的怀抱。

环顾种子馆的四壁，凹进墙面，树叶状的书架宛如大树上飘落的片片树叶。一本本与自然相关的图书，如"亲亲自然系列图书""昆虫世界系列图书"等。书的左下角贴上了绿色标签，帮助孩子阅读完将每本书送回它的"家"。

除了富有生机，充满童趣的大树，教师还在阅读区域中摆放了原木色的环形座椅，贴近种子馆的"自然"氛围，提供各种造型可爱、柔软舒适的靠垫坐垫，以增强阅读过程中温馨舒适的感觉，享受轻松阅读的乐趣。

通过大树洞是视听区。孩子们在这里观看多媒体，进行电子阅读。在阅读的过程中难免有图书损耗的现象，靠着宽大的北窗一侧，一圈弧形的铁质围栏是种子馆中图书修补的区域——"图书医院"，培养幼儿爱书的好习惯。

种子馆

（二）海洋馆——沉浸阅读的世界

在阅读馆最左边的一间以"书海"为主题，步入其中，以蓝色为主色调的色彩犹如一股海洋之风迎面扑来，让人不由地安静了下来。

这个阅读空间命名为"海洋馆"，寓意书海。房间内小桅船、信号塔、热带鱼、海星等极具海洋特色物品的呈现深深地吸引着孩子们，引导他们情不自禁地走入，自主地阅读这一区域

海洋馆

讲故事区

小舞台

名家书柜

的绘本——国外优秀幼儿绘本。孩子们在丰富的绘本世界中与名家对话，与美人鱼、七个小矮人共欢。他们通过阅读感受着世界之大、之奇妙。

墙壁四周是一个个深蓝色的扇形洞，孩子们可以在这里舒舒服服地坐着看书。活动区的互动墙面，利用图文结合的方式引导幼儿养成良好的阅读习惯，如：轻轻翻书、轻拿轻放等；可以将自己最喜欢的绘本，以照片和实录的方式推荐给小伙伴。有时幼儿一个人阅读后特别有跟同伴分享交流的冲动，那么"海洋馆"最深处一圈转角书架的"复本区"就贴心地满足了孩子们的这一需求。

（三）小舞台——展现最棒的自己

连着左右的中间地带被打造成了具有剧院风格的小舞台，舞台上有幕布，有灯光，有后台，一些绘本中人物的服饰、场景以及绘本节中绘本剧的剧照被精心布置在了舞台的两侧，既体现了小舞台的与众不同，又成为孩子表演时的装扮道具，让孩子更有上台表演的感觉，幼儿也更能融入表演中，满足了幼儿阅读后交流、表达、表现的需求。舞台正对的台阶很宽敞，既能当座椅，对号入座看表演，也能让孩子阅读疲惫时躺一躺，放松和慵懒一下。

二、利用绘本馆资源，拓展丰富早期阅读课程

为了确保书香校园的质量和长效，幼儿园将阅读活动纳入幼儿园的课程建设中。结合幼儿园的基础性课程，在阅读活动中不断创新开拓，充分利用绘本馆的资源，形成了富有特色的幼儿园早期阅读课程。

（一）注重研究，创新绘本"1+N"阅读活动

幼儿园充分挖掘绘本馆的图书资源，在不断研究实践的过程中，形成了富有特色的绘本"1+N"阅读活动。这是指由 1 个

亲子阅读区域

大班孩子开展"亲子阅读欢乐多"活动

绘本阅读活动衍生出的，围绕幼儿兴趣而展开的 N 种形式的体验性活动，包括探索中阅读、争辩讨论中阅读、情境中阅读、表征中阅读。教师根据绘本的核心经验与幼儿现有水平，形成多种形式的拓展活动，如个别化学习活动、运动活动、各类小游戏、生活活动等，并在此基础上形成了"全新思维视域下绘本 1+N 阅读活动的实践研究"市级课题及市级家教课题。为幼儿绘本阅读提供可复制、可推广的教育新形态，将绘本多样性的教育价值在科研项目中得以体现，为更好地培养乐观、活泼、善于表达和表现的幼儿服务。

（二）加强指导，形成阅读的联动机制

为了实现为幼儿提供多元的阅读书籍、努力把家长打造成有能力的阅读指导者、进一步保障家庭幼儿的自主阅读等特色课程目标，园长在绘本馆的基础上，还为每班配备了丰富的绘本书籍，并定期（单周借、双周还）开展联动借阅活动，为幼儿园特色课程建设提供保障。同时我园也精心研究阅读导读卡，为家长指导孩子阅读指明方向。

（三）利用资源，实现多方位的开放活动

环境的打造，绘本资源的丰富，其目的是为孩子的发展服务。幼儿园牢固树立服务意识，将功能完备的绘本馆，定期向幼儿、家长及社区开放，并对不同年龄不同需求的家庭进行阅读指导。以机关幼儿园团员青年教师为主的"机关豆讲故事"志愿者队伍，经常利用双休日为幼儿园、为社区的宝宝们开展讲故事活动，深受家长和孩子们的欢迎。幼儿园的绘本馆弥补了社区幼儿阅读资源的不足，将阅读的理念推广到了千家万户，为打造书香上海作出了应有的贡献。

（四）开辟专栏，接受多元文化的熏陶

富有成效的阅读特色让机关幼儿园多次赢得了上海宝山国际儿童阅读季儿童文学名作家进校园的契机。英国伍斯特大学

我 最 喜 欢 的 绘 本

中大班幼儿开展"我最喜欢的绘本"征集活动

绘本插图画家、讲师及插画联合课程主任皮特·格罗布勒先生、江苏少儿出版社《东方娃娃》主编、国际知名绘本作家周翔先生等名家都曾先后走进了我园，与孩子和教师零距离地交流。幼儿园也及时抓住机会，在绘本馆里开辟大师专栏，将他们的简介和作品布置其中，组织幼儿阅读，开展"和大师共阅读——静静的书"的活动，感受真人秀的激动。在温馨的绘本馆，孩子们和名作家来了一场绘本之约，一起读绘本，感受绘本带来的艺术和知识。观赏我园幼儿家庭创作的绘本表演《你看起来好像很好吃》《三只蝴蝶》《金色的房子》等作品，作家们不禁赞叹家长和孩子们的智慧和创意。

（五）创意活动，独创基于特色的绘本节

绘本节，是幼儿园基于绘本阅读教育研究开展的一项创意活动，旨在培养孩子良好的表达表现能力，延续绘本的精彩。

名作家进校园　　　　　　　　　　向社区开放听老师讲故事　　　　　　　　幼儿表现绘本剧《达芬奇想飞》

幼儿园把每年的 4 月 23 日"世界阅读日"定为绘本节的开幕日。2011 年至今，我园已举办了八届形式多样、主题各异的绘本节活动。绘本节中孩子们纷纷走进绘本馆创作绘本画、制作创意书签、讲述精彩故事，参与"我最喜爱的一本绘本"的评选活动，还纷纷拿出自家的书投入"我看你看大家读"的绘本漂流活动。以绘本故事为载体的班班秀表演，也"你方唱罢我登台"，在绘本节中如火如荼地开展：《小黑鱼》《达芬奇想飞》《你好，鸡蛋哥哥》……一个又一个好听又好看的绘本表演让现场掌声不断。智慧的老师们让绘本节的主题不断创新："带着绘本去郊游——在自然中阅读"（第二届）；"当绘本遇上运动　让智慧引爆体能"（第五届）；"呼朋唤友来阅读暨机关首届帐篷节"（第七届）……绘本节主旨在于引导幼儿在阅读感受和理解绘本的基础上，体验表达表现的乐趣。小小绘本，大大世界，机关娃在绘本节中一次次地走进绘本的世界，感受绘本中的真善美。

（六）搭设平台，获取线上线下的阅读体验

随着大数据时代的到来，幼儿园的线下图书已不能满足幼儿及家长的需求，因此幼儿园创新开发网上数字图书馆，通过线上和线下相结合的方式，形成良好的阅读环境。孩子在数字图书馆不仅可以利用现有资源进行阅读，更可以成为幼儿表达表现的平台，将自己的绘本故事表演和录音上传，获得阅读后的自豪感和成就感。

近年来，幼儿园的研究课题"'阅读循环圈'理论指导下的幼儿阅读教育研究"荣获宝山区第十二届学校教育成果评比一等奖。同时，孩子们在各项比赛中崭露头角，如：在 2017 年上海市小青蛙讲故事比赛中荣获一等奖；在上海市亲子绘本朗读"为爱悦读"表演展示活动中荣获二等奖。机关的孩子们已经成为爱阅读、会阅读、乐表达的"小小阅读者"。

世界很远，阅读很近。机关幼儿园将进一步思考在"互联网+"背景下如何开展幼儿绘本阅读的创新实践。让经典陪伴童年，让阅读润泽每一位孩子的成长，让他们在阅读中开阔视野、丰富知识、懂得道理，开启幸福的人生！

网上图书馆全新上线

（执笔人：苏　艳　魏　唯　周　炜）

书香曼舞 e 时代，创意悦读 @ 幸福

上海市宝山区宝林路第三小学

宝林路第三小学坐落于密山路宝林五村内，是一所公办小学。创办于 1991 年，到现在已走过 26 年的办学历程。目前有 19 个教学班，学生 500 余人，随迁子女占比达 75%，教职工 52 人。二十多年的办学历程已沉淀了丰厚的文化底蕴，形成了鲜明的办学特色。

作为上海市"书香校园"基地学校，在多年的建设中，一直秉承以学校文化的孕育为创意底色，以阅读空间的设计为创意通道，以校本课程的重构为创意布局，开创师生"悦"读的快乐 e 时代，使校园散发出浓厚的书香意蕴，让师生遇见美好与幸福。

2012 年新落成的图书馆馆舍面积 182 平方米，包括藏书、阅览、资料等区域，在硬件设施方面逐步投入了电子平板阅读设备，率先开启了"校园无纸化阅读"。2017 年，为了优化图书馆功能和服务，学校又对图书馆内部布局进行了调整，功能划分更趋合理，自助图书借还设备、图书借还漂流柜、数字阅读触摸屏等服务设备更是一应俱全。引入的一系列电子点检系统，更是大大提升了图书馆整体工作的效率。

学校秉承"随时随地·悦读悦心"的服务与工作宗旨，打造书香校园，努力挖掘图书价值，积极筹备开展各类阅读活动，让阅读成为校园的幸福源泉。

一、文化渲染，传承约定"悦读情缘"

只有校园阅读无处不在，无微不至，才能让阅读与学生结下"情缘"，因此学校将"阅读"设置在校园的每个角落，不仅将阅读的文化和氛围渗透于校园，也让阅读成为校园生活的常态，让阅读真正成为师生成长的"关键词"。学校巧妙借助走廊文化，布置阅读活动成果，围绕主题，定期更换，传递阅读精神，表彰优秀成果，宣扬读书文化；充分利用楼梯过道、食堂门口、花园转角等区域角落，打造"小眼睛书吧""朗读亭""你和我"等阅读服务区域，供师生在闲暇时间静心阅读，放飞心情，浸润心灵。读书环境优美温馨，增添了清新的自然气息与浓厚的阅读氛围，师生身处其间，更能激发阅读兴趣，提升阅读质感。

二、空间搭建，用心营造"悦读环境"

学校创造了优雅的读书环境，也致力于打造"随处可见"的图书馆。学校因地制宜，在教室外的走廊过道里设置"班级图书柜"。在班主任的动员下，学生纷纷把自己最喜爱的图书带到学校与同学们分享阅读。这些书籍由各班自行管理，发挥集体的智慧，建立一个专属于班级的"小小图书馆"，既增加了学生阅读的时间，也培养了学生的图书管理能力和阅读自觉性，更促进了学生的合作学习以及分享知识和快乐的良好品质。

随着近年来学校众多创新实验室的增设，为了更能满足师生实际的学习和发展的需求，图书馆还特意购入大量的专业书籍，放置在各个创新实验室内，供师生学习更加专业的知识和技能，如：陶艺吧外的"陶陶书窑"、布艺教室内的"布艺世界"等。将"特色书架"搬至"特色教室"，让"特色"更名副其实，也让"特色"更物有所值。

三、资源融合，创意设计"悦读活动"

"悦读"是愉快之读、喜爱之读、自由之读。而这"悦读"需要一种创意的阅读形式来刺激阅读欲望，丰富阅读经历。因此，学校致力于阅读活动的创意设计与开展。

忙碌于各种教育教学工作而缺少阅读经历，是曾经学校教师的阅读情况；跟随外来务工的父母奔波于生计而缺乏阅读自觉，是以往学校学生的阅读状况。为了调动起师生的阅读兴致，为了营造校园的阅读氛围，学校也在不断鞭策自己"脑洞大开"，巧妙融合学校"小眼睛看世界"的宣传橱窗，设计各类新颖且有趣的读书活动，让读书成为学校"最热闹"的存在。

第一期："纳米比亚"风情游。巧妙借助"图像魅力"，利用走廊文化布置了一次纳米比亚风情摄影展，用一张张精美的照片勾勒出一位教师的非洲之旅，也成功吸引了学生的"小眼睛"，让不曾走出国门的学生在学校也能领略世界之美，让不爱翻开书本的孩子愿意打开地理图书，探寻更奇妙的世界。

第二期："塔图巴图"绘本游。学校邀请了芬兰作家阿伊诺哈·吴卡伊宁带着他的得意之作《塔图巴图妙探世界》走进校园，用与作家亲密接触的难得契机，让教师体悟到了儿童文学创作的精彩与魅力，也让学生的"小眼睛"爱上书本，更爱上了与书本"说悄悄话"。

第三期："童话世界"仙境游。将世界放入书中，用书看遍世界。经历了两期读书活动的师生们早已不再仅仅满足于一个国家、一种图书，为了更加全面地满足师生们阅读的需求，走廊文化布置中陈列了各国的优秀儿童文学作品以及学生的阅读积累，让"小眼睛"不仅会看向世界，也懂得回顾自己的成长。

迄今为止的三期读书活动，是学校致力于打造"书香校园"的倾力之作，也是师生开启阅读新纪元的起航之处，由此，学校的读书活动便成为传递校园阅读文化的最佳方式。

学生阅览区　　　　　　　　　　　校园朗读亭　　　　　　　　　　　校园阅读相关布置墙贴

四、主题巧设，逐步积聚"悦读经历"

针对不同年级形式迥异的阅读活动，让不同年龄段的学生都能够恰如其分地享受到阅读带来的别样体验，养成热爱书籍、博览群书的好习惯，学校分年级开设以下主题阅读活动。

一年级：用"画"认识你。用亲子临摹绘本、演绎绘本的方式来体验阅读的乐趣、体验亲子的乐趣。一本绘本，亲子共读，孩子绘画，释放想象，父母添语，寄托期望。小小绘本就如一颗小小的种子，父母播种，耐心浇灌，成为帮助孩子启迪心灵，滋养智慧的"绿色通道"。亲子阅读成为孩子最喜爱的"悦读"，最难忘的"经历"。

二年级：让绘本"声动"起来。二年级的学生不再简单满足于"看书"，他们更期待与他人分享自己的阅读经历与快乐。为此学校组织了绘本配音评比活动，借助手机软件"纳米盒子"让学生与家长分角色为一本绘本配音，并将配音生成的二维码制作成"分享小卡片"，相互收听，相互点赞，更一度将二年级2班黄羽晞同学的配音作品推上了热搜。以声传文，以声传悦，能当一回小小"配音员"无疑是二年级学生最刻骨铭心的"悦读经历"。

三年级：我的绘本故事。书目摘抄、做书卡……这些常规

读书节爱书倡议签名活动　　　　　参观学校阅读长廊　　　　　　　　校园阅读相关布置墙贴

的活动很难再调动起中年级学生的阅读兴趣，为了突破瓶颈，学校鼓励三年级学生勇于尝试去做有意义的突破——创作绘本。不仅要用简练的语言构思故事，还要配上绘画，可以说是对学生综合素质的考验。三年级师生积极参与，分工合作，每个班级都有自己的创意，绘本中不仅体现了贴近校园生活的点点滴滴，更切实渗透了富有学校特色的素质教育，更让学生过了一把创作的"瘾"，体验了一把当作家的独特"悦读经历"。

四年级：探寻书中世界。四年级的学生具备了自主探究的基本能力，为此推广了"主题阅读"。每个班级围绕一本好书、一本名著，对一个主题进行深入研究。1班探索"水浒之人物"，服装、武器、人物性格……都在"阅读单"中一一整理归纳；2班探索"三国之妙计"，厚厚的一叠"阅读单"便是一本"锦囊妙计"。能够从书中有所收获，便是让四年级学生最铭心的"悦读经历"；3班探索"红楼之美食"，文字描述的一道道美食都化作了"阅读单"中的一幅幅逼真图画；4班探索"西游之八十一关"，一张"阅读单"便是唐僧师徒四人的一道关卡，生动形象，趣味盎然。

五年级：写下心灵之声。开展了"好书推荐"活动，同学们交流阅读心得，畅谈阅读体会，极力向同伴推荐自己最喜爱的书籍。

除了积攒"悦读经历"，各班学生在班主任的辅导下，利用走廊的墙壁空间布置出了充满班级特点和中队核心精神的阅读栏。比一比哪个班级最爱看书、赛一赛谁的阅读"小任务"能获得最多的"赞"……这一方小小的天地竟也成了学生互相交流阅读体验的"小沙龙"。

五、项目众筹，立体打造"悦读联盟"

学校还通过创建各类项目，众筹人力资源，建立以专家为主导，学生为主体，家长为助推的阅读共同体。

师者"共读"，不忘初心——这是学校教师悦读联盟项目

师生共同布置充满班级特色的阅读栏

"工匠精神与教师专业发展"主题活动。由教师走到台前，分别围绕三个关键词"严谨""坚守""第一次"开展三期阅读活动，道出专业发展道路上的"关键事件"，挖掘事件背后的"情感体验"，从中感悟到：师者应该具有的匠心、初心和爱心。

学校以"亲子'共读'，向阳生长"为宗旨，发起亲子悦读联盟项目，倡导学生和家长一起品读。"亲子读书营"，学校邀请有意愿的家长与孩子一起，利用微信群，共同参与周末的"学与书相伴，行与文相随"项目活动。"相邀品书"相邀有共同阅读需求的"大小朋友"一起品书，让阅读变成随时随地发生的乐事。"美文推送"分享书中精彩片段、名言佳句，让阅读从"独乐"变为"众乐"。"评书圈粉"品书有言，学生将自己的感想晒出来分享，让自己阅读旅程得到同伴的赞扬和家长的肯定。

学校于2018年5月28日开展了"书香飘万家·修身共成长"的区级图书馆交流展示活动，展现了学校着力于师生阅读、亲子阅读的殷殷硕果。一堂借助iPad实现线上线下阅读互动的阅读课让课堂内阅读别开生面，一段亲子阅读活动视频诠释了学校为家庭阅读做出的努力，一场主题汇报浓缩了学校在图书馆工作和服务中的与时俱进。

六、管理变革，数据带动"悦读机制"

学校重视"书香校园"的建设，开启了"互联网＋阅读"新模式，创建了图书漂流柜的新体验，更建立了一套有效的"悦读机制"。

（一）读书"漂流"：激活"阅力"

"时时读"机制："图书漂流柜"开启"自主借阅"新时代。选择的自由、期限的自由，让读书变成"人人、时时"的享受。学生借阅量的逐步递增便是机制革新后的一大收获。

"周周评"机制：学校创建阅读评估系统，通过互联网实现学生"阅读力"的评价："读书签到、借阅历史、读书感悟、好书推荐"等积分奖励让学生品尝到阅读的乐感。

"月月传"机制：学校图书馆通过互联网将每位孩子阅读的数据传送给老师和家长，让阅读成为家校共育的新起点。

（二）读书"互访"：拓宽"阅途"

"互联网＋阅读"新模式将学校的读书带入了大数据时代。与数据的对话，让读书成为一场盛大的"修行"。

班级之间阅读感悟能力的数据差异，正在引发教师对于阅读教学的思考。"教"与"学"正在"班级间互访"中发生"静悄悄的革命"，互学互研让阅读融入学科，让阅读走入课堂。

学生之间阅读量的数据差异，正在引发家庭"阅读习惯"的反思。家庭阅读正在"家庭间互访"中"悄然成型"，"阅读优秀家庭"来到"阅读薄弱家庭"，将阅读的方法传递，将阅读的智慧辐射。

图书漂流柜自助借还

学生图书馆内阅读

"互联网+阅读"微课

（三）读书"评价"：提升"阅能"

学校对每一位学生开展阅读"三段位"评价活动。

第一段位："黄色绘读章"鼓励低年级的学生学会欣赏儿童文学，童声绘本激活了阅读兴趣。

第二段位："橙色研书章"让中年级学生学会鉴赏书本，实现将品书融于生活，对书籍中的故事情景、人物关系、时代特色进行深入研究与汇报。

第三段位："红色感悟章"让创意制作"自制书"为童年增添靓丽色彩。

这三种段位的争章让学生丰收了"阅识"，为成长增加了"阅历"，更培养了学生的"阅能"。

"互联网+阅读"是学校创新型图书馆建设的一次践行。这是制度的变革，是资源的最大化利用，更是用心经营教育的善行。

要让"书香"飘满校园，图书馆是必不可少的"一员大将"，而阅读活动更是弘扬读书精神和校园阅读文化的最佳"助手"。为了大力推进学校的素质教育，建设校园阅读文化，打造书香校园，宝林路第三小学以新时代的视角，大胆重新定义校园阅读活动，更用新时代的智慧创意设计校园阅读活动，让校园拥抱阅读，让校园弥漫幸福的卷卷书香气！

（执笔人：竺　颖　李艳敏　陶颖枫）

让阅读点亮心灯，让书香飘逸校园

上海市宝山区大华第二小学

"腹有诗书气自华，校有书香品自高"，宝山区大华第二小学是上海市首批"儿童阅读实验基地""上海市儿童阅读十大点灯种子学校"。儿童阅读，是学校精心培育的人文特色。2011年学校市级规划课题"经典阅读学习指导与儿童阅读素养培养的研究"的立项，更是为学校阅读特色创建带来了难能可贵的机遇。

现学校共有20个班级，学生626人，教师57人，设有图书馆专职工作人员1名。馆内藏书资源较丰富，生均馆藏已达45.7册。

"在童话中成长，在阅读中创新"的理念也渗透到图书馆工作之中。强化图书馆的"磁性"活力，推动学校阅读特色的发展，"阅读立校，让阅读成为学校教育的核心；阅读立人，让学生在阅读中成人"成为学校图书馆工作努力进取的方向。

一、环境熏陶——打下书香浸润心灵的基础

为了打造书香校园，学校加大投入力度，改善馆舍条件，充实图书馆设备，创设学习化、人文化的校园阅读生态环境。

（一）清新明快的馆舍环境

图书馆馆舍宽敞明亮，总面积达220平方米，拥有3间藏

书室和两间阅览室，其中一间是新开辟的升级版阅览室，阅览室与藏书室有机地整合在了一起。同时，根据学校阅读特色，藏书室设置了特色书架，近几年先后添置了大批经典儿童文学书籍，为经典阅读的开展提供了必要条件。

走进放飞梦想的阅览室，亮丽的名人名言墙贴，富有时代童趣感、蓝白相间的阅览桌椅和彩色的圆形坐毯，不禁让同学们驻足流连，可以捧着自己喜爱的图书坐在椅子上静静地翻阅，也可以三五成群围坐在圆毯上轻声交流自己的感悟。宣传栏及每张阅览桌的台签上都有学生的好书推荐、读书心得和各书迷小队自己创作的阅读格言……使在座的每一位置身于浓浓书香中，大家的阅读兴致变得愈发浓厚。

（二）独具匠心的书香校园

作为学校图书馆的细化和延伸，校园环境的建设充分体现了阅读特色。走进六本巨型童话书的校门，看到的就是倡导师生共同阅读的剪纸雕塑"童年印象"；塑像下是由全国小语会理事长崔峦题词的大型书本模型；教学楼内的"阅读大厅"，在一盏盏书型电灯的照射下，"童年是乐园，阅读是秋千"的醒目标语表达了学校要为孩子们点亮阅读心灯的美好心愿。穿过走廊，来到绿树成荫的"书馨苑"，一本本童话书变幻成一个个小石凳，仿佛成了童话的小世界，这里是孩子们开展阅读沙龙的好场所……

步入四楼，吸引你眼球的便是别具一格的阅读廊——书香坊，这是近两年来新添的一道亮丽风景线：特色的点击、精彩的记录、斐然的成绩、冉冉的新星……潜移默化之中引领着二小的师生们多读书、读好书、好读书。

在营造书香校园的同时，每个班级也在打造各自的阅读小天地。班级的"图书角"里有学生们带来的新书，也有学校赠送的优秀读物，让同学们读到了更多更好的书，让教室溢满书香，真正做到了班班有书声。

二、多彩活动——留下书香致远的足迹

为了进一步强化图书馆的"磁性"活力，吸引师生们共同阅读经典书籍，学校对于如何充分利用图书馆开展了有效的探索。

（一）开设系列知识讲座，激发阅读兴趣

每学期的"悦读讲坛"已成为学校阅读的一项制度，除了图书馆老师为学生开设相关的知识讲座，学校还特意请来了梅子涵、张锐、谢鑫、章鱼等著名儿童文学作家作专

题讲座，更是为儿童开启了智慧之门，激发了阅读兴趣。

（二）校本阅读列入课程，指导阅读方法

首先结合学校阅读课题"经典阅读学习指导与儿童阅读素养培养的研究"，制定我校学生课外阅读实践活动目标，精心挑选儿童文学作品。低年级学生的导读书目以拼音读物、绘本为主；中年级的学生是由绘本向经典文学作品过渡；高年级学生的导读书目以经典文学作品，尤其是小说为主。老师和学生通过故事导读或者悦读书卡的形式（写上精彩片段、推荐理由等等），给大家推荐优秀的阅读书目，形成学校图书馆的推荐阅读内容。

其次由图书馆馆长和部分年级语文老师分别指导学生上阅读指导课。一、二年级开设绘本阅读课，指导学生学会仔细观察画面，展开合理想象，学习作者的表达方式，进行仿说及口头编故事的表达训练。三至五年级学生在阅读经典文学作品的基础上，开设班级读书会，议书中的人物、情节；谈个人的看法、体会；写心中的感悟，编新的故事。

在阅读的过程中要求大家在学校设计的"童心阅读手册"上认真写好读书笔记。这样的尝试让学生自觉养成了"不动笔墨不读书"的良好习惯，尤其高年级学生对作品内容、表现手法、插图等有了自己独立的见解。

儿童文学校本课程的开发和实施，给学校的语文教学带来了希望，给教师们带来了新的理念，在孩子心里植入了一颗理想的种子。

（三）创建书香班级，推进自主阅读

班级是学校的基本组成单位，如果每个班级都能书香四溢，那么书香一定能像花香一样弥散在校园的各个角落。学校以创"书香班级"为抓手，建立班级图书角，制定了书香班级考核方案、书香小队活动方案，激发学生主动参与自由阅读，养成良好的阅读习惯。"晨读十分钟""课前两分钟""午间阅读"时间，校园到处能见到学生自觉阅读的身影。

（四）开展多彩活动，分享阅读感悟

图书馆每年配合教导处、少先队大队部等部门，开展丰富多彩的读书活动，这些活动是推进儿童文学阅读最有效的途径。

四月读书日、五月小青蛙故事比赛、六月艺术节、九月阅读节，学校每学期都要举办丰富多彩的读书活动："书香映照"

著名儿童文学作家谢鑫作专题讲座

师生共读一本书

"书声韵美，诗词校园"诗歌诵读比赛

亲子阅读；"签上书情""书情溢美"阅读小报评比、阅读心得展出、读书笔记评比展览；"书声韵美，诗词校园"诗歌诵读比赛；"阅享会"中高年级朗诵会、演讲赛；"悦读伴成长、稚笔书经典"美文佳段书写比赛等。同学们从中获得阅读的乐趣，品尝成功的喜悦。与好书为友，与经典同行，在浓郁的书香气息中丰厚文学底蕴，提高文学修养。

除此之外，学校每年还积极开展市中小学生暑期读书系列活动、"师生共读一本书""与阅读社团伙伴一起分享好书""博彩经典，书香接力"班级赠书……让孩子们在阅读活动中塑造心灵，丰盈生活，了解世界。

（五）评比"悦读之星"，形成阅读习惯

为了鼓励每位学生更多接触优秀儿童文学作品，养成主动阅读的习惯，达到课标所规定的阅读量和阅读能力要求，以学校制定的低、中、高三个年段的阅读素养绿色评价量表为衡量标准，拟定了"悦读之星"评比要求，来检测鼓励学生积极参与其中，并在每学期期末评选出"悦读之星"。上学期期末，图书馆共评选出了 24 名"悦读之星"，还奖励这些孩子在升级版阅览室里自由徜徉，进一步激励他们更广泛地阅读，养成爱读书的良好习惯。

三、成绩可喜——创建学校阅读特色的成效

正如学校所希望的，在大华二小的图书馆里，童年就像一个"乐园"，这里充满着探索的乐趣，收获的喜悦，成长的欢乐……在这个"乐园"中，阅读就像最受孩子们欢迎，最有魅力的一架架"秋千"。学校的阅读活动取得了明显的成效。学校连续 4 次被评为"上海市阅读大赛"优秀组织奖，学校课题组撰写的论文《经典阅读学习指导与儿童阅读素养培养的研究》荣获 2016 年上海市教育科学研究院第五届学校教育科研成果三等奖。在近三年的市、区暑期读书活动中，学生获奖人数也逐年递增。学校先后获得市、区中小学生暑假读书系列活动优秀组织奖……

我们深知在儿童文学阅读研究领域，要使这盏阅读的心灯越照越亮，还有着漫长曲折的道路要走。在今后的日子里，学校图书馆将继续强化"磁性"活力，努力提高图书馆的软硬件建设，进一步完善管理和服务意识，更有效地推进学校的阅读特色发展，让儿童文学阅读在大华二小这块沃土上生根、发芽、开花、结果，创造出书香校园更灿烂的前景！

（执笔人：谭　燕　钱晓虹）

与阅读社团伙伴分享好书

悦读之星评比专栏

"博彩经典，书香接力"班级赠书活动

悦读愉心　书香养德

上海市宝山区大华新城学校

宝山区大华新城学校于 2014 年 9 月开办，是一所九年一贯制学校。目前 21 个班级，689 名学生。学校秉持生态教育理念，立足于生命教育观，弘扬"健康、快乐、自主、发展"的校风，"严谨善教"的教风和"勤奋乐学"的学风，培养"有德行、会感恩；有思想、会学习；有品位、会生活"的大华新城人。

学校高度重视图书馆建设，开办之初就对图书馆作了整体规划，古色古香的园林风格与现代化的设施设备相结合，目前已拥有一支由专业人员、兼职人员、学生与家长志愿者组成的相对稳定、服务高效的图书馆管理人员队伍，定期开展读书活动，服务创新，成效显著。学校已成为区阅读联盟学校、上海市中小学生读书活动促进会会员单位。

一、精心设计书廊，营造读书环境

学校把整个面积为 785 平方米的 A 号楼底楼精心设计和装修成富有古典气息的"三味书廊"，每一处、每一角均颇具匠心。为不同年龄段的学生阅读提供了舒适、温馨的读书环境，成为学校一处较有代表性的人文景观。

三味书廊分设学生书库，教师书库，图书借阅处，教师及中小学生阅览室。其中，小学阅览室有两间，其中一间为升

低幼阅览室

小学阅览室

中学阅览室

级版阅览室，通常教师用于奖励平时读书多的孩子在里面自由阅读。

"阅读愉心，书香养德"是学校一直秉承的文化理念，图书馆利用"三味书廊"的每一处墙面展示文化名人的经典名句，诉说中国文字的悠远历史。廊内还分设了两个中学和小学的中外经典特色书架，供学生们走近经典，品味阅读。古朴典雅的宜人环境，氤氲醇厚的书香之味，步入其中，让人不由得静下心来，细细品读。

为了给教师创造良好的读书环境，学校还特辟"乐乎苑"为教师阅览室，吃着小厨房烘焙出的点心，喝着刚刚磨好的咖啡，配上静静翻动的书页，让老师们沉浸其中，开展主题沙龙、教学研讨活动，感受阅读的美好与幸福。

教工阅览室

"走到这里，我的心里就特别快乐"是孩子们赋予这条廊的寓意。这样的氛围充分体现了环境育人的原则，我们常常能见到明明前一刻还生龙活虎的孩子一走进这条廊，就会竖起手指说"嘘！轻点儿"。

二、创新服务模式，加强自主管理

（一）以读者需求为先，优化馆藏文献资源

图书馆每次采购图书前，都会充分征询师生的需求，使馆藏文献资源得以优化。如：组织"好书推荐"活动，向教师、学生、家长征集好书书名，由图书馆统一购买；组织教师和获得"读书之星"的学生到书店、书展现场选书；每到期刊征订季，会让教师自由挑选工作中需要的期刊。图书馆还购置了电子期刊库，电子阅览室有专人负责，全天开放。

（二）以尊重学生为先，建好小管理员队伍

图书馆通过学生自荐、教师推荐等方式，从那些热爱读书、领悟能力和审美意识较强的学生中选拔和培训图书馆管理员。为了能做好小管理员工作，他们抓紧一切课余时间到图书馆熟练"业务"。现在每个班的图书管理员，都能够熟练使用电脑借还图书，并将图书准确地放回到书架上。正是这支精干的小管理员队伍，为图书馆的全天候开放服务提供了保障。每次借完书，他们都会自动留下，整理书架和桌椅，图书馆已成为他们流连忘返的地方。

师生现场选书活动

学生自助借阅书籍

学生阅览课

三、课题引领教学，精细指导阅读

2016 年 9 月，由校长室、德育室、教导处和图书馆共同确立了"悦读愉心 书香养德"师生阅读活动研究项目。初中语文组以"'问题化学习'理论指导下初中语文'猜想法'阅读教学的实践研究"为题申报市青年教师课题；小学语文组以"小学语文低段阅读兴趣培养的研究与实践"为题立项为校级课题；学校韩晴璐老师以"家庭实践共同体：培养 6—9 岁儿童阅读习惯的互助型亲子阅读的研究"为题立项为市级德尚课题。课题的引领，使学校阅读教学更有实效，阅读指导更精细。

学校图书馆和语文老师先后设计、编辑、印刷了适合不同年级段的阅读摘录本《书海拾贝》《书香润心》《墨香满心》，给每个年级的学生定制一份详尽的好书推荐目录，这个阅读本为学生们的阅读留下宝贵的足迹。

在课题的引领下，学校初中语文教师王云婷、慕婷等老师多次进行区级阅读教学展示，并在全区进行经验交流。如：

2015 年 5 月 19 日，学校举办了"墨香满心 生态育人"为主题的区级阅读指导课教学与研讨，并与在阅读方面探索多年、已卓有成效的浦东上南中学结成了姐妹校。

另外，结合教导处拓展课程的安排，学校组织教师成立了"绘本阅读与制作""故事表演""中国古文化常识""中国记忆"等与阅读有关的社团，定在每周五活动，激发学生的阅读兴趣。

四、巧用信息技术，指导亲子阅读

学校里再精彩纷呈、轰轰烈烈的阅读活动，都比不上家里小小的一架书籍、一段淡淡的阅读时光、一个浓浓的阅读氛围。所以，如何提高家长对阅读的重视呢？如何让家长也能参与到阅读中去呢？图书馆充分利用学校微信公众号，向家长宣传学校的办学理念，发布有关亲子阅读指导的美文，亲子阅读的方法。图书馆馆长还发掘家长的智慧，每月推出一期"好书推荐"，将好的亲子阅读经验分享给每一位家长，这样做极大地调动起家长参与学校阅读活动的积极性。每一篇公众号的点击率都达到300多次，不难看出公众号以更便捷、更快速、更及时、更广泛的形式替代了网站的宣传作用。

五、丰富读书活动，促进师生共长

每学期图书馆结合德育室组织形式多样、内容丰富的读书节活动，如："好书漂流　以书交友"活动、讲故事比赛、课本剧展演、"品味墨香　相约潜溪风情"亲子阅读活动等；同时结合一学期一次的"红梅花童"评选活动，评选出"读书之星"进行嘉奖，树立榜样。

六、畅想未来建设，发展学校内涵

学校开办至今只有四年的时间，已经被评为"宝山区中小学五星图书馆""宝山区中小学图书馆先进集体"，在2015年和2016年的学生暑期征文系列活动中获得优秀组织奖。

学校正在探索如何把"悦读愉心　书香养德"阅读项目上升到一校一品。阅读不仅与语文相结合，还可以与其他学科相结合，如与地理、历史、社会、美术、音乐相结合，形成校本阅读课程；与育德、心理相结合，形成校本德育课程；阅读更可以与师德建设、师资培训相结合，构建学习型校园，夯实校园文化底蕴，全面推进生态教育。

（执笔人：宗平萍　范海娟）

我的图书馆我做主

上海市嘉定区实验幼儿园

上海市嘉定区实验幼儿园原名机关职工幼儿园，创办于1963年。1980年被上海市教委认定为上海市首批示范性幼儿园，我园共有23个班级，623名幼儿。本着'让每一个孩子喜阅童心世界'的办园理念，我园一直把幼儿阅读教育作为特色课程。我园的儿童图书馆创建于2009年，并于2017年暑期进行了维修与改建，本着"这是孩子们的图书馆，一切都由孩子们做主"的办馆理念进行了环境创设。我们还配备了专人进行图书入库、管理等工作。

图书馆在环境创设过程中始终遵循以下三条原则：

一、创设原则

（一）以"始"为终

"始"包含两层意思，一是指以幼儿的需求为出发点和落脚点。因为这是孩子的图书馆，所以在创设之前我们先通过访谈调查，了解幼儿的需求后再进行环境创设；二是指创建儿童图

图书馆外景

书馆的目的就是为了给孩子打开一扇阅读之门，激发阅读兴趣，培养阅读习惯，提高阅读能力，为把幼儿培养成为终生的阅读者奠基。

（二）从"心"而动

在图书馆的图画书中占最大比例的是情感类图画书。在这个类别的版面上幼儿画的是一群孩子围着一颗大大的"心"，表示这些书都是和永恒的主题——爱有关的。情感类的图画书涵盖了孩子生活中的方方面面，我们根据对孩子的调查以及生活经验，把这些图画书分成了 15 小主题，例如"我爱我家""保护牙齿""情绪管理""环境保护""战胜恐惧""面对死亡"等，并贴上孩子们自己设计的标记，便于他们查找。

（三）因"研"而设

为了了解幼儿的阅读行为，包括兴趣取向、性别差异等，还包括每本图画书的受欢迎程度，我们在图书馆中增添了一套

电子录入系统，孩子们在借书的时候只要将自己的借书卡和书本放在电子台面上，系统就自动生成了数据，并纳入数据库进行统计。这些数据为我们开展教学研究、图画书采购等工作提供了依据。

二、实施流程

（一）调研

6 月底，我们以个别访谈的形式对中大班幼儿开展了"儿童图书馆环境创设小调查"（我们的图书馆主要供中大班幼儿使用），了解孩子们的经验、视角和需求。以下是小调查的主要内容：

1. 你想看什么样的书？
2. 你喜欢怎样看书？
3. 来到图书馆，你最想干什么？
4. 你喜欢什么样的图书馆？

图书馆整体内景

（二）设计

根据调查结果，我们进行了汇总分析，形成了设计思路。

（三）实施

1. 按功能划分图书馆区域。我们将图书馆分为五大区域：阅读区、表达区、视听区、分享区和服务站。

（1）阅读区：阅读区占据了图书馆的 3/5，按内容性质又分为四个小区域：中国原创绘本区、情感类图画书区、认知类图画书区、游戏类图画书区。

① 中国原创绘本区都是华人原创图画书，其中包含了历届丰子恺儿童图画书奖获奖作品等。

② 情感类图画书区根据内容分成了 15 个小主题，分别是生活自理、饮食健康、保护牙齿、我爱我家、相处有道、战胜恐惧、关于死亡、情绪管理、保护环境、家有弟妹、认识自己、分离焦虑、急中生智、天马行空和有梦就追。

③ 认知类图画书区主要涉及科学常识、自然生物、社会生

问题	孩子的需求	我们的设计
你想看什么样的书？	我喜欢看关于动物的书。 我喜欢看关于科学的书。	提供认知类的图画书，内容以认知、科常为主。
	我喜欢看故事书。	增加故事类图画书的数量。
	我想看好玩的书。	提供游戏类，内容以找物、拼图、走迷宫为主。
你喜欢怎样看书？	我喜欢和我的好朋友一起看书。	创设窗边可供两人或三人可以一起看书的小长椅。
	我喜欢抱着毛绒玩具看书。	提供图画书内角色的抱枕和毛绒玩具。
	我喜欢趴着看书。	提供大大小小的地毯供幼儿趴着、坐着看书。
来到图书馆你最想干什么？	我最想看好看的书。	提供各种种类的图画书。
	我想要把破掉的书修好。	创设"图书小医院"供幼儿修补图书。
	我喜欢看书编故事。	创设"出版社"，供幼儿创编图书。
	我想把自己看到的故事表演出来。	创设表演区，供幼儿表演书上或自创的故事。
你喜欢什么样的图书馆？	图书馆应该有很多很多书。	提供 5000 余本图画书。
	我想要一个安静的图书馆。	创设"小贴士"提示版面，提醒幼儿图书馆规则。
	我有的时候不想看书，想要听故事。	创设"视听区"供幼儿听故事。
	我想要快点找到自己想看的书。	1. 请幼儿设计图书馆平面图。 2. 请幼儿为每一类图画书绘制小标签，在每一本书上贴好小标签，方便幼儿借书和还书。

图书医院

试听区

图书出版社

活等方面的内容。

④ 游戏类图画书区主要投放的是寻物、拼图和走迷宫等图画书。

（2）表达区：是为满足喜欢根据图画书中的故事进行表演的孩子而创设的。由于孩子们每周去图书馆的时间只有 45 分钟，为了方便他们能很快地投入表演，体验成功，我们建议：

① 创设与幼儿近期在班中常看的或者是主题内的图画书中的场景。

② 提供半成品的道具，便于幼儿在短时间内完成道具制作并开展表演活动。

③ 提醒幼儿可将在班中制作的道具带到表达表现区进行表演。

（3）视听区：在此区域中投放点读笔、创设电视墙等，满足幼儿多元阅读的需求。

（4）分享区：本区域的主要功能是组织开展集体欣赏、分享交流和小组讨论。

师生小组阅读

师生集体阅读

幼儿结伴阅读

幼儿自主阅读

幼儿小组阅读

（5）服务站：这个区域包含幼儿借阅平台和供幼儿修补图书的"图书小医院"。

2. 有目的地投放装饰物。装置物可以使环境变得温暖温馨，增加亲近感，所以毛绒玩具、靠垫、地毯都是必需品。我们选择与图画书中的角色接近，甚至是一样的毛绒玩具。而靠垫上的图案则是让孩子们挑选他们喜欢的图画书中的角色或场景画上去的。此外，这些毛绒玩具和靠垫还可以作为幼儿表演活动的道具。

3. 让幼儿参与环境创设。在环境创设的过程中，让幼儿参与其中，例如设计制作版面、分类标签、平面图、规则等，这样做大大增强了孩子们的"小主人意识"，对图书馆的感情更深了。

（四）试用和调整

初创完毕，我们请中大班的孩子进入图书馆，开展了"大家来找碴儿"活动，孩子们从自己的视角来发现图书馆方方面面存在的问题。根据孩子们发现的问题，我们再次作了分析和调整。

目前，图书馆已经投入使用，深受孩子们喜爱。我们设了一个"小读者意见箱"，继续搜集孩子们的意见和建议，继续进行调整优化。

这个由孩子们自己创设的图书馆，凸显了丰富性、实用性、功能性，使孩子们的阅读兴趣更高涨，选书的效率更高，活动内容也更加多元，真正成为图书馆的主人。

（执笔人：陈雪红　张晓敏　张琦）

中班孩子找的"碴儿"	我们的调整
羊没有眼睛，我觉得不漂亮。	我们请孩子们在小羊和小鹿的头上贴上眼睛。
如果黑板（电子白板）上有好看的图案就更好看了。	在电子白板上做一些装饰。
"认知类"版面上只有小女孩没有小男孩，我觉得不好看。	在"认知类"版面上贴上小女孩头像。
桌子放在书柜边上有点挤，最好放在中间一点。	将桌子移到想对空旷一点的地方。
柜子边上的小路（通道）有点窄，小朋友走路不方便。	将柜子重新搬动，为孩子们留出更宽的通道。
天气冷了，在大树书架下面可以放一些垫子，让容易感冒的朋友们坐。	在树形书架下铺上垫子。
阁楼上可以再放一些书。	阁楼上本来要创设视听墙的，但是在还没有完工的情况下可以投放一些书本，让喜欢安静的朋友们在阁楼上阅读。
大树书架可以再做一些装饰，比如贴一些真的树叶。	在树形书架上放一些吊饰。
桌子上的绿萝太多了，不太好看。	将绿萝分散摆放。
椅子上不适合放靠垫，放了靠垫小朋友就没有地方坐了。	将靠垫放置在椅子旁边，供需要的朋友使用。
小羊和小鹿架子上也可以放一点书。	在小羊和小鹿上放置图书和装饰品。
书柜上面可以再放一点装饰品，有点空。	在书柜的柜面上添置小装饰品。

"阅读 +1" 为生活加分

上海市嘉定区古猗小学图书馆

书是知识的海洋，是人类智慧的源泉，是宝贵的精神财富，学校图书馆担负着知识信息的收集、整理和传播等重要职能，随着学校教育教学改革的深入，图书馆的职能不断得到凸显，因此，学校必须加强图书馆建设，提高图书馆的服务质量，更好地发挥图书馆的功能，使师生不断完善自我、提高教学研究能力。近年来，古猗小学的图书馆在领导的高度重视下，不仅加大了对图书馆的投入，加强对图书管理人员的培训，而且学校各部门配合并支持图书管理员的工作，实施科学管理制度，充分发挥图书馆在学校教育综合改革中的重要作用。

一、加强硬件建设，营造良好阅读环境

上海市嘉定区古猗小学成立于 2012 年 6 月，原名为上海市嘉定区星城小学，在 2013 年更名，位于南翔镇宝翔路 151

学校小亭

学生阅览区域

区域主题阅读角

号，占地面积 29855 平方米，其中建筑面积 14862 平方米。学校现有 36 个教学班，学生 1234 名，教职工 90 名。学校积极践行 "和美教育——和润生命 美泽人生" 的办学理念，围绕 "和煦管理、和润德育、和馨课程、和乐课堂、和畅环境、和悦教师、和美学生" 七个要素，努力优化育人氛围与环境，激发教师需求与境界，培育学生情感与心灵，实现学生、教师、学校的和谐美好发展。

古猗小学图书馆自学校成立初期就作为匹配硬件存在，于 2016 年 11 月以 "慧雅阅读" 项目方式进行了大规模的改建，到 2017 年 2 月，新的图书馆孕育而生。新改建的图书馆占地面积 550 平方米，并配备有电子阅览室、教师阅读室、学生自主阅览区域、影视欣赏厅。引进了 "声阅公司" 的智能借阅系统、漂流图书馆机器和超星校园阅读机，提高了学生自主借阅的便捷性，增强了学生阅读的体验，大大激发了学生的阅读兴趣。对于新引进的图书借阅仪器，图书馆利用午间阅读时间合理安排每一位学生进行尝试和学习，现在学生和老师都已熟练掌握了自主借阅系统。目前馆藏纸质图书有 44239 册，电子图书 3000 册，并且每月定期更新。为了在校园内形成一种浓厚的书香氛围，我们还在校园文化建设方面加大投入。在各个楼层都设立了主题"阅读区角"，方便学生利用课余的"碎片时间"进行阅读，让阅读成为一种习惯融入生活。

良好的阅读环境，不仅吸引了大批的"小读者"在课间和午休来图书馆阅读，更成为古猗小学一道独特的风景线。

二、关注管理制度，保障精准阅读流程

伴随着硬件设施的日益完善，图书馆的管理制度也同时进行了改进。"阅读为生活加分"是学校图书馆永恒不变的主题。现图书馆配备有一名专职图书管理员，每个班级有图书"小管理员"协助管理员借阅、整理图书。我校图书馆先后制订并逐步完善了一系列规章制度及工作细则，如《图书管理人员岗位职责》《书刊借阅制度》《藏书及资料管理细则》《阅览室规则》《图书赔偿制度》《图书清点、剔旧换新的处理办法》《图书馆室设备管理制度》《午间阅读时刻表》等都经过了多次修改。学校规定每周每班有一节主题阅读课，已经纳入基础型课程课表，由语文教师对学生进行集体的阅读指导，课堂上，教师指导学生如何做好读书笔记，怎样写读后感，怎样查阅资料，怎样选好书、读好书，等等，并将此活动的开展情况随同班级图书角的考评结果纳入教师的绩效考评中。

各项管理、借阅制度的出台和完善，流程的规范和细化，使古猗小学的图书馆逐步形成了以制度促工作、用制度促发展的先进管理模式。

三、设计主题课程，丰实生态阅读内涵

随着硬件的完善，软件的跟进，我们不断思考如何让图书馆能够物尽其用，让这些藏书可以最大限度地为学生阅读素养的提升"保驾护航"。我们以区"慧雅阅读"项目为依托，以学校重点项目为引领，招募了一批踏实肯干、锐意创新的

影视欣赏课程

师生阅读

学生情景阅读　　　　　　　　　　　　　　　　互动交流阅读感受

青年教师，尝试设计和开发符合学生年段特点的主题阅读课程。我们在一、二年级开设了"悦读花开""绘声绘色"的绘本阅读课程，基于绘本情景，创设阅读情景，激发阅读兴趣，培养良好的阅读习惯；在三、四年级开设了"灵趣小古文"阅读课程，传承中华民族经典文化，激发学生热爱祖国的情感；五年级则利用影视欣赏厅的先进资源，开设了"影视同期声"的拓展阅读课程。在课堂上，教师组织学生观赏国内外优秀影片，并进行交流和分享观后感，撰写影评等。在2017年5月的学区阅读活动展示中，还进行了公开课展示，得到了专家的一致好评。

教师费尽心思设计了与图书馆资源相匹配的主题课程，让优质的阅读资源可以惠及每一位猗小的学生，让阅读进入一种良性的可持续发展状态，推进了阅读课程的内涵发展。

四、组织多元活动，凸显学生阅读素养

"读书"两字，关键在于"读"，书的价值也在"读"中体现，指导学生学会读书，是图书室工作的主要目标。学生在书中获取知识，也需要为他们提供一个平台展现自己的阅读成果，这样才能让阅读更有序地进行下去。学校图书馆主要组织了以下阅读活动来展现学生的综合阅读素养：

1. "猗韵书香"阅读节。由学校教导处主办，图书馆协办，每学年都会举行为期两个月的阅读节活动。在阅读节上，每一位学生都会全身心地浸润到阅读中去，展现自己阅读的成果。我们曾经组织过，"我手写我心"书签制作活动，"小古文演绎"表演活动，"我与作家有个约会"作家进校园活动，"童话在我心"课本剧表演活动等，这些丰富多彩的活动让校园热闹起来，

让学生快活起来，让阅读立体起来。

2. "星空文学社"。图书馆是学校"星空文学社"活动的主阵地，每周三下午文学社成员们如期在学生阅览室交流阅读体会。现有社团成员 20 名，指导教师 1 名，成员在老师的带领下进行"共读"，边读边交流边分享，撰写读书心得和读书体会，还会在一起修改习作。成员们撰写的文章多次在市区校等多级征文比赛中获得一、二、三等奖。

3. 评选"新竹阅读小达人"。图书馆在大数据借阅系统下，每学期都会统计出学生的书籍借阅量，根据借阅书籍册数的多少排序，授予猗小学生"新竹阅读小达人"的荣誉称号，并进行集体表彰，增加了学生的荣誉感。

4. "好书推荐·共享智慧"荐书活动。每学期图书馆还会组织年级组进行"好书推荐"活动，主要由班主任负责。每星期有一位学生将自己曾经阅读过的好书在班级推荐，鼓励其他学生也进行阅读，随后在班主任的组织下，分享读书体会，让阅读成为一种常态化教学活动。

图书馆工作纷繁复杂，但图书馆作为学生阅读的主阵地必须协助学校为学生阅读兴趣的激发，阅读方法的习得，阅读素养的提高助力。在下一阶段的工作中，我们将对课程做进一步的思考，提升课程的内在品质，丰富阅读活动的形式，争取成为一所学区内具有示范性功能的优质图书馆。

（执笔人：丁艳君　陈聪闻）

班级主题共读活动

以人为本，响应阅读需要，享受悦读生活

上海市嘉定区安亭小学

嘉定区安亭小学前身为江苏省立第二师范附小，创建于1928年，1953年更名为安亭师范附小，1998年更名为"嘉定区安亭小学"。2017学年度，学校拥有36个教学班，1584名学生，104名教职工。学校秉承"向善向上"校训精神，提出"响应儿童需要，享受教育生活"的办学理念，从儿童视角出发，主动研究和适应儿童的需要，不仅赋予生活以教育的意义，还将教育看作是一种生活，让师生在教育教学活动中享受共同创造的美好生活。2013年嘉定区教育局颁发了《嘉定区关于实施"慧雅书童"阅读计划的指导意见》，学校图书馆基于尊重师生阅读动力，确立了以人为本，响应阅读需要，享受悦读生活的思想。在管理与服务过程中，对师生的阅读进行人文关怀，激发和调动师生的主动性、积极性、创造性，使师生乐于阅读，以实现知识满足、性情的陶冶、素养的提升，从而实现图书馆工作的终极目标。缘于"上善若水"的精神内涵与学校文化价值核心的统一性，2017年图书馆命名为"上善阁"。目前图书馆有专职人员2名：图书馆助理馆员1名，二级教师1名。馆长具备图书资料系列中级资格证书，任职均实行岗位聘任制。学校图书馆在行政上实行严格的校长负责制，分管校长直接统筹管理图书馆工作。

图书馆门口

学生阅览室

外教英语角活动

电子阅览区

一、重构响应师生阅读需求的发展空间

学校领导抓住图书馆改建的机遇，为师生营造了舒适、宽松的人性化借阅环境，体现对师生阅读需求的尊重和爱护。为了让校园能受到书香的熏陶，我们将图书馆功能区散布在校园各个角落：一楼大厅"丛林书屋"是自助借阅处；二楼走廊过道是英语绘本阅读专区与学生自主漂流书屋；三楼平台是自主管理微图书馆，三楼视听室与播音台融为一体，学生可以推荐自己喜欢的有声作品或自己朗读的作品；最吸引人的是五楼的图书馆，自由阅读区、讨论区、集体授课区等空间，既开放又相对独立，为学生阅览室天顶布置了学生自己创作的油画，门口外部设了"汽车"阅读车厢，富有童趣。2017年扩建后，馆舍面积为607平方米，拥有152个阅览座位，与延伸的班级图书角构成和谐发展温馨新空间。

二、关注阅读动向，丰富优化文献资源

（一）关心师生阅读需求，深入调研优化文献采集程序

及时汇总老师的荐购图书书单和学生推荐的新书书目，紧密联系教育教学发展动向，响应需求，把有限的资金用在"刀刃"上。比如一、二年级的中文绘本、英语绘本、美术教学的学生辅助课外读本、名师工作室的教育教学参考书、各个教育科研项目参考书、家委会工作室家庭教育书籍等。

（二）引导阅读，合理科学组织馆藏文献

在文献资源建设中立足校本，以基础教育课程的学习为主，根据小学生的特点，搜集内容广、知识门类多的文献资料和非印刷知识、信息载体，多购适用学生学习的工具书和适合教师专业发展的教育教学参考书来引导师生的阅读，做到采集馆藏科学合理。新书采集后，及时发布新书通报，推荐新书。截至2017年底，馆藏文献69000余件，其中纸质图书约63500

册、音像资料795件、数字图书4969册，特设了汽车、经典阅读、国防教育、民防安全教育、红色经典、绘本、立体图书等专题书架。

（三）"书香飘远、资源共享"活动

利用丰富的馆藏资源，为缺乏图书的社区和山区的孩子们送上我们的爱心图书，共捐赠图书约一千多册，给予他们阅读的关怀，充实他们的精神生活。

三、挖掘人力资源，驱动管理与研究

（一）注重人的潜力，倡导自主管理、全员管理

招募家长义工、红领巾志愿者，对他们与班级图书管理员分别做简要的培训，增强图书馆管理与服务的力量，同时设立了红领巾微图书馆，让学生浸润书香、自主管理、锻炼能力。

（二）整合组织资源，构建阅读资源网

携手学校工会、语言文字工作领导小组、红领巾读书会、

家长义工整理图书

文学社、家长委员会旗下读书会、社区读书会、志愿者服务站等多方力量，组织资源，构成阅读资源网，增强服务活力。

（三）以人的发展为本，驱动管理与服务研究

图书馆因人的存在而存在，因人的发展而发展，这也内驱了图书馆管理与服务的研究，以适应新的阅读需求和方式。我们团队平时学习业务理论、深入思考调查、探索阅读需求类型，积极参加片、区、市的培训教研活动，在交流、思想的碰撞中得到了管理与服务实践理论的充实，在2017年撰写的《以人为本，让阅读成为悦读》获得市二等奖。

四、尊重人性，亲近图书，享受悦读

"智慧阅读、品味书香"，为了让阅读成为师生的一种生活习惯，我们始终从师生的生理、安全、社交、尊重和自我实现等多种需要出发，以"读好书，促素养"为目的，通过各种途径不断激发阅读热情，让师生从阅读中吸取知识、积淀文化、形成积极向上的品格。

（一）主题化分级阅读推广

学生的年龄特点表明阅读具有层次性。基于学生的阅读状况，尊重学生的个性与共性，让学生的阅读更有趣味，每个年级一个主题：一年级"识字乐园、走进绘本"；二年级"一品书香、走进童话"；三年级"阳光阅读、走进经典"；四年级"书海拾贝、走进名著"；五年级"文苑飘香、走进名家"。图书馆根据各年级的阅读主题，推荐书目，配备阅读图书，进行主题化分级阅读推广，对学生进行入馆教育，组织举办参与各种读书节、读书活动，每次读书节围绕主题开展一系列活动。"好书漂流""亲子诵读""诗韵声声"等精彩纷呈的活动让学生走近大师，走近经典。

秦文君讲座

（二）激励借阅妙招

有两个妙招：一是图书馆每月张贴"借阅前十名"的班级和学生名单，表示鼓励和肯定；二是面向全体学生开展"vip会员"申请活动，文学社会员、每月借阅前十名学生、完成"每周一题"最准确的前三名学生和自愿当图书馆小助手的学生，都可以成为图书馆"vip会员"，享受优先借阅新书、进藏书室借阅书籍等特权、表现突出者可获新书奖励。对于会员的服务机制，诱发了学生的好奇，激发学生读书、推荐好书、参与图书馆管理的欲望。

（三）作家进校园活动

校图书馆邀请了秦文君、周锐等儿童文学作家给学生做主题讲座。学生与作家零距离接触，不仅鼓励了孩子们平时要注意观察，做个有心人，而且了解了写作的内容是源于生活，知道阅读与观察的重要性，这样的形式不仅贴近孩子们的阅读心理，开拓了他们的视野，也引导了孩子们的阅读倾向，使得他们有

清吟雅诵一刻活动

强烈的阅读冲动。

（四）深化协同融合资源增强效能

以培养学生创新素养、教师的专业成长教育为目标，协同学校其他部门，融合教育服务资源，参与并共同承担相关课程开发，实践慧雅阅读项目。

1. 开设"叶韵"文学社、"清吟雅诵一刻"课程

与语文组协作创办了"叶韵"文学社。每周三下午爱好写作的学生们聚在图书馆"叶韵书屋"，在老师的带领下开展课程活动，活动尊重孩子的选择，引导他们欣赏名家名篇，品读《中华语文趣味知识》，体会其中的趣味，训练他们的写作，增强文学底蕴，提高读写能力。叶韵文学社创办的社刊《叶韵》连续13届获得嘉定区中小学文学社刊特等奖。

秉着"让阅读变得轻松好玩"的原则，2017年度第一学期开始，学校图书馆与语言文字组、幸福课程项目组、英语组、爱弥儿少年宫合作组织，开设了"清吟雅诵一刻"诵读会课程。

"清吟雅诵一刻"每周四中午 12:20 分开播，每场 15 分钟左右的时间。每期诵读会，孩子们都要通过学校平台，秒杀入场券。每张入场券上标注了唯一的座位号。诵读会上，有的通过电脑随机抽号的方式抽取几名同学，有的是自告奋勇到台上和老师一起朗诵。诵读会还要求了师生出席的着装与观演的礼仪。

每期诵读会一个主题，"清吟雅诵一刻"把学生每周四的闲散时间变成了孩子们最期待的朗读时间。课程不仅让学生学会了怎样聆听，训练了朗读技巧，触发了阅读与朗读的兴趣，也增强了文艺鉴赏力，在学生的参与中了解了礼仪，提升了阅读的品质。

2. 师生共读一本书，情感互动、阅读内化

"读整本的书"是叶圣陶语文教育思想的重要组成部分，整本书阅读能够扩大阅读空间。2017 年图书馆参与了四年级语文组的阅读课程综合改革。课程以贴近当代少年的生活现实和心理现实，展示当代少年的喜怒哀乐的秦文君儿童小说《小鬼鲁智胜》为师生共读书。阅读方式采用自主阅读，小组合作等方式、并借助阅读交流课、阅读指导课、阅读竞赛课等课型，给予学生图书分类指导、阅读方法指导，活动中统一制作了"阅读小报"，分"走近作家"、"珠海拾贝"、"摘星榜"、"阅读感悟"四个板块，师生一起搜集作家资料、积累好词好句、撰写阅读感受，最后延伸一类书的阅读。采用师生共读的形式不仅让学生体验阅读带来的快乐，而且提高了学生使用工具书与语言表达、团队协作能力。

3. 教师沙龙征文活动

联合工会，开展"亲近书籍，阅读越美——争当享受阅读的博雅教师"购书与沙龙征文活动。老师们三五好友坐在卡座上，阅读自己精心挑选的书籍，与同事阅读心得交流，读书沙龙活动让教师体验到"享受阅读"的美好情愫，从而意犹未尽，挤出零碎时间，即兴成书，活动使教师的自主发展意识和动力得到强化，专业成长空间得以拓展。

（五）阅读长廊——分享阅读乐趣

我们遵循"全体参与"与"不拘形式、内容"原则，并用主题引领的方式引导学生有序阅读，把学生自己编辑、书写、美化、记录自己所读书籍的认知和感悟制作成的"阅读卡"装进磁性框贴在走廊墙上底板上，以此交流阅读感受、推荐美文佳句，

老师阅读指导

力求共性阅读、个性表达。

几年来，图书馆工作有了些成绩，图书的流通率有了比较大的提高。一方面学生阅读小明星也纷纷涌现，在区市的读书征文活动中，获奖的覆盖面广，获奖的人次较多；另一方面努力为教师的专业发展植入阅读基因，教师的专业素质有了较大地提升。但是对于未来，我们还有很多的问题亟待思考与研究。我们说，阅读是最美的姿态。"阅读浸润伴成长，书香飘溢满校园"是我们追求的愿景。读书，永远都是进行时，我们将一如既往，不懈努力，最终能让每一位师生想读书、爱读书、会读书。

（执笔人：周道鸣）

阅读·悦读

上海市嘉定区第二中学

上海市嘉定区第二中学坐落于有着 1500 年历史文化的南翔古镇，1949 年创建"南翔义务职业学校"，其后历经嬗变发展至今天的嘉定二中。1964 年学校被命名为上海市第二批市重点中学，1978 年成为县重点中学，现为嘉定区实验性示范性高中。悠久的办学历史，严谨务实的办学传统，积淀成"厚道做人、踏实做事"的嘉定二中学校文化核心价值取向，凝练成"自强不息的拼搏精神、同心协力的合作精神、忘我工作的奉献精神、恪尽职守的负责精神"的学校精神。形成了"励精图治、求实崇严、和谐进取"的校风，"严谨治学、务实高效、创新发展"的教风和"乐于求知、勤学多思、踏实自信"的学风。

目前学校共有 151 名教职员工，其中教师编制人员 126 名，职员编制人员 25 名。教师编制人员中，特级、高级教师 40 名，一级教师 60 名，初级职称及以下的教师 26 名。学校目前共有常规班级 30 个，在校学生 1193 名。

图书馆正门

在国家及上海新一轮教育综合改革中，学校积极探索改革发展之路，秉承"文化立校，格物修身"办学理念，坚持人文与科学共融，继承与创新并重，以培养"全面发展的人"为核心，创建人文融合的科技教育特色高中。"书香满校园"创建工作的推进，是学校特色创建的重要文化保障。

嘉定二中图书馆成立于1949年，现位于学校"文昌楼"一层和二层空间，占地面积1110平方米。嘉定二中图书馆设有文献储藏区、采编区、借阅区、文本阅览区、电子阅览区、宣传展示区、研修交流区、多功能视听区等多个功能分区，其中，阅览区、研修交流区和影音欣赏区与学生活动区兼用，支持教师教研活动、语文自主阅读课程、猗园文学社活动等。

学校图书馆采用全开架、"藏、借、阅、研、休"一体化的模式，为广大师生创设自由、舒适、便捷的阅读环境。馆内无线网络全覆盖，且能满足大容量的多媒体信息利用的需求。

嘉定二中图书馆为一级图书馆，现拥有藏书八万余册、生均约70册；另有期刊180多种、报纸30种、音像资料五千余件、数字图书近六千册。图书馆本着立足教学、服务师生、以人为本的宗旨，充分发挥图书馆的教育功能，为广大师生输送了一批批优秀的精神食粮，并根据学校建设的阶段性、多样性、特色性等特点，图书馆工作人员经常深入师生中间，与他们交流思想、交换意见，调研需求，及时调整购书比例结构，不失时机地采取各种措施、方法为师生采购图书、创设活动，丰富课程建设，助推特色发展。

一、推广阅读，提升课程品质

发展学生自主阅读是学校提升语文课程品质的重要举措。自 2000 年起，学校推行"语文自主阅读"教学改革，形成了以阅读为基础、写作为目标的传统。在高一语文教学中开设每周一节阅读课，高一高二年级每周开设阅读课。学生在阅读课时间到图书馆自主阅读，根据任课老师要求进行摘抄、点评。通过阅读，学生在文学的海洋里自由翱翔，自主学习，自我阅读，博览群书，在教师的指导下通过自我实践，品读交流，反思论辩以及研究性学习，感悟人生的真谛，体会文学的美妙境界，从而提高自身的文学修养，为今后的人生之路奠定可持续发展的坚实基础，在基础教育阶段打好人生的底色。

这一举措充分调动了学生主体的学习积极性和内在潜质。语文自主阅读教学模式，促进了学生语文"听说读写"能力的全面和谐发展，在语言建构与运用、思维发展与提升、审美鉴赏与创造、文化传承与理解等方面培养学生语文学科素养。

图书馆还成为学校研究型课程的载体，学生根据图书馆资源开展研究性学习，共形成如"今天我是馆长"等研究性学习课题研究方案 70 余个。

二、创设活动，丰富校园文化

嘉定二中图书馆协同语文教研组、德育处和团委，结合语言文字工作等，开展丰富多彩的活动，丰富校园文化，提升学生人文科技素养。

读书节活动是嘉定二中校园文化生活中一道亮丽的风景线。以"阅读·悦读"为主旨的读书节活动每年由图书馆牵头，由语文老师组织开展。学校图书馆还承办了 2015 年"嘉定二中

学生借阅区　　　　　　　　　　　研修交流区　　　　　　　　　　　多功能视听区

杯"第十届上海市高中名校读书节。

　　每年的读书节活动，师生在一定主题下共读共享，进一步形成浓厚的校园读书氛围，提高师生的文化素养。"让每一堵墙说话"，"让每一处景观说话"，绿树成荫，紫藤环绕，竹影斑驳，小桥流水，池鱼嬉戏，无处不洋溢着文化的气息。班级的黑板报上，学校主干道的宣传栏中，校园网的主页上，学校官方微信公众号上……；图书馆的新书推荐中增加了相关专题的书籍；语文自主阅读课上，教师们有意识地推荐学生阅读相关的文学作品；午休时间，更多的学生选择走进图书阅览室；学生的交谈中也多了关于读书节的话题。在线阅读、共荐共享、征文评比、原创大赛等，形式多样，内容丰富，成为嘉定二中人展现学校文化，交流阅读收获的舞台。

　　此外，学校图书馆还参与组织了高二汉字听写大赛、青少年语言文字应用能力比赛等。依托图书馆的学生社团也是推陈出新，学校团委牵头，选拔新成员加入"绿猗诵读团"及"猗园文学社"，在诵读和写作交流过程中，提升学生的语言文字写作及表达能力，激发兴趣，从而推动校园文化建设。同时加强对社团负责教师的培训，鼓励他们参加区内各种学习和交流活动。

　　尤其在第20届推广普通话宣传周活动中，最为有意义的是嘉定二中高一的部分师生参与了"我嘉书房"开馆仪式暨市民读书会"留住记忆走进文化"第十二场活动，部分师生获赠《老上海古镇名邑》一书，大家还聆听了主讲嘉宾薛理勇先生题为"世界非物质文化遗产'廿四节气'中的有趣故事"的讲座。活动收效良好，既提升了师生对汉语语言文字的理解能力，又丰富了全民阅读的活动形式。

三、共建联动，促进学生发展

　　学校图书馆借助区域资源，为学生社会实践创设平台，与南翔图书馆结对，发展其为学校社会实践基地，组织学生开展

语文阅读课

师生读书活动启动仪式

师生代表参加南翔镇"我嘉书房"开馆仪式

学生辩论赛

教师读书交流会

承办上海市高中名校读书节

志愿服务活动，并与落实高中生综合素质评价相结合。

南翔镇图书馆于 2005 年成为上海市中心图书馆"一卡通"南翔服务点，2007 年起被评上海市街道（乡镇）图书馆特级馆，2012 年被评为嘉定区创建公共文化服务体系的示范点。南翔图书馆作为南翔镇学生社区实践指导点，积极组织学生开展丰富多彩、形式多样的读书活动，特设实习馆员志愿服务岗位，接受学生志愿报名参加社会实践，通过对学生专业培训辅导，让其参与图书馆的开放管理与读者服务，提高学生的社会实践能力。

三年内，嘉定二中学生利用周末和暑假时间，在南翔图书馆开展服务活动百余次，提供图书馆书籍整理及借阅登记、文化体育服务中心功能室服务员、文化体育服务中心环保工作等服务活动，参与学生千余人次，服务时长近万小时。

四、成效与展望

在书香浸润下，嘉定二中学生的文化素养得到普遍提升，教师专业发展也得到有力推进。三年间，区级以上相关荣誉学生 151 人次，教师 7 人次。学校多次获得上海市高中名校读书节最佳组织奖。《文化苑》《猗园》等社刊、社报多次获得嘉定区一等奖。近年来，嘉定二中语文教师连续两届获得上海市中青年教师教学评比高中语文组一等奖，学校承办了 2017 年嘉定区首届品质教育学术节高中语文学科教学展示专场。嘉定二中将一如既往，不断改进完善图书馆工作，提升图书馆服务品质，为新一轮教育教学改革保驾护航。

近期，学校还将依托"普通高中现代图书馆建设与功能转型提升项目"，增设学生自助借阅系统、添置学生阅读终端等，将学校图书馆学生阅读中心建设成为集信息资源、学习研修、文化活动、阅读教学和专题阅读于一体的现代化图文资源教育中心。

（执笔人：沈淑雅　樊晓青　丁　馨）

琅琅书声满校园　幽幽书香沁心脾

上海市嘉定区迎园中学

上海市嘉定区迎园中学地处嘉定新成地区，是嘉定教育局直属的一所公办初级中学，学校创办于1995年，学校占地59亩，建筑面积1.5万平方米。学校教育教学设施一流，现共有31个教学班，1483名学生，教职员工120位。迎园中学以"快乐迎中人 和谐新团队"为办学愿景。全体员工秉持真诚与信赖、慧心与创意使学生快乐学习，健康成长，追求卓越。

迎园中学是"上海市书香校园基地学校"，在"禀受才智于自然，回复灵性以全生"的办学理念引领下，坚持文化育人，

校园处处散发着和谐温馨的人文气息，洋溢着氤氲醇厚的书香之味。

学校积极创设阅读氛围，修建教师精神后院，培育学生阅读习惯，让阅读帮助师生建设自我，完善自我，提升气质。

迎园中学图书馆坐落于学校文治楼三楼、四楼，建筑面积450平方米，馆藏图书68576册，生均图书46册。学校图书馆全天候、全开架开放，除常规馆舍外，为配合学校语文阅读课程和校文学社团"向日葵"的日常活动，还设有特色阅览室、集体借

鲁滨逊漂流记阅读空间

向日葵文学社

期刊阅览区

阅专题书架、皮影特色书架等。新书、新刊到馆，管理员及时做好新书介绍和期刊文摘，同时发布在图书馆内和"书香迎园"的网络平台。为了鼓励学生阅读积极性，图书馆还设立学生 VIP 升级制度，设立读者留言板主动和小读者沟通互动。为了更好地让学生了解图书分类与检索，特设学生图书管理员一职，通过学生以点带面，让他们能够自主查询与借阅，提高借阅效率。

一、组织架构

图书馆秉持校长负责制，成立以校长为主的"人文阅读——经典研读和人文传承"工作领导小组。在分管校长周敏老师领导下，图书馆工作人员积极配合，以年级组为单位开展

师生阅读，共享书香的读书活动。

图书馆工作主力倡导师生广泛阅读。为激发阅读热情，通过多样的组织形式开展师生阅读活动，例如校长推荐教师必读书目；教师的"品茗书香"社团阅读；工会小组阅读书目的推荐与交流；校内网站论坛跟帖互动分享；面向全体师生的"书香一小时"阅读；"300字团"阅读写作、《迎中苑》校刊、《向日葵》学生文学社团、基于阅读平台的"书迷俱乐部"以及学科自主阅读等。

二、制度建设

健全的制度保障活动的有效实施。学校通过制度保障师生阅读活动规范有序地实施，每个班每周一下午有 1 小时的固定

阅读时间。图书馆工作人员落实制度，以年级组为单位，支持语文老师推荐集体阅读书目，按书目采购图书，确保集体阅读书目逐年稳步增长，适应不同的年纪有书可选，适应每个班级有书可读。图书馆有规范的图书馆管理员工作职责、教职工学生借阅制度、各阅览室使用制度和工作制度，有效保证了图书馆的正常运作，使之更好地为全校师生服务。

每年新生入学，都会受到学校免费赠送借阅卡（5元/张）。第一节阅览课也会成为学校图书管理员的主场，面向六年级新生的图情知识讲座，让新生了解图书馆，读好书，用好书。在此基础上，图书馆馆长与各学科教师合作，开设了"向日葵"文学社、"百灵鸟"诵读团、"沧海历史"等学生社团。各班级也以"班级文化"建设为契机，开展各项读书活动；

三、装备建设

2015年3月23日，我校开通了迎园中学阅读平台，为学

古诗词灯会

生定制初中四年的名著阅读书目，并提供阅读后的测试题库，后台实时监测学生阅读情况。学校图书馆根据推荐书目定期采购图书。借助阅读平台，将学生的阅读情况进行电脑后台统计，每学期发布排行榜，奖励分值高的学生。同时还把班级学生的阅读情况与对任课语文教师的考核捆绑，作为绩效奖励的依据之一。

2015年9月，"人文空间实验室"课程群投入实施，学校在教学楼2楼布置"鲁滨逊漂流记"手绘壁画，以及丛林、山洞阅读空间；在教学楼5楼建设了"悦读"教室，走廊里有世界各国的人文知识介绍以及中国汉字的演变和历代诗歌的介绍。目前正在建造4D演讲空间和创意阅读教室，给师生呈现不同的阅读环境与体验。为了提高学生图书的流通效率，图书馆工作人员定期更换各馆舍典藏书籍，拓展师生阅读的广度与深度。

四、成效与特色

（一）教师读书社团"品茗书香"颇受欢迎

4月23日世界读书日，图书馆工作人员组织老师前往"钟书阁"自由购书，反响极好；结合教育局"慧雅阅读"活动，在6、7、8月开展"书香溢满园，和谐融心灵"读书月活动；在暑期校本培训中，举办了"听岁月的声音，说内心的感悟"的听说论坛；校园网论坛上，教师可以推荐阅读书目、分享阅读心得；学校公众微信平台上，图书馆开辟有"亲近经典"等阅读栏目，推荐名家书目，发表读书心得。

2015年，学校成立"燎源工作室"。主持人姚源源老师在开发语文阅读平台和倡导"300字团"写作的过程中，自身积淀更加丰厚，撰写了《关注学生阅读内动力》等获奖论文；阅读校本教材《走向无师自通的语文课》获得好评；语文教研组长秦萍老师申报了初中文言文的区级课题，在其主持下，我校出版了古诗文校本教材；一年一度的"元宵古诗文灯会"成为我校传统特色课程。

（二）学生的阅读量增加，思想更有深度，表达欲望随之增强

2013年，在语文老师的倡议下成立"300字团"，吸引了一批热爱文字、热爱写作的孩子。图书馆积极支持"300字团"的创意与活动，利用公众微信定期推送学生优秀作品，极大激发了学生的阅读和写作热情。学生们在各类阅读、写作比赛中屡屡获奖，2014至2016年共有189位学生获得市、区级阅读及写作奖项。毕业后升入高中的学生在各类作文竞赛中捷报频传。

已经毕业的2016届学生坚持了四年的名著阅读，平均每人已读完四十多本名著。从入学时完全没有阅读的概念，休闲时间全都耗费在游戏和玩乐上，到后来只要有空闲就会拿起书来读，他们已经形成了依赖好书的心理习惯，把阅读自然地变成了生活的一部分。从李欣儒同学在毕业前夕写下的真挚感言《阅读，给我最充实的四年》中我们看到她阅读态度与习惯的培养，她写道：

"四年的阅读，使内心沉淀下不少精华，受益无穷。

若不是老师安排计划，带着我们阅读四年，恐怕我的书架一定不会如今这般充实，书中笔记一定不会密密麻麻的饱满，脑中留下的阅读精华更不见有多少，对书海的畅游也不过刚下水不久。我并不是个总爱捧着书看的人，若没有老师的领航，四年学习，或许真只有那课本上固定的知识，而缺少文学的生机活跃。

……内心在书籍背后的真理中洗涤，情操在书籍中鲜明人物与剧情的发展中熏陶，我仿佛能跨越时间，饱览古今，仿佛能迈过地平线，游览世界各地……

四年阅读，那所过滤出的沉淀，是初中生涯中太宝贵的财富。"

（三）藏书以藏为辅，以用为主，配合教师改进教学

1. 从教师层面，教师通过参与阅读内动力的科研项目，

图书馆阅读课

新生图情知识讲座

迎中在线阅读平台

改变的不仅仅是课堂教学的方式。

"语文阅读内动力研究项目"教师教学行为改进表

行为类型	实施前（具体描述）		实施后（具体描述）
备课	1. 备教材	利用材料备课	围绕课文收集图书资料
	2. 备学生	只考虑学生对知识的掌握	思考学生对课文的预习程度等
上课	1. 课堂提问	老师提问，学生回答	相互质疑
	2. 师生对话	老师占主导地位	平等研讨
	3. 板书设计	老师设计	师生共同设计
作业	1. 练习类型	单一考卷	加入广泛阅读相关文章
	2. 分层作业	比较少	比较多
辅导	1. 辅导时间	课内	课内、课余
	2. 辅导内容	订正作业	指导学生和家长一起学习文章
	3. 辅导方式	面谈	通过网络，发送阅读文章
评价	1. 评价主体	学生	学生
	2. 评价内容	成绩	学习态度、方法、效果

通过校本教材《走向无师自通的语文课》从阅读能力着手去引导学生，在精读—自读—泛读的过程中，让学生掌握阅读的方法，最终实现抛开老师自主阅读。自读课上，老师完全退居幕后，学生成为课堂真正的主角。通过"六读法"，学生专注于对文本核心内容的理解与思考，从整体到局部，一步步还原作者的本意；班级与小组交流，各种想法互相碰撞，他们的表达更流畅、思维更严密，对文本的理解不断升华……

2. 在校园阅读软、硬件的环境建设上，投入了相当的才智和资金。校园内的紫藤架下、教学中楼的"鲁滨逊漂流"阅读实景、"人文空间实验室"的互动阅读设备、阅读平台闯关、"书香一小时"的时间保障、班级人手一本的主题阅读书籍、《向日葵》专刊、10 分钟队会推荐，等等，营造了浓厚的书香氛围。

我校在"书香图书馆"的创建方面不遗余力，图书馆工作在制度规范、组织管理和评价方式等方面都有明确要求，有借鉴推广性，使得师生阅读呈现常态化。学校图书馆藏书量丰富，借阅方便，在征求广大师生意见的基础上更新率较高，2017 年，全校师生的人均借阅量在 18 本左右。近几年，师生阅读热情日渐高涨，在学生"300 字团"的发展基础上，青年教师也开始加入到书写的行列中。

3. 2016 年 4 月 第八届"鲁迅青少年文学奖"启动仪式在我校举行。借助这一平台，我们把培养"智慧阅读、儒雅成长"的嘉定学子作为目标，也以此为契机，鼓励更多的学生亲近阅读，抒写真情。我校积极组织学生参加各类读书写作比赛，从 2013 年至今，共有 6 次获得优秀组织奖。我校文学社刊《向日葵》已经连续 10 年获得嘉定区中小学生文学社团作品特等奖。

爱因斯坦说过："把学生的热情激发起来，那么学校所规定的功课，就会当作礼物来接受。"图书馆是知识的海洋，是阅读的天地。学校就是个图书馆，我们希望，阅读成为师生的礼物，让他们从声光电的诱惑和应酬交际中抽出来，在灯光下、晨曦中，拾起书本，让阅读如影随形。

（执笔人：项彩霞 程燕飞）

合力而为，书香实幼

上海市金山区实验幼儿园

金山区实验幼儿园是一所以语言教育为特色的幼儿园。2010年，在龙头课题"幼儿园绘本教学中多元教育价值开发与实践研究"引领下，开启了幼儿绘本阅读的书香之旅；2014年，开展"基于'一日生活'的幼儿多语教育的实践研究"，"以普通话为基准、以金山方言及沪语为根基"，让实幼"书香"走向立体化、民俗化、全面化。

幼儿园共有16个班级，其中金天地部为11个班级，梅州分部5个班级，共有500多名幼儿。金天地部图书室占地面积约40平方米，图书室设计温馨、舒适、整洁，采用阁楼设计扩展空间，配垫子、小沙发、鞋套等，贴近幼儿年龄特点。幼儿园投入大量资金和人力加强了图书馆建设，每学年添置约2万元新图书，图书室藏书上万册。每班阅读区配备的图书数量为幼儿人数的4倍。幼儿园积极推进"书香实幼"的建设，良好的阅读环境、丰富的图书资源等为师生阅读活动提供了物质保障。

幼儿园建设规划特点与中小学有所不同，图书室面积不大，所以我们金山区实验幼儿园图书室融合绘本、整合资源、结合特色，合力而为，将图书阅读渗透到幼儿的一日生活中。

绘本室外景

一、融合绘本，点燃阅读热情

绘本是指以适合 3—6 岁幼儿认知水平与阅读特点的，既图文并茂又融多种教育价值于一体的幼儿图画书。结合幼儿的年龄特点，我园设有专门的绘本室，采用绘本为主要图书内容，点燃幼儿的阅读兴趣。

（一）精选绘本书籍，为幼儿阅读提供有力保障

绘本不在于多，而在于精。在挑选绘本时我园会考虑多方面因素，进行细致选择。

1. 结合幼儿年龄特点

不同年龄阶段的幼儿有着不同的理解能力，幼儿年龄越小，其认知、行为和理解等能力的差异就越明显。例如：在选择适合中班幼儿的绘本时须考虑重复性句式较多，有利于幼儿观察和讲述的内容。

2. 结合幼儿兴趣所在

对于自己喜欢的事物，幼儿的注意力会很集中，也较愿意投入大量的时间。大部分幼儿对趣味性强的故事书特别感兴趣，所以我们会尽量选择趣味性较强的绘本故事，如：《我爸爸》《我妈妈》《是谁嗯嗯在我的头上》《我的连衣裙》等。

3. 贴近幼儿生活需求

幼儿的成长离不开生活经验，贴近幼儿生活内容的绘本更能走近幼儿，例如：大班幼儿会对同伴换牙齿的事情感兴趣时，我们就会选择《鳄鱼怕怕牙医怕怕》。

（二）创设阅读环境，为幼儿阅读提供宽松氛围

良好的阅读环境给幼儿提供了宽松自由的空间，在班级中我园还设立了阅读区，针对阅读区的环境建设我们以幼儿为主

绘本室内景

师生阅读

体，如：背景墙的选择、布局均考虑班级幼儿年龄特点；选择幼儿熟悉且有趣味性的绘本插画作为点缀；自制彩虹小屋，铺上温馨的靠垫、毛绒玩具等；与幼儿共同制作绘本故事里的动物手偶。温馨、舒适、轻松自由的阅读环境增加了幼儿阅读的主动性和积极性。

二、整合资源，助燃阅读空间

莎士比亚曾经说过："书籍是全世界的营养品，生活里没有书籍，就好像大地没有阳光；智慧里没有书籍，就好像鸟儿没有翅膀。"幼儿的成长过程中如果没有书，那他的世界将是苍白的，就不会形成健全的人格和良好的个性。因此，幼儿园要整合阅读资源，为幼儿提供合适的图书，创设优雅的阅读环境，营造浓厚的阅读氛围。

（一）经典图书重推广

1. 业务培训，引导教师归纳经典绘本

图书的分类和数量都很多，如何在茫茫书海中找到合适的绘本提供给幼儿阅读，这是幼儿园首先要解决的问题。在教师业务培训学习中，教研组长带领组员将收集到的各类儿童图书进行初步阅读、分析。通过梳理图书的价值，结合幼儿年龄特点及幼儿发展需求，将合适的图书归纳为经典图书供幼儿阅读。

2. 阅读活动，帮助幼儿感受经典魅力

我园在梳理归纳经典图书的基础上组织了各类阅读活动，帮助幼儿感受经典图书的魅力。其中包括：每周在家园互动栏上向家长介绍本周阅读的图书，鼓励家长开展"家庭阅读"；每个主题都安排"绘本教学"，将合适的绘本改编成集体教学活动；在班级设置阅读区，提供大量图书给幼儿开展"个别化阅读

绘本教学活动

音频阅读区

阅读相关主题图书，幼儿在主题活动中会获得更大收获。

2. 结合图书，丰富外延

我们根据主题挑选相应的图书，同样，合适的图书也能丰富主题教学。基于图书的多样性，教学中使用的图书有很多种，如：趣味故事、科学探索、社会认知、游戏等，图书的种类会影响教师的使用方式和目标定位。即使是同一本图书，教师也可以有不同的处理方式、不同的目标、不同的重点，倾向于不同的领域。

（三）家庭图书展多元

1. 亲子阅读，发掘多元

家庭环境在早期阅读中也起到极为重要的作用。家长应重视亲子阅读，可以采取朗读、复述、讲述、谈话、讨论、问答、表演等多种方式进行。在这样的阅读活动中不但可以提高儿童的阅读能力，还能有效发掘阅读中的多元价值，比如：数学活动、社会认知活动、健康活动、音乐活动、美术活动等。

2. 绘本漂流，共享资源

基于幼儿年龄特点，从中班第二学期开始，我园组织幼儿进行"绘本漂流"活动。这一时期的幼儿对阅读积累了足够的兴趣，对图书的需求很大，同时，他们已经有了初步的保护图书的意识。各班教师与家委会共同制定班本化的"绘本漂流"制度，幼儿将家中的绘本带来分享交流，每周固定时间会借阅自己感兴趣的图书，带回家进行亲子阅读。活动得到了家长的大力支持与肯定，家中的图书流动起来，再也不必闲置在角落里，赋予图书新的价值，成为共享资源。

三、结合特色，引燃阅读形式

（一）自制多语绘本，提升幼儿阅读创造力

自我园开展多语教育以来，每年都组织不同年龄段幼儿进

活动"；每班开展"音频图书"活动，将图书的音频录入点读笔中，方便幼儿阅读；每学年开展"自制图书"活动，引导幼儿与家长共同制作感兴趣的图书。通过一系列的阅读活动，幼儿渐渐感受到阅读的魅力，激发了他们的阅读兴趣。

（二）主题图书助积累

1. 结合主题，筛选图书

每学期会开展四大主题活动，教师按照主题内容，寻找合适的图书，作为主题图书加入到主题活动内。这些筛选出的图书有的会放入班级阅读区的推荐架上，有的会改编成音频版供幼儿点读，有的会借阅给孩子，让他们带回家亲子阅读。通过

主题绘本阅读

延伸阅读区

班级绘本漂流活动

自制绘本活动

行自制多语绘本活动。家长与幼儿共同选择合适的内容，通过架构绘本情节、创生绘本角色、制作绘本插图等，自制了一本本富有个性的绘本。在制作过程中，幼儿能够不断提升阅读创造力。例如：陆陈轩小朋友的自制绘本《好饿的毛毛虫》，在原有的著名绘本《好饿的毛毛虫》基础上进行了改编，加上他对故事的理解与想象，结合金山方言与本土风俗，创生了新的故事情节，赋予故事新的内容。

（二）多语绘本表演，提升幼儿阅读表现力

在教师与家长的鼎力相助下，我园组织幼儿参与多语绘本的表演。经过题材选择、剧本创生、多语改编、音乐编辑及道具制作等环节，使幼儿在专业指导下，积极主动地参与多语绘本演出，大胆愉快地表达表现，最终提升幼儿阅读表现力。

例如：大一班的幼儿基本上都是金山本地儿童，金山话说得很好，在接触绘本《小河马的牙》后，对故事情节非常感兴趣，老师与家长共同创生了这一绘本的金山话剧本。诺诺妈妈是少年宫的一位老师，经过诺诺妈妈专业级的指导以及其他家长的配合，金山话版《小河马的牙》成功登上实验幼儿园亲子多语节的舞台，并参与了区级、市级活动的演出，获得一致好评。

我园以"合力而为"的理念，通过"融合绘本，点燃阅读兴趣""整合资源，助燃阅读空间"及"结合特色，引燃阅读形式"，将图书阅读扩展到幼儿园绘本室阅读、班级图书角阅读、家庭社区图书漂流等，从而使书香飘满园，让幼儿从小有一个良好的阅读环境。

（执笔人：裴雅蓉　戚勤娟　曹　英）

图书馆，师生向往的诗意栖居地

上海市金山区第二实验小学

金山区第二实验小学创建于 1985 年，由南北两个校区组成。两校区现共有学生 2049 名，在编教职工 151 人，专任教师 146 人。学校以"广博教育，幸福学校——超越知识的教养"为办学理念，以培养学生广泛的兴趣、博大的胸怀、进取的志向、合作的精神为目标，为每一位孩子的自由发展提供充分的实践与思考机会。

上海市教委《促进本市城乡义务教育一体化的实施意见》为学校图书馆建设提供了前所未有的机遇。信息技术的发展，使图书馆发展有了广阔的空间和丰富的平台。学校图书馆不

再是传统意义上借书还书的场所，而是一片师生向往的诗意栖居地。

一、硬件建设和空间打造，使图书馆与教育教学全面深度融合

（一）馆舍布局，体现综合功能

1. "三位一体"的馆舍设计

我校原有图书馆建筑面积 190 平方米，分成两块，一块是

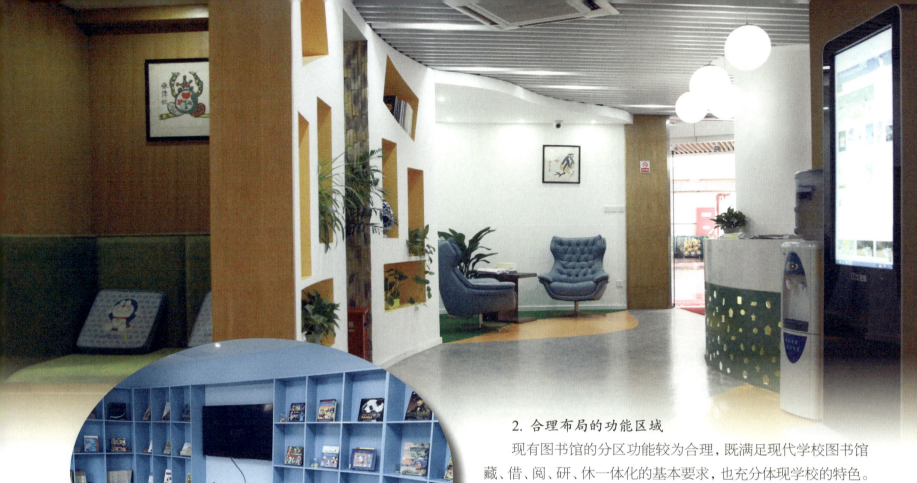

"英悦"阅读区

2. 合理布局的功能区域

现有图书馆的分区功能较为合理，既满足现代学校图书馆藏、借、阅、研、休一体化的基本要求，也充分体现学校的特色。图书馆有讨论交流、影视欣赏等拓展功能区，有综合的阅读区、电子阅览区，有接待大厅、卡座、休闲咖吧。在藏书区，每个书架在金属架的外面镶拼木质材料，充分考虑了学生的安全。也有体现学校双语特色的"英悦"阅读区。

3. 随时随手的阅读环境

尽可能运用各种空间，让学生有展示的场景。如：每一层的走廊都有不同主题的展示，有读书体会，有美术作品，手工制作等。学生在这里展示、观看、交流，也是一种阅读。一切可以利用的空间都形成了学生随手可以翻阅的图书角，学校的走廊港湾，近百种的杂志学生可以随意翻阅；三楼的公共平台，几千本图书全开放；每间教室都有图书角，专用教室的图书架等。少先队大队部、心理教室等专用教室都有相关读物，营造了学校在图书馆的阅读氛围。

45 个座位的阅览室，另一块是藏书室。2015 年面积扩展至560 平方米。为了更充分有效地利用场地，我们考察了许多学校图书馆，学习相关文件，咨询相关专家，综合了教师的意见，与设计师进行充分讨论……在追求适合学生发展的理念下，将图书馆和 STEM 中心合而为一，实现阅读与实践体验一体。将图书馆外的花园设计与图书馆相呼应，创造自然亲近的户外阅读空间。

（二）拓展路径，丰富馆藏资源

学校图书馆注重纸质馆藏资源，现有图书 73600 册，杂志 150 多种。结合学校信息化试点学校优势，建立数字图书馆，打造阅读平台，实现线上线下阅读同步推进。目前数字图书馆拥有电子阅读读物 17040 册。同时不断拓展电子阅读平台的功能，建立了视听资源库，有声读物、师生活动影像资料、学校电视台的节目都整合在一个平台上。学校也尝试进行分级阅读指导的架构，发动语文教师开展图书推荐活动，并且建立测评系统。学校各个平台上的资源互通和链接正在进行。

（三）需求导向，配好设施设备

根据城乡教育一体化项目配置要求，学校信息化建设特点，在实现学校无线网络全覆盖的背景下，学校图书馆配置了学生阅读用的平板阅读终端 50 台，用于学生语文阅读课、上网浏览、搜索资料等；学校还配置了自助借阅系统（Rifd），推进了智能化图书馆建设。馆舍门口触控一体机大屏，滚动介绍学校图书馆的介绍和电子图书馆的界面；英语阅览室配有电视机和电脑，用于播放相关的视频；而功能拓展区配有音响、互动平台等设备，兼具学生演讲、交流、观看视频、讨论等功能，满足了信息化环境下的多种阅读需求，体现学校办学特色。合理的

数字化阅读

阅读空间、完善的设施设备、丰富的馆藏资源、个性化的阅读环境，使图书馆成为资源中心、智慧中心、成长中心、活动中心，实现了图书馆功能的提升。

二、形成机制，推进应用，使图书馆为服务教育教学提供重要保障

（一）建设平台，服务课程教学

1. 满足教学需求

图书馆建立了比较完整的服务系统，以最快的时间满足教师对阅读材料、资源、空间、设备的需求。建设阅读平台，与语文学科阅读素养提升项目结合。对图书馆场所设备应用，进行了多样式的培训，特别是新添置设备的应用，我们请青年教师先行一步学会使用，然后帮助学科组的教师推进应用。语文、英语学科的阅读安排进课表，做到定时定点，扎实落实。

2. 架构体验中心

学校的 STEM 中心与图书馆合为一体。依托综合实践课程，学生学会了搜索材料、小组合作做电子海报、交流分享。小朋友喜欢立体书，在图书馆老师的指导下，自己围绕着一个主题制作立体书，如：四年级小朋友做的立体书《蓝琼》。

3. 服务各类活动

学生的经典诵读社团，在这里得到浸润；英语小品社团、京剧脸谱社团也喜欢在这里排演节目，因为这里有小小的舞台，有音响，有视频录播设备。2018 年 6 月，我校进行了"诗润童心 雅溢二实小"古诗词系列活动。在历经了网络初赛、现场笔试复赛的两轮比拼，"能量星爸"古诗词决赛在我校图书馆正式举行，各年级均有两位爸爸组成决赛队伍进行年级之间的对抗。本次活动特邀了金山区图书馆古籍文献部主任、金山区诗词楹联会会长、中华诗词学会会员陈子昂、年度青年诗词获得

做画册

讲寓言故事

者张青云老师担任活动嘉宾。通过本次活动，不仅让古诗词浸润了孩子的心灵，感受诗词的魅力，更通过爸爸的参与，促进亲子关系，为创建学习型家庭助力。

（二）读书活动，培养学生阅读兴趣和习惯

1. "书香之旅"，推进学生阅读

学校在每年的 4 月到 6 月都会举办有主题的"书香之旅"读书节活动，如："传承经典文化　共赏诗歌雅韵""走进寓言世界　感受语言魅力""游成语世界　品语言魅力"等。学校会根据每个年级学生的年龄特点，举办电子阅读小能手比赛、诗歌朗读比赛、硬笔书法比赛、"古诗配画比赛"、读书亲子活动、"读书小报""自制书签"等一系列精彩纷呈的活动。在第十届"走进寓言世界　感受语言魅力"读书节活动中，一年级开展以绘本形式讲故事，三年级开展讲寓言故事，四年级开展"小故事，大道理"寓言故事汇编活动……让学生从中感受到祖国的优美文字，增长语言文字的知识，培养学生课外阅读习惯，拓宽学生课外阅读面，提高学生综合素养。

2. 数字平台，推进网上阅读

2015 年 9 月，学校数字阅读平台正式上线。我们开发了微课程，用微视频的方式让教师、学生及家长学会使用学校数字阅读平台。截至今天，登陆人次为 73693 人，图书借阅量为 2345 本，阅读总的时长为 4512.5 小时。发动语文老师进行好书推荐，并附上简单的测评题目，形成了分级阅读和测评的雏形，学生对这样的阅读方式颇感兴趣，单《草房子》一书的访问量就达到 262 人次。数字阅读平台上的我们拥 75 个视听资源，《小王子》一书的收听数，达到了 927 次。电子阅读平台拥有数据记录的功能，本校电子阅读的总体情况，学生的阅读偏好等，都可以从数据中解读出来，对于诊断学生的阅读情况，提供了实证数据，有利于进行阅读指导。

（三）台灯世界，促进教师个性成长

我们鼓励教师拥有一个"台灯下的世界"，推进教师阅读，落实区域"教师阅读与专业成长"行动计划。每年寒暑假，要求每位教师自选书目，完成阅读摘抄，开学后提交读书笔记，并且开展阅读分享和评比。我们还开展共读一本书活动，如：《读懂孩子》《教学中的心理现象》，请专家进行导读，再进行体会交流。学校采取分层分类分项目的读书要求，促进不同教师的个性化成长。学校也鼓励教师读书与叙写自己的教育教学故事结合在一起。

新时代，新机遇，学校图书馆建设和应用进入了新的征程，在服务教学、促进学生全面发展和教师专业成长方面正发挥着重要的作用。我校的图书馆，成为师生向往的诗意栖居地……

（执笔人：吴小意）

基于"IC"概念的图书馆功能拓展

上海市金山区海棠小学

金山区海棠小学位于美丽的杭州湾畔，创办于1990年，校区占地面积30539平方米。校园里绿树成荫，鲜花盛开，小径交错，别有情趣，充满现代气息的多功能活动厅、体育馆、图书楼、电视台以及校园智能化语音广播系统等，融书香、数码、生态、活力乐园于一体。学校以"课程提升文化品质，文化引领师生成长"为总体思路，开展丰富多彩的读书活动，营造积极向上、清新高雅、健康文明的校园文化氛围，让每一位老师和学生都能与好书交朋友，享受快乐阅读。海棠小学也因此被评为"阅读助成长——阅读指导先进单位"。

一、基于"IC"的图书馆环境建设

信息共享空间（Information Commons，简称"IC"），是"一个经过特别设计的一站式服务设施和协作学习环境，遵循以人为本、开放获取和以学习者为中心的理念"。这种融合资源、空间、技术、工具和多种服务为一体的一站式服务模式，已成为

图书馆一楼整体内景

图书馆二楼整体内景

榻榻米阅读区

现代图书馆必要的基础设施和服务手段。早在 2005 年 4 月，上海图书馆馆长吴建中博士在一次学术讲座上就指出："信息共享空间的出现，适应了人们需要一种共享式学习环境的要求。"

海棠小学从建设 IC 空间出发，以学生为本，让学生在小学阶段掌握基本的图书借阅方法和简单的网络信息检索技能，在走近图书馆的过程中激发阅读兴趣，提高终身学习能力。

"青苹果读书乐园"是学校图书馆的另一个名称，它赋予图书馆清新灵动的气息。它用果绿的色调象征活力和健康；用苹果富含丰富的营养比喻知识带给师生的强大正能量。

图书馆面积近六百平方米，分为上下两层，结合学校办学理念和学生需求，设有图书借阅区、学生阅览区、苹果阅览区、苹果教学区、电子阅览室、教师阅览区等，满足了师生的阅读需求。图书馆现有书籍六万多册，电子图书一万多册，报纸杂志一百余种，采用博科斯电脑管理系统。图书馆拥有两台 RFID 自助借阅机，两台希沃交互智能一体机，一个电子图书阅读大屏，独立的服务器、打印机、扫描仪、复印机、消毒柜等设备。

青苹果读书乐园的主打色调是果绿和嫩黄，明快的色调让人心情舒畅，给人以生机勃勃之感。学生区别致的书架是书屋的造型，高低交错，形成海浪的造型。书架上方的吊顶横看是海浪形点缀的小水珠似梦似幻、美丽又富有诗意。

苹果造型的榻榻米阅读区，地板设计借鉴了钟书阁的设计风格，让学生遨游书海，吊顶和地板统一采用"乔布斯的苹果"造型，希望学生通过阅读提高创造力和科学素养。

阅读区墙壁的造型和设计也别有用心，张贴的世界地图寓意"阅读带你走向世界"，希望阅读可以帮助孩子开拓国际视野，内嵌在墙内的图书馆制度设计既一目了然又和谐统一。

二、基于"IC"概念延展的图书馆活动设计

从 IC 的"共享信息"概念出发,我们将图书馆在学校的定位从"图书借阅"变为学校的"教育资源"。因此,从教育层面入手进行了丰富的活动设计。

(一)基于图书馆的基本技能学习活动设计

1. 校本化的入馆教育

学校将图书馆作为一年级新生校园参观的重要一站,使他们快速融入小学生活,使图书馆伴随其小学五年的读书生涯成为可能。

新书到馆后,图书馆会组织部分学生参观和体验新书加工流程,如盖馆藏章、贴条形码等。在体验的过程中,学生可以感受到参与的新奇和快乐,获知馆藏章和条形码的用途和意义,对图书及图书馆有更多的认识和了解。

2. 人性化的新书采购

在新书采购前,图书馆会有"新书采购意向书"向全校师生征询意见,之后根据师生建议进行新书采购,从而保证新书都是源于师生的真正需求。在平时的借阅过程中,当学生或教师要借某本书,而没有馆藏时,都会及时记录下来;图书馆还会及时关注学校的科研情况和学期计划,根据学校的重大活动确定图书馆采购的范围和重点。除常规的图书采购外,学校还经常组织教师、学生和家长代表去上海书城自主购书,自由地选购他们喜爱的书籍。

3. 自主化的场馆管理

在青苹果读书乐园还活跃着一批小助理,他们承担着青苹果读书乐园的管理工作,不仅热情接待来借书的同学,整理书架,开展好书推荐活动,还每天把读书乐园打扫得干干净净。每学年,图书馆都会面向三四年级学生招聘小助理,通过笔试、面试等重重选拔并经过馆长老师的上岗培训才能成为一名图书馆小助理。有了他们,青苹果读书乐园充满生气,学生们自主管理、自主借阅,是图书馆真正的小主人。

(二)基于"共享"概念拓展的活动设计

图书馆 IC 建设的最终目的是服务于师生、服务于教育教学、服务于学校素质教育。图书馆的场馆活动也是精彩纷呈并呈现内容的多样性。

例:

图书馆各类活动安排表

活动内容	主办部门
1. 星天地"青苹果书屋"活动	学校发展处
2. 家长亲子阅读课程	学校发展处
3. 暑期手工制作亲子讲座	学校发展处 金山区图书馆
4. 作家徐建华见面会	学校发展处
5. 团员教师场馆活动	学校团支部 教育局团支部
6. 英语组研讨活动	英语教研组
7. 党员组织生活	学校党支部
8. 财经频道专题访谈	学校发展处
9. 国内外代表团多次来访	学校发展处
10. 心理社团活动	学校心理部门
11. "天马杯"绘画写作大赛	语文教研组
12. 亲子手绘创意书展	学校发展处
13. 市西小学"交换空间"	课程发展处
14. 小记者培训班	课程发展处

同时,学校每年一次的读书节以丰富多样的活动形式,

小记者培训

学生编辑视频

"交换空间"课程实践

阅读指导

如"淘书乐"、课本剧表演、读书作品比赛、亲子共读活动等点燃了师生的读书热情，营造了良好的读书氛围。围绕形式多样的校园读书活动，通过技能比赛、环境布置、论坛交流、节目表演等，加强了我校的师生文化建设，养成良好的读书习惯。

这种以学生为主体，不仅着眼学生校园生活点滴，还从大处着手设计实践活动，我们称之为"在参与中学习，在体验中成长"的 IC 模式。通过该模式，图书馆成为 IC——信息共享空间。在这里传播的不仅仅是书籍带来的文本信息，更多的是学生与学生之间互动的人际传播信息。

三、基于"IC"的图书馆课程建设

以图书馆为载体打造 IC 建设的同时我们还进行了课程的同步建设，从图书馆本体课程起步，进行了信息课程和家长服务课程的建设。

图书馆的信息课程，以技能掌握为基础，以提高生活能力为目标。在学期初，图书馆会集中开展入馆教育和培训。同时根据学生的身心发展规律，制定分年级的图书馆信息教育主题，利用学校广播或电视台在午会课时间完成课程的实施。

图书馆分年级课程

年级	课程
一年级	入馆教育
二年级	自助借阅
三年级	按号索书
四年级	信息检索
五年级	数字阅读

图书馆的信息课程使得学生初步掌握了利用学校图书馆资源必需的一些基本技能，也使得图书馆这一公共场所的规则意识内化于心的同时外化于行。但对于不同年级的学生而言，他们的需求又是有层次的。基于此，我们设置了分年级的信息课程以满足不同年龄段学生的需求。

同时，我们还开设了图书馆家长服务课程，这是我们提供给家长的培训课程，家长在接受了培训之后再结合自身的特长给学生提供亲子阅读课程。每周五中午 12 点 30 分都会有一位家长带着自己对于阅读的感悟和喜爱，带着一本好书来到图书馆与孩子们分享关于阅读的那些事儿。这样的家长服务课程给孩子们带来不一样的阅读体验，爱上阅读也就顺理成章了。

四、基于"IC"概念的图书馆教育功能的开放式探索

我们说量变决定质变，图书馆的 IC 建设在走过了实践、课程的旅程之后，逐步成为一个 IC，它所代表的是信息共享、信息交融，而不再囿于原本的狭义的信息共享空间。我们把图书馆看作是开放的信息共享空间，基于此，我们又进行了一系列的实践探索。如：学校建立青苹果读书乐园博客，班级建设读书博客。为了更好地激发学生的阅读兴趣，学校还成立了电子图书馆，我们与中文在线合作，购买了一万多册的电子图书，给不同年龄段的学生提供适合亲子阅读的书目，为营造亲子阅读氛围提供指导和督促，培养学生良好的阅读习惯。

在此基础上我们又构建了小思阅读评价体系。小思阅读平台的实施构建了阅读网络生态，是在现有的阅读环境的基础上，构建一个基于信息技术的无形的阅读环境。小思阅读平台是集"图书漂流、阅读评估与阅读奖励"为一体的课外阅读平台。学生可以在该阅读平台上浏览书籍信息，参与在线讨论并发布读书笔记。平台还提供了阅读积分、读书升级体系、阅读达人榜等多种评价形式，激励了学生更多、更好地参与阅读。

至此，我们的海棠图书馆 IC，形成了具有空间融合、功能融合、资源融合特点的共享空间。家长博客、亲子阅读、亲子自制创意书籍以及我们的阅读博客、图书漂流等活动不仅是我们图书馆 IC 功能的实践体现，同时还进一步丰富了图书馆 IC 的内涵。

基于图书馆的 IC 建设，我们努力创设个性化的场馆环境、挖掘深层的内涵建设、举办多彩的读书活动、提供温馨的读者服务，开展丰富的图书馆课程体验，努力使我们青苹果读书乐园，成为开放的信息共享空间，校园的文化中心。

（执笔人：杨勇峰　季庆妹　鲍春燕）

提高功能定位　书香溢满校园

上海市金山中学

迷茫者说："书是一盏明灯。"

学生说："书是无声的老师。"

智慧者说："书是开启智慧的源泉。"

每年 4 月 23 日被联合国教科文组织定为"世界读书日"，以此为契机推动全民阅读。学生更是培养阅读习惯的黄金对象，因此，培养学生养成良好的阅读习惯，让阅读成为他们的一种乐趣、一种风气，让阅读为师生打造亮丽的精神底色，学校图书馆责无旁贷。

金山中学是上海基础教育对外展示的窗口，是上海市现代化高标准寄宿制高中，是上海市实验性示范性高中。

学校占地面积 185 亩，总建筑面积 7.85 万平方米。图书馆与科技馆遥相呼应、两翼并存。

学校现有 38 个教学班，其中 8 个新疆内高班，6 个创新实验班，2 个英语特色班，教职员工 175 名，学生 1500 余名。

学校坚持"师生发展为本"的办学思想，充分关注师生生命质量，努力拓展师生发展空间，推动学校内涵发展。

面向未来，学校制订了新规划，将着力打造"上海一流、全国知名、融入世界的现代化、高质量、有特色"的科学高中，培养崇文通理兼具领袖气质和百姓情怀的优秀高中生。

2004 年，金山中学整体搬迁到新校址，图书馆的发展迈上新台阶，从硬件到软件都得到长足提升。有独立的图书馆大楼，馆舍面积达到 2000 平方米，建成集"藏、借、阅、研、休"功能于一体的现代化学校图书馆。

一、办馆理念

金山中学的办学目标是"上海一流，全国知名"。我校图书馆人员确立"有作为才有地位"的办馆理念，注重学习，注重创新，始终把"读者第一，服务至上"作为行动指南，一切为了教师，一切为了学生，一切为了学校教育教学，以专业化和现代化水准，全方位做好图书馆的各项工作。

在此背景下，图书馆改变传统坐等读者上门的被动式服务模式，努力拓展主动型服务功能，使图书馆不单单是一个存储文献的资料库，更成为能够提供信息搜集、整理和发布等多种深层次服务的信息源，以满足广大师生对图书信息资源多样化、多层次的需要，适应现代化教育教学工作的需要。我们立足传统，开拓创新，以学生发展为本，以服务教学科研为重，不断研究师生的信息需求，方便师生的信息取用。

二、组织架构

一楼为图书室。其中设有办公室、采编室、外借流通台、目录查询处、书包寄存处、心得交流室、基本藏书库和工具书库。

二楼为书香轩（即教师资料室）与柘湖书院（即学生阅览室）。柘湖书院于 2017 年完成改造升级，重点打造合作学习和研究性学习平台，积极创造条件，因地制宜，营造了浓郁的校园书香氛围。我校柘湖书院面积约 1000 平方米，座位近 200 个，电脑 60 台，合理分布为两大功能区、八大模块，方便师生教学研讨与课外活动。书香轩环境清幽，配有咖啡机，集休闲、学习于一体。设有沙发座位 60 个，里面配置有与教育教学相关的图书、期刊和报纸，供广大教师就地查阅。

图书馆硬件设施齐全，技术先进。配备有服务器电脑 1 台，工作用电脑 6 台，借还书用电脑各 1 台，目录检索用电脑 2 台，打印机 1 台，复印机 2 台。

我校图书馆现有藏书九万余册，期刊合订本 4216 册，期刊 246 份，报纸 66 份。每年图书馆的购书经费 10 万元左右。现有工作人员 4 人，其中图书馆专业本科生 1 名、研究生 1 名，大中专生 1 名，返聘人员 1 名。

三、图书馆服务与应用

我校图书室、柘湖书院和书香轩等各个部门均属于全开架借阅。图书室与柘湖书院周一至周五全天候对师生开放，教师学生可以随时至柘湖书院进行文献阅览、电子查阅等。书香轩则主要针对教师开放，周一至周五教师可随时在书香轩查阅相关教辅资料、教研探讨、集体备课等。图书馆寒暑假均有值班人员定期值班。

（一）提高馆藏质量，营造良好教育氛围

我校图书馆馆藏一般分为图书、报纸和杂志等。其中内容均有选择，主要考虑适合教师和高中学生所用。一方面，选择为教学服务用的工具书和教学参考书。这类书籍为教师提供教育、教学、教研参考资料，提供最新知识、教育信息。图书馆也会根据教师的需要，不断调整藏书内容，不断提高教师阅览室藏书的利用率。另一方面，适合高中生的课外读物和课外学习辅导读物，以及配合政治思想品德教育的理论书籍。此类读物满足了学生的课外阅读需求，扩大了学生的知识视野、培养了

交流研讨区

茶艺区

主要功能区域

主要功能区域

师生阅读

学生的自学能力。

（二）加强阅读推广工作，培养学生阅读兴趣

图书馆积极组织学生参加每年暑期的读书征文活动与学校每年一度的读书节，提供读书节所需的图书或者推荐书目。同时，图书馆会定期张贴新书目录在宣传栏里，将可读性高、适合师生阅读的优秀文献通过新书介绍、好书推荐的形式定期上传至学校网站，供师生及时查阅。馆内每批新书都会经过精心挑选，将适合学生的图书放在阅览室，适合教师的放在书香轩，其余放在流通书库的新书展示书架上。

在每学年开学初，图书馆会在每个班级选出两名责任心强，乐意为图书馆服务，并喜好阅读的同学担任图书管理员。我们对这批管理员进行培训，教会他们有关图书馆的知识，然后他们就会成为我们的"宣传者"，向班上的同学介绍图书馆的情况；怎样查找自己所需要的图书；图书馆有什么样的书。经

过图书管理员的宣传，大大提高了图书馆的知名度和学生阅读的兴趣，这样学生就会纷至沓来，图书流通率也就翻了几番。

四、柘湖书院功能拓展性资源建设

根据市教委对中小学新一轮图书馆建设的要求，为提升学生文化素质，丰富学生课余生活，2016年经学校研究决定，将原学生阅览室进行达标改造，并命名为"柘湖书院"。

（一）改造后功能定位升级

改造后的柘湖书院分为两大功能区（公共阅读区、汉唐文化交流体验区），两大功能区中又包括八大模块（纸质阅读区、电子阅览区、新疆特色文化阅读区；棋艺区域、茶艺区域、书画区域、国学阅览区域、汉唐文化表演区域），让阅览室功能得到极大的拓展。相对于改造后的柘湖书院，之前的阅览室功能单

学生棋艺活动

一，只能供学生上阅读课和自由阅览，不能适应新时代素质教育的发展需求，制约了学生综合能力的提升。以前的阅览室空间很大，但许多地方闲置，资源没有得到充分利用。改造后的柘湖书院因增加了两大功能区、八大模块，改变了传统的"书架阅览室"形象，将图书馆打造成为学校的文献资源中心、教学支持中心、师生活动中心、学校对外服务交流中心。

（二）加强了公共阅读区功能性资源建设

公共阅读区可为师生的阅读课、资料查询课、数学建模课、辅导员课、电脑拓展课、走班后的自修课、语文组教研活动等提供资料与场地。柘湖书院自建成以来，共开展研究性课程50余次，参加课程的师生达1000余人次。

柘湖书院的改造加强了学校文献资源的配置与数字资源的规划建设，使图书馆升级成为内容丰富、种类齐全、结构合理、质量保证、具有特色、载体多元、师生利用方便的图书资源保障体系。

（三）丰富了师生拓展性教学资源

升级改造后的柘湖书院推动了我校新时代背景下教育改革和素质教育的进程，将学生的阅读与教育教学工作相结合，开展了内容丰富、形式多样的师生拓展性活动。

柘湖书院的改造方便了教师补充、拓展和丰富教室以外的课程。棋艺拓展培训、书法艺术拓展、茶艺社团茶道培训、花卉社团插花培训、黑陶制作活动、文学讲座课程、青年教师"三笔字"比赛、女教师三八节活动、青研会读书沙龙等活动丰富多彩，使柘湖书院的优势资源特别是师生的课外活动成为教学内容的重要组成部分。

在每天的阅读开放中，在每年开展的读书节活动中，全校师生在柘湖书院的公共阅读区和汉唐文化交流体验区获取到更多的所需资源。柘湖书院的建成让师生感受到中国传统文化的魅力，受到潜移默化的感染和熏陶，同时也丰富了师生的课余生活，为学生搭建了更高层次的阅读平台。

（执笔人：倪申晓阳）

携手一道读书去

上海市罗星中学

上海市罗星中学成立于 1980 年，是一所公办初级中学，前身是原金山县中学初中部。以"办一所充满阳光的学校"为目标，秉承"让教育充满阳光"的办学理念，全面开展"阳光少年培育计划"的探索与实践，建设阳光课程、打造阳光课堂、培养阳光教师、培育阳光少年。以"教育，关注人的发展"为核心，促进学校的内涵发展，提升办学品位。学校分东、西两部，现有教学班 37 个，学生 1808 人，教职工 143 人。

学校图书馆——星悦图书馆被设计成一列书香四溢、创意十足的"阅读列车"。馆内采用"藏、借、阅、研、休"功能为一体，大空间、全开架方式的开放性空间布局，配备有 RFID 智能化管理系统。图书馆不仅是上海市中小学生读书活动促进会团体会员，也是金山图书馆大联盟的首批联盟成员。

星悦图书馆目前拥有纸质图书 87435 册，数字图书 10504 册，报刊近 170 种，复印、打印、扫描、消毒、监控等设备齐全。图书馆不仅是全校师生的文献信息资源的中心，同时也是师生研究学习、文化活动、交流体验的中心。

一、图书馆服务手段的现代化

2017 年星悦图书馆完成全面改建后，全校师生均可以利用 RFID 自助借还设备，自主完成图书的借还手续，实现了图书的智能借阅。图书馆的管理人员利用智能图书定位系统，借助定位车在智能书架中迅速、快捷、准确地进行图书的上架、整架工作，减少错架和乱架现象发生。

校领导不仅重视图书馆的内部建设，而且把建设范围拓展到整个校园。在东部 1 号教学楼的第二、三、四楼层中，精心布置了"阳光读书廊"，让师生在课余休闲时间里，能随时徜徉在书的海洋中。同时校领导又分别在东、西部的教学楼内新增了 3 台具有 RFID 技术的 24 小时微型图书馆，将图书馆的服务和资源向校园延伸，为东、西部的师生提供最便利、统一的校园阅读条件的实体服务终端，形成全天候、多空间相结合的多元化服务模式，实现"无时不在、无处不在"的图书馆服务。营造安全、高效、互通的校园阅读文化环境，让"学校里的图书馆"变成"图书馆里的学校"，真正实现"让书籍成为基石，让书香溢满校园"。

二、图书馆服务工作不断创新

2015 年 10 月 22 日，星悦图书馆基于移动终端——微信应用服务平台，开通了图书馆的微信公众号，是金山区第 1 所创建图书馆微信公众号的学校图书馆，从而搭建起一个图书馆与学生、家长、学校交流互动的平台。

（一）利用微信推送馆内信息

星悦图书馆不仅在馆内进行了新书推荐、读书荐书、知识园地等墙面布置，更是利用微信公众号及时向师生和家长推送新书介绍、馆藏推荐、教育教学类杂志的二次文献等，与图书馆息息相关的信息内容。

学生阅读区

多功能阅读室

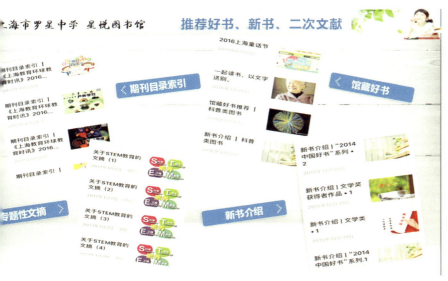

星悦图书馆微信公众号推荐好书等

（二）利用微信进行阅读推广

自图书馆创建了微信公众号后，一直在探索如何使用微信平台进行阅读推广。2016 至 2018 三年间，图书馆编辑制作"上海市中小学生暑期读书活动"的通知、投稿指南、阅读书目、读书活动的安排、上传作品中存在的问题和注意事项等相关内容，不断地从版面、图案、内容题材等方面进行创新设计，吸引越来越多的师生和家长关注。

图书馆又与学校微信团队合作，编辑制作《书香漫步》"名家名作欣赏""领读经典""新书推介"系列，每周三在学校和图书馆的微信公众号上同步推出。

"名家名作欣赏"以介绍六～九年级语文课本中出现的作家及其作品为主，由作家介绍、阅读推荐、经典聆听、名人名言等多个小栏目组成，为学校的语文教学和学生的延伸阅读提供便捷的数字资源信息。"领读经典"栏目致力于通过"领读之星"的朗读，带动全校学生诵读经典的热情，锻炼学生的朗读能力，提升学生阅读的兴趣和积极性。

三、读书活动形式多样，激发师生阅读兴趣

多年来，罗星中学秉持"阳光阅读"理念，以促进学生阅读、培养学生阅读兴趣为目标，开展了多种形式的阅读活动。

（一）学生阅读，积极参与暑期读书活动

每年暑假举办的"阅读让精神世界更美好"——上海市中小学生暑期读书系列活动，在政教处和图书馆的精心组织和指导下，学生踊跃参加，作品的上传数量一直位居区前列。

（二）教师诵读，积极推进读书交流活动

教师利用寒暑假进行阅读，写读后感，已刊印《书韵教坛润心灵：上海市罗星中学阳光教师阅读推荐书目》。2017 年 4 月举办以"小教室大舞台　师之魅创奇迹"为主题的"第 56 号

图书馆全体志愿者合影留念

图书馆阅读指导课

教室的奇迹"教师读书交流论坛活动。

2017 年 5—6 月期间，图书馆与学校的星羽、星尚社团联合打造"用声音分享你我的感悟"活动，老师们亲自撰写为人父母、为人子女、为人师的感悟，声情并茂地朗读，在图书馆微信公众号上一经推出，引来无数人的疯狂追捧。

（三）阳光阅读，推动各类型课程的开展

学校建构了"以基础型课程为主干，拓展型和探究型课程两翼齐飞"的阳光课程体系，学生不仅可以在每周一次的基础阅读课中获得知识，还可以根据自己的阅读喜好，参加形式多样、各具特色的拓展课程，如"魅力诗词""罗中朗读者"等拓展类课程、社团实践课程。

朗读是中学生应该掌握的一项基本技能，而朗读能力的培养对提高语文学习兴趣和写作水平大有益处。同时，朗读弥补了文字表达的不足，是朗读者对文字作品的"再创作"，比文字作品本身具有更强烈、更感人的艺术魅力，因此，我校金敏老师的"罗中朗读者"拓展课程应运而生。通过金老师讲授朗读的基本技巧，学生观赏《朗读者》节目，利用馆藏资源搜索美文，进行分主题写作并在组内朗读交流，激发学生的朗读热情。课程结束前，学生在金老师的带领下，利用学校电视台拍摄、录制《以书会友 朗读分享》的节目光盘。学生拿到赠送的光盘后，可以在家继续学习、揣摩朗读技巧，进一步改进、提升朗读水平。

（四）跨媒介阅读，激发学生的阅读兴趣

"互联网＋"时代，跨媒介阅读改变了人们的阅读"姿势"。学校作为金山区智慧课堂的试点学校之一，师生走进图书馆，充分利用馆藏的实体图书和数字图书资源，推进数字教材课程的开展。培养学生多渠道搜集、处理信息的能力，提高学生的阅读综合素养，指导学生掌握一定的阅读方法，激发学生课外阅读的兴趣。

四、提升馆员素养，培养学生自主管理能力

星悦图书馆的程雯老师不断提升自身素养，成长为金山区中小学图书馆中心组成员、骨干馆长。她撰写的多篇工作研究论文，在省（市）、区级刊物上发表并获各种等第奖项，曾荣获"上海市中小学图书馆先进工作者""上海市中小学生暑期读书系列活动"优秀指导教师奖。

为了更好地服务师生，图书馆面向全体学生招募志愿者，积极培养学生的自主管理意识和能力。学期结束前，在图书馆召开志愿者表彰会，为每一位志愿者颁发证书，鼓励学生弘扬"奉献、友爱、互助、进步"的志愿精神。

五、踏上阅读列车，全力打造读书新潮流

2018 年 9 月，"星趣"学校少年宫成立，图书馆开设了"一道读书"阅读课。预备年级的学生可以利用周末的休息时间来馆阅读，扩大学生的阅读面，增加阅读量，丰富课余生活。

学校领导也已在紧锣密鼓地为图书馆筹备打造一间现代化、资源广、易管控、护眼型的数字图书阅读教室。在这个"阅读教室"中，将融合阅读平台、阅读终端、分级阅读、阅读测评等硬件、软件资源，利用阅读系统的移动端（手机或者平板）、PC 端记录学生的阅读历史、阅读时长、阅读喜好、阅读能力分析、读后感写作、阅读任务完成情况等数据，发挥数字资源的优势，更好地服务阅读教学。

图书馆是学生明白人生道理的场所；也是同学们结伴而行、共同探索的场所，读书是让学生明白道理的最好方式，让我们携手一道读书去……

（执笔人：程　雯）

书香溢满葵园　悦读润泽童心

上海市松江区第三实验小学

松江区第三实验小学是一所年轻而充满活力的学校，学校创办于 2012 年 7 月，现有 30 个教学班，1541 名学生，93 位教职工。学校以"童心教育"作为办学理念，结合校本实际，以"向日葵课程"建设为抓手，扎实推进"三好课堂"，着力"3S"（Sunny、Smile、Super）的学生培养目标，初步形成了"向阳、向上、向善"的"葵园"校园文化，让每一个师生向着阳光生长。

葵园图书馆则以"阅读、乐读、渴读"为办学理念，旨在让每一位葵园学子都能走近阅读、浸润阅读，从中汲取养分，茁壮成长。目前馆内藏书逾 5 万册。图书馆由校长领头，德育副校长分管，再到教导处组织，并由一名专职教师负责日常运作。

一、功能彰显，构建悦读氛围

根据各个年段学生的不同特点，制定了系统的借阅计划。低年级以班级统一借阅的形式自选书籍。每个班级都设有藏书柜，供班级学生随心阅读。中高年级学生自主借阅，借书时间错落有致，单周为二、三年级，双周为四、五年级。

为了让书香飘满校园，让书香点亮童年，让书香浸润人生，让每一位葵园学子都能尽情地感受读书的快乐，使孩子们从"阅读"转为"悦读"，学校充分地利用了图书馆。

书香云集：葵园图书馆最有意思的是，它由内外两部分组成。外头的"书香云集"角是个人气旺盛的读书好去处。开放

式的设计大气美观，形式各异的书架上错落有致地摆放着校长为孩子们精心选择的书籍。学生可以随时前往阅览，无论是独自一人，或是约上三五书友共同觅书，都是不错的选择。若是累了，不仅可以坐下休歇，还能欣赏校园的风光。

走近葵园图书馆的大门，一丛鲜艳的向日葵便跃入视野。是的，每一个孩子都是一个传奇，而阅读正是开启这段旅程的钥匙。踱步迈入阅览室，另一片天地一览无余。整个图书馆是以"森林"为主题来设计的，旨在让学生远离城市的喧嚣，亲近大自然，抹去浮躁，心平气和地纯享阅读，真正地感受阅读之美。

森林小屋：这儿可是孩子们最喜欢的阅读天地。充满童趣的设计，使得孩子们欣喜不已。头上是"蓝天白云"，周围怀抱着几棵硕大粗壮的"树"，使人仿佛置身于原始森林之中，深吸一口气，似乎空气都格外新鲜。树屋的空间充裕，阶梯上、栏杆边、屋子内，甚至可以靠着"大树"阅读。只要你觉得舒适，无论是倚靠、盘坐皆可。试想一番，一边享受着森林的环绕，一边沐浴着书的芬芳，多么令人惬意！

奇趣树林：瞧见这一排排黄绿交错的树了吗？这便是我们的奇趣树林。目前，学校图书馆的藏书量达到数万册，内容涵盖面广泛，包括天文地理、历史科学、文学名著、学科用书等，大部分的藏书都坐落于此，基本能够满足学生的阅读需求。每当孩子们借阅书籍时，像极了一群鸟儿飞身扎进丛林，来回地穿梭、觅食。

啄木鸟之家：为什么会起这个名字呢？原来，为了鼓励学生"不耻下问"，特意设立了这么几块圆形小天地。倘若在阅读时心存疑惑，或遇到麻烦，都可以在这个小树洞里留下便条，不久之后就会收到老师的"回信"。曾经有位小朋友在阅读时发现了书上的错误之处，还得到了图书馆赠予的小奖品哟！如果你也是个勤学好问、喜爱钻研的小伙伴，可切莫错失良机！

开放式阅览角

森林小屋

二、形式多样，促进"悦读"推进

除却图书馆借阅，学校还积极落实阅读的推进工作，力求以"悦读"为目标，让书香飘溢在童年的每个角落，让阅读滋润孩子的每一寸心灵。

（一）班级图书选读

学校图书室订购了各类书籍，以供班级统一借阅，自由选读，如《十万个为什么》《世界名著》系列等，种类繁多，选择空间大。学生们可以根据自己的喜好，随心选择。值得一提的是，图书馆内设有一个专供班级统一借阅的"储存柜"。待学生们各自甄选书目后，由各班图书借阅专员"送货到家"。此外，每个班级都配备了图书柜，且购置了诸多适应年龄段的读物。在葵园，你不必慌于无书可读，尽管置身于书的海洋之中，尽情徜徉吧！

我给大家讲故事

（二）教师书目推荐

积极发挥任课教师的自主性，鼓励其根据不同学科特点、班级特点、学生年段特点、兴趣爱好等推荐不同的书目，倡导个性化阅读。

学校还根据学生的年龄特点，精心挑选、推荐了100本必读书目，极大地丰富了孩子们的阅读视野。

（三）电子阅读推广

与传统阅读相比，电子阅读更便于携带，随时随地，畅享阅读的乐趣。学校积极推广纸质阅读，也与时俱进地倡导学生尝试电子阅读。

此外，结合当下信息网络的趋势，学校还借助社交软件推广"葵园故事会"等有声音频。学生通过自编、自导的形式，成为小小播音员，将自己喜爱的书籍、故事等与其他人分享。

（四）读书活动开展

每年9月学校都会举行为期一个月的读书节，旨在倡导学生尽情地悦读，享受它所给予的快乐。

激动人心的"速读大赛"、自由静心的"漫步书海"读书会以及备受瞩目的"我给大家讲故事"等读书交流活动，在葵园中不停地发酵着……

（五）丰富多彩的评价

阅读评价分为校本评价、电子评价、活动评价三大类。评价不仅具有检查、诊断、甄别、选拔的功能，更具有反馈和激励的作用。葵园悦读评价体系的创建，让学生的阅读更自主、更积极、更高效，保障充裕的阅读时间，提供良好的阅读环境，营造浓郁的阅读氛围，搭建缤纷的阅读展示舞台。

1. 校本评价——《葵园悦读之旅》评价手册

每个年级都有一本《葵园悦读之旅》评价手册。用于学生周期性地留录自己的阅读印记，并对自己的阅读表现"打分"。

2. 电子评价平台

相较于纸质阅读，电子阅读有其独特的优势。它在形式上更吸引孩子们的目光。二年级推行的"泓衍电子阅读"将阅读与电子平台有机结合。学生在电子终端上阅读，家长和教师对其进行电子评价，拓宽了阅读的阵地。

3. 主题活动评价

结合各式主题活动，进行多方位评价。如快乐活动日"经典诵读"课程评价，班级、校级阅读之星评比，书香家庭、书香班级评选，古诗词综合艺术展演，读书节"阅读分享"展示等。以过程性评价与综合性评价相结合的方式，留下学生"成长的印记"。

三、设想与展望

如何让阅读真正融入学生的学习和生活，使得学生从阅读变为乐读，再转为渴读，这的确需要走很长一段路。今后，学校会继续借助校本课程"葵园悦读"的研发，开展丰富多彩的阅读活动，让每一位葵园学子都能养成一颗"读书好、好读书、读好书"的心！

（执笔人：俞晨剑）

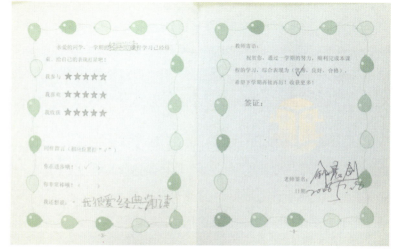

阅读活动记录

书籍照亮未来，悦读助力成长

上海市松江区新浜学校

新浜学校位于松江区西南部新浜镇，是一所九年一贯制农村学校。2016年2月，新校区扩建完工并正式投入使用。学校占地约64亩，现有27个教学班，学生976人，教职工91人。

学校始终秉承"赏识激励，闪亮生命"的办学理念，努力打造内涵丰富、特色鲜明的校园文化，营造书香校园。"荷之韵"图书馆也应运而生，并于2015学年开始投入使用。学校成立了以校长为核心的工作小组，将图书馆建设纳入学校整体建设规划，配备馆长1名，工作人员2名，积极发挥图书馆在教学工作中的辅助作用。

图书馆规划建设和使用过程中始终秉承"悦读——闪亮生命"的理念，充分发挥图书馆作为学校教学辅助设施的作用，让图书馆积极参与到教学过程，全面提升学生的综合素养，将图书馆建设成为学生自主学习的第二课堂。

一、图书馆概况

（一）整体设计

学校图书馆位于躬行楼五楼，占地约731平方米，现有藏书4万余册。每学期初，图书馆会提前调研师生购书需求，列出清单，及时补充购买新的书籍，藏书量逐年递增。

学校图书馆坐北朝南，自然采光和通风条件都很好。总体呈一个全开放式空间，分为借书区、阅览区、藏书区三大区域。

这样的整体设计便于最大限度地发挥图书馆的有效空间资源，营造安静浓郁的读书氛围。

（二）各区域设计

借书区吧台位于图书馆正门入口，学生挑选好图书之后，可以凭借电子图书证借书和还书，十分便捷。

藏书区位于图书馆大厅北边，并排摆放9列书架。全部书籍按照编码分类有序陈列，开架阅览。学生可以根据自己的兴趣爱好，随意在书架前徜徉驻足，随手翻阅拣择自己喜欢的书籍，遨游知识的海洋。

阅览区是图书馆的主体部分，分为年级阅览区和休闲阅览区两大区域。

年级阅览区十分富有古代文人的书斋气息，专门定制了古色古香、错落有致的书架陈列其间，将整个阅读区分成四大区域，每个区域配备一定数量的桌椅，可以同时容纳4个班级开展阅读活动。

阅读区的墙面装饰也十分考究。外墙分别绘有梅兰竹菊"四君子"水墨画，并书写中国古代优秀诗文篇目，以及毛泽东诗词《沁园春》等作品。整个阅读区雕梁画栋，美轮美奂，营造了浓郁的书香氛围，读书其中，仿佛置身书斋，情趣盎然。

休闲阅读区摆放竹编座椅，旨在营造舒适轻松的阅读环境。学生可以三五好友或者小组在此开展读书交流活动，分享阅读的快乐。

二、图书馆建设应用实际与特色

（一）依托课题，背说读写，全面提升学生综合语文素养

学校近年来依托图书馆建设开展了"农村九年一贯制学校提升学生语文综合素养的实践与思考"课题研究，从背、说、读、写等方面开展实践研究，传承中华经典文化，鼓励学生广泛

图书馆内景

中高年级阅览区

阅读，积极思考，培养每天阅读的习惯。

1. 背：经典古诗文吟诵

在校长的直接领导下，学校组织全校语文教师成立了课题研究小组，组织骨干教师编写了《古诗吟诵》《诗词雅韵》校本读物，选编中华经典古诗文，根据学生的年段特点，规定相应的背诵篇目，学生利用课前2分钟的时间诵读，学期末组织古诗文诵读大赛，评出个人等第奖和班级团体奖，在读书节大会上予以表彰。

2. 说：课前三分钟演讲

教师利用每节语文课前的3分钟，组织学生开展个人演讲。低年级学生在教师和家长的辅导下讲述成语故事、寓言童话、故事新编、绘本演绎等；中高年级的学生根据自己的兴趣爱好，讲述名人故事、推介经典名著、概述名著故事、记录社会新闻等内容。在此活动的推动下，学生积极到图书馆查阅资料，借阅书籍，提升了综合能力。

读书品鉴会

3. 读：经典名著导读

每学期初，语文教师结合各年段学情和教材内容，开出各年级阅读指导书单，图书馆提前做好新书的征订工作。在每学期举行好书推荐征文活动，通过板报或橱窗开辟图书宣传栏，展示学生的获奖征文，好书共读，增加学生借阅的针对性。语文教师也利用每周一节的阅读课，开展阅读品鉴活动，组织学生交流读书心得。

4. 写：阅读摘记

读书贵有得，我思故我在。为了鼓励学生读书中勤于思考，及时记录阅读体会和读书收获，学校印发《书海拾贝》阅读手册，用于学生摘抄好词佳句，记录读后感悟，并在每个学期末举行评比活动，对获奖的同学予以表彰，并利用楼梯墙面、橱窗展示获奖作业。

（二）开辟班级图书角，随时读书，拓展图书馆功能

图书馆藏书剔旧更新是图书馆的生命力所在。随着学校图书馆新增图书的不断购入，由于馆藏面积的局限性，旧书的合理处理与利用问题亟待解决。经过讨论决定，学校每个班级于学期初从图书馆藏旧书中拣择出品质较好的图书放入各自的班级书柜，建成班级图书角。相同年级的不同班级图书可以每个月轮换一次，实现图书流动。这样可以让学生利用课余时间随时随地读书，让读书成为一种日常学习行为，营造班级良好的读书氛围。同时，为了维护班级图书角的正常借阅，培养学生文明借阅的习惯，树立诚信意识，每个班级安排了图书管理员，制定了相应的借阅规则，无形将"立德树人"的理念渗透其中，也锻炼了学生的自主管理能力。

在学期末，学校会将部分旧书作为奖品奖励给每月评出的"阅读之星"、文明借阅星，以及在读后感征文、好书推荐征文中获奖的同学。

（三）开展读书节系列活动，营造书香校园文化氛围

1. "吟诗诵文，传承经典"诵读大赛

学校每年 5 月份开展的读书节活动深受学生的喜爱。在读书节活动期间，每年的固定节目是"吟诗诵文，传承经典"集体诵读大赛。比赛中，低中年级的古诗吟唱，巧妙融汇了舞蹈、舞台剧等元素，趣味十足；高年级的现代诗歌、美文诵读感情饱满、气势雄浑，唐诗宋词古韵飘香，举手投足之间，气宇轩昂，给大家呈现了一场震撼人心的视听盛宴。

2. "小小藏书家"评比活动

读书节期间，学校还将开展"小小藏书家"评比活动。学校组织学生将家里的藏书拍照上传，并以"我的读书故事"为题，撰写一篇文章。图书馆老师根据学生的藏书数量，以及撰写的读书征文评出每年度的"小小藏书家"，在读书节总结大会上予以表彰，以此激发学生的读书兴趣，营造良好的家庭读书氛围。

3. "爱心漂流"图书义卖活动

读书节期间，学校还将开展"爱心漂流"图书义卖活动。活动中，学生将自己的藏书拿出来低价出售，每个班级设计宣传海报和宣传口号、制作义卖头饰。

学生可以随意徜徉不同班级的图书义卖摊位，购买自己喜爱的图书，每个班级义卖所得善款将用于资助学校家庭困难的学生。在活动中，学生踊跃参与，借助图书义卖活动，既传递了爱心，又实现了图书漂流，一举多得。

三、管理与制度保障

学校制定了严格的图书馆管理条例和图书借阅制度，并将这些制度张贴在图书馆墙壁上，告知教师和学生相关的借阅条例。师生通过电子借书证登记借阅图书，每周一至周五中午 12 点到 13 点期间，学生可以到图书馆借书、还书。做到专人专

诵读大赛

图书义卖

管，保证每个工作日都全天开放，并积极向学生和教师宣传新书，推荐新书，为师生服务好。

学校将图书馆建设纳入工作计划，学期末馆长会对图书馆使用情况认真总结，组织管理教师进行业务培训，不断提升图书馆管理水平，并积极配合辅助学校的教育教学工作，充分发挥图书的效益，促进学生整体教育和综合素质的全面提升。

（执笔人：袁明青）

源头活水来，书香满校园

上海师范大学附属外国语中学

上海师范大学附属外国语中学地处松江老城区，建校于1927年，占地100亩，现有36个教学班，学生1200多人，教职员工161人，专任教师139人，其中特级教师3人，高级职称教师47人，中学一级教师54人。学校是松江区重点中学，上海师范大学教育集团成员单位，连续14届婵联上海市文明单位，是市行为规范示范校、市首批双语教学实验学校、市花园单位、市安全单位、市绿化十佳学校。

上海师范大学附属外国语中学是一所具有丰厚人文底蕴的学校，校园文化建设风生水起，如一座姹紫嫣红的文化百花园，润物细无声地滋养着学生。如何在高考、分数、压力之外，创设令人耳目一新的学校文化生活，以丰富多彩的读书活动来哺育学生的人文情怀，学校绘就了自己的画卷。

为了实现培养具有"中华精神、世界眼光、人文情怀"的时代新人这一育人目标，上师大外语附中立足自身优势，积极开

展科学有效、全面系统的读书活动，为夯实师生的人文综合素养开渠蓄水，溯源广流，使校园文化建设呈现出蓬勃而鲜活的气象。特别是近几年来，学校高度重视和开发学校图书馆环境与功能建设，让图书馆与学校课程教育教学融合，在开展阅读指导和推广方面发挥出最大的效能，使图书馆成为学校文化建设强有力的桥头堡。

学校图书馆的办馆理念是"精诚服务，引领学习，激扬慧心"。学校为学生提供精致的教育服务，图书馆更应体现出这种现代的教育服务理念。而作为承载人类文明和科学知识文化的收藏、引领和传播者，图书馆更加具有举足轻重的地位和作用。归根结底，我们要将学校图书馆建设成学生完善知识体系、丰富人生体验、激扬生命智慧和创造力的神圣而温馨的殿堂。

学校图书馆由主管副校长专门领导，设有馆长一名，副馆长一名，下设资源建设部、技术服务部和学生服务部三个部门，都有专人专职负责各部门的具体工作，分工明确，职责分明，相互协作，凝心聚力促进图书馆的建设与应用。

学校图书馆设施齐全，功能完备。设有现代化的阶梯教室、学生阅览室、学科活动中心和多媒体教室。并且在教学楼设有阅读长廊，实现全方位、多层面、专业化的图书馆功能构架。

学校图书馆实行自动化管理，图书馆文献管理系统具有采购、编目、典藏、流通、期刊管理、统计检索等功能，能接收、输出文献编目标准 CNMARC 数据，能够实现联合编目、资源共享。

同时，图书馆的重点工作协同学校的主题系列活动有序展开，如五月的阅读节等，一月的欢乐创新季等，通过科学管理，最大限度挖掘出图书馆的潜能，为学校的文化建设和学生人文情怀的培养添薪助力。

我们根据高中生的发展特点，和学校"培养学生国际理解素养为核心的外语特色学校"的创建工作，图书馆在每年购书和杂志订阅方面，精心选择，构筑文化和国际视野的体系，积极引导学生拓展文化背景，开阔知识眼界，积淀丰厚的人

学生在校园内阅读

文素养。

学校切实加强图书馆在学校文化建设中的重要作用，尤其注重和课程教育教学的融合，积极发挥图书馆在开展阅读指导和阅读推广中的功能，为夯实学校的人文底蕴、培育学生的人文情怀、促进学生的特色发展做出显著成绩。

一 "阅读引航"，助力课程教育教学

助力"阅海引航"课程。作为学校人文建设的系统工程，"阅海引航"经过前期的探索实践，终于在 2015 年 4 月形成较为完成的课程体系，主要载体是《阅海引航》校本教材，教材共分三编一附录。第一编是"让阅读燃起心灯"，收录了学校领导和教师精心推荐的书籍，内容涵盖文学、历史、政治、地理、生物、哲学、物理、英语、信息技术等各个方面；第二编是"那些年我们曾经喜欢的书"，收录了历届优秀毕业生推荐的在本校求学时期所读过的经典作品，他们的推荐语闪烁着人生经验与智

慧的光芒；第三编是"阅海览胜"，收录了本校学生优秀的读书笔记，起到了很好的引领作用；最后的附录是经过长期积淀、广泛征询和精心筛选的"阅读课程书目单"，主要是文哲类、政史类的书籍，分必读书目和选读书目，涵盖了每个学生三年的阅读范围，古今中外，经典名著，文化荟萃，旨在提升学生的人文素养。

图书馆在学校"阅海引航"课程的建设中，起到了积极的配合与推动作用。根据"阅读课程书目单"，图书馆有针对性地购置书籍，在书单书籍完成基本配置之外，还配置了相应的辅助和拓展书籍，给学生提供了广阔的挑选空间，有力保障了"阅海引航"课程的顺利实施。

同时，图书馆精心开辟了三个学生阅览室，供学生每周一次的课外阅读课使用。图书管理员每周筛选与课程有关的书籍，及时上架，合理调整，使学生的课外阅读成为有源之水，鲜活之流。

二 "心香·阅读节"，增强人文底蕴

学校从 2000 年开始，确定每年五月为学校"心香·阅读节"主题活动月。主题活动由校长室发起，图书馆全力协办，联合学生处和教务处，发动语文、政治、历史等教研组的力量，开展了多方位、多层面的单元活动，使读书节系列活动丰富多彩，全面有序，凸显成效。

活动过程中，图书馆精心组织安排丰富多彩的阅读指导活动，如邀请知名学者鲍鹏山、赵振武、何敬业等教授，著名作家诗人叶辛、赵丽宏、欧阳昱等来图书馆作专题讲座，邀请松江区作协与图书馆联合举办"松江当代文丛"首发式等，通过这些高大上的文化活动，使学校师生充分感受到作家学者们博大精深、纵横捭阖的睿智和情怀，让大家一次次享受到思想和文化的盛宴。每学期图书馆还组织精彩的经典诵读比赛，激发学生诵读经典的热情，充分调动了广大学生读书的积极性，浓郁了学校

阅读之星面试

外国文学进校园

《松江当代文丛》首发式

读书报告会

的文化氛围，增强了"人文底蕴"这一学校特色，使书香校园建设取得了可喜的成效。

三、外国文学进校园，提升多元文化理解力

由上海市文联、上海世纪出版股份有限公司为指导单位，由上海翻译家协会、上海译文出版社《外国文艺》编辑部主办的"外国文学进校园——中学生阅读习惯养成"系列活动于每年5月在学校举行，由图书馆负责牵头和落实。学生通过活动拓展眼界，提升多元文化的理解能力，养成良好的阅读习惯，同时增强外语学习的热情与动力，为学校的外语特色建设和国际文化生态建设增添亮色。

几年来，活动平台请来了多位专家学者，围绕中西文化的融合作了多场讲座，有上海大学英语文学文化研究中心主任朱振武教授的"美国文学给我们的当下启示"，华东师大法语教授、中国资深翻译家何敬业先生的"法国文学中的人道主义精神"和"外语学习方法中的辩证关系"，上海翻译家协会理事、中国诗词学会会员黄福海先生的"从格律谈英诗汉译"。这些讲座角度新颖，举例生动，信息丰富，中西文化相互观照，人文情怀有力彰显。

四、阅读长廊，营造浓郁书香氛围

如何将图书馆的功能落实到学校文化建设的每一个角落，使得书香在校园变得处处芬芳，在学校领导的精心策划下，图书馆务力拓展学生的阅读空间，营造更加浓郁的阅读氛围。首先在每个班级设置图书橱，配制经典书籍50本，定期由班级图书管理员到图书馆调剂，以充分保证学生能随时看到想看的书，在任何边角料时间都能即兴阅读。

在此基础上，图书馆又在2号教学楼开辟了"阅读长廊"，配制更加丰富的图书资源，提供了更加安静的阅读环境，在自修或午休时间开放给学生阅读，随取随读，也可以开展读书沙龙等交流活动，积极鼓励学生自主学习，个性发展。"阅读长廊"成为教室对面的一道奇丽的风景线。

阅读，思考，交流，创新……已然成为每一个上师大外语附中人的精神内核。学校图书馆也成为学校文化建设的源头活水，滋养着广大师生的人文情怀。

经过长期的努力，学校的读书活动取得了一系列喜人的成果。在上海市"外国文学进校园"征文比赛中，多位学生斩获一等奖，学校荣获优秀组织奖；在历届上海市中学生作文竞赛中屡获一、二、三等奖，王丹君同学还获得了2016年中国中学生作文竞赛上海赛区特等奖；在历届上海市中学生古诗文大赛中，学生每届都获得优异成绩；在上海市陈伯吹儿童文学作品朗诵比赛中获得一等奖；在区教师读书征文比赛中，学校多位教师荣获高中组一、二、三等奖，成绩突出；《解放日报》《新民晚报》《中学生报》《改革》杂志、上海电视台等各大媒体都对学校的文化建设作了专题报道；著名作家进校园、"松江当代文丛"首发式、"青春校园，诗意人生"著名诗人校园行、"外国文学进校园"等系列活动在上师大外语附中隆重举行，取得了良好的社会反响。

（执笔人：周民军）

最美亲子图书馆，架起家园共读桥梁

上海市青浦区晨星幼儿园

青浦区晨星幼儿园是上海市陈鹤琴教育思想研究基地园和以阅读为特色的一级园，现有 13 个班级，321 名幼儿，70 位教职工。以陈鹤琴"活教育"思想为指导，在"构建合作共享、互动共进的书香校园文化"特色的实践过程中，逐步体验"活教育——让每个孩子健康快乐每一天"是晨幼的办园宗旨。

从 1995 年起，我园就走上了幼儿早期阅读的指导、研究、探索之路。实践中发现，开展早期阅读仅仅依靠幼儿园的力量是远远不够的，如何调动家长积极性，充分运用家庭资源，在家园互动中营造书香校园文化，引起了我们的再度思考。于是，在对幼儿进行早期阅读开发的同时，将幼儿家庭阅读指导纳入了研究范畴。为此，我们紧紧抓住"亲子图书馆"这一载体，开展亲子阅读，帮助家长转变观念，提高认识，有效提高家长科学育儿的理念。同时也让亲子阅读成为家庭生活中一项重要内容，成为沟通家长和孩子的心灵、营造书香校园文化的强大后盾。

图书馆内景

一、亲子图书馆的建设

晨星幼儿园的阅读环境以清新淡雅的抹茶绿为主基调，处处体现"小情调"。幼儿园的大环境是每天家长和幼儿进出频繁的地方，一走进教学楼大厅，映入眼帘的就是"书香文化角"，我们会根据当下的季节、节日、重大活动等布置不同主题的阅读内容，周周布置，月月更换。

底楼走道是家长和幼儿经过最多的地方，我们在一侧安静的角落，开设了"亲子阅读区"，素雅的书架与长凳能吸引家长和幼儿停一停、坐一坐、看一看；顺着楼梯走上二楼，这里是"图书吧"，里面有书报架、小沙发，家长们可以在接送幼儿时读

报看书；继续上三楼，你可以看到"三三两两阅读角"，幼儿可以张贴自己最喜欢的故事图片，一起说说自己发现的、看到的故事。

此外，我们还在多处布置了阅读墙。二楼墙面以"亲近名家 共读经典"为题，选择国内外知名的童书作家，制作版面介绍张贴在墙上，并投放了作家创作的图书。家长可以给幼儿读一读这些作家的介绍，讲一讲他们的小故事，看一看他们创作的绘本。从了解绘本到了解作家，从而拓展了幼儿的眼界；还布置了"听故事 请你扫一扫二维码""阅读活动精彩瞬间""童话小演员""最美书香家庭"等照片墙。

充分利用楼梯的墙面，师生共同完成"一本绘本的诞生"，

以绘本创作的经历为主线，通过幼儿绘画，教师配上文字的方式，向大家介绍绘本创作的过程——想、写、画、投、约、编、排、校、印、订、入、上，激发幼儿尝试自己创作故事、图书的兴趣。

楼梯墙还布置了"一本绘本 了解一个国家"版面，让幼儿知道好看的绘本来自不同国家，每个国家都有自己的风土人情，向幼儿介绍绘本以外的故事。从一本绘本阅读到对一个国家的了解，拓展了幼儿的视野，激发幼儿再去寻找、阅读各国绘本的兴趣，了解多元文化。

我们还充分利用走廊顶，将绘本封面绘制在走廊顶上。每天幼儿进进出出，都可以看到这些故事，将自己熟悉的故事与大家分享。让幼儿带着页面内容去寻找故事的情节，激发幼儿的阅读兴趣。

我园拥有一个独立的、面积约为 160 平方米的阅览室，这是集中进行阅读活动的场所。根据建筑结构，划分了五块小区域，供幼儿开展不同类型的阅读活动。

自主阅读区：书架、墙面上提供了纸质的与主题相关的各类图书、小沙发，幼儿自主选择图书安静阅读，可以坐在沙发上，也可以坐在靠垫上与同伴一起阅读讨论；视听区：有小长桌与小凳子、阅读的图书、耳机、录音机、电视机、相关阅读规则。幼儿可以选择看电视机，也可以选择听录音机，还可以选择用录音笔点点听听看看，边看书边听故事，非常认真；阅读表演角：投放书柜、圆形沙发、地毯、各类手偶、各种建筑物模型、脚印等。幼儿来到温馨的阅读表演角，可以商量着扮演绘本中的角色，讲讲绘本中的故事；科常故事阅读区：小沙发、各色坐垫、科常类故事图书。幼儿在旁边的书柜上选择科探类图书，有的合作阅读，也有的独立阅读；图书制作区：墙面上布置各种各样不同形状、不同颜色、不同品种的自制图书，桌面上提供照片制作图书的范例，幼儿可以创编故事，并进行新书的制作，俨然成为一名小作家。

亲子阅读区

师生阅读

二、亲子图书馆的应用

（一）亲子借阅

为了确保图书馆工作的顺利开展，我们施行每周一次幼儿借书、两周一次家长借书、每月一次沙龙或学校活动，引导家长关注阅读，学会指导阅读，进行亲子共读，丰富家庭精神生活，密切亲子关系。人手一册《晨星亲子阅读档案》，记录下孩子的阅读轨迹和感受，培养阅读习惯。

我们还充分发挥家委会的示范引领作用，让每个家长成为亲子图书馆的合作管理者，在家长中营造争创氛围，使"人气榜"等激励制度成为长效机制。我们也让家长参与讲故事活动，通过与孩子的互动，不仅让家长学习指导的方法，更促进家长

对早教重要性的认识，也让家长成为提高保教的合作伙伴。我们将借助亲子图书馆的魅力，一如既往地开展好各类亲子活动，帮助家长转变观念，同时也发挥家教优势，提高认识，给幼儿以积极和富有成效的影响，促进孩子的健康成长。

我们建立"亲子图书馆志愿者"活动机制，发挥家委会的示范引领作用，为每个家长成为亲子图书馆的合作管理者提供平台。设计"晨星亲子阅读档案"，尊重每对亲子的阅读感受，让分享成为可能。

通过制定和完善一系列的图书馆长效管理机制，使之成为阅读课程实施的特色项目。管理制度有《幼儿、家长借书制度》《家长志愿者制度》《图书采购征询制度》《图书馆管理制度》《书香家庭评选制度》《阅读感受版面展示制度》《借书率公示制度》

《最喜欢的图书评选制度》《亲子阅读活动指导制度》等。幼儿家长借书率95%—100%；85%以上的家长参与了图书馆管理的志愿者活动；90%以上的家庭的《读书心得》和《亲子共读感受》得到分享。

（二）"书香家庭"活动

每学期期末我园开展"我们的图书我来选、我来读、我来玩、我来服务"的书香家庭创建活动，围绕家庭图书馆建设，书香家庭创建为主题，形式丰富，全员参与，内容有布置家庭阅读角、大带小购书、家庭好书分享、亲子共读感受征文等。

在完成阅读计划书、亲子阅读档案评选、为好朋友选书、赠书等活动中，家长和孩子一起获得成长，成效显著，建设书香家庭已成为大家的共同愿望和行为。

（三）书香文化活动

以亲子图书馆为载体，开展了一系列书香文化亲子活动。

"名家名作请进门"活动，邀请了《大头儿子小头爸爸》的作者郑春华以及青浦报社副总编徐斌老师与家长、老师面对面交流。以"幼儿绘本的选择和理解"和"读书忘忧、读书怡情、读书养生"为话题，教给家长如何为幼儿购买合适的图书、如何帮助幼儿更好地理解故事，得到了家长们的一致称赞。

"我是童话小主人"活动，为家庭提供绘本，幼儿扮演绘本中的故事人物和家长一起走红毯；将绘本故事改编成剧本，配上音效，组织家长和孩子一起登上晨星大舞台表演《一颗纽扣》《南瓜小房子》《小青蛙和小鲤鱼》《我的家》等二十多部亲子童话剧。

亲子看图编故事活动，每个家庭根据年级组提供的图片，选择其中一组，创编小故事，以家长投票的方式选出了60多个"最佳亲子故事"，并出版印刷了小班、中班、大班"亲子编故事小报"。

面对小班家长开展"亲子制作大图书活动"，将幼儿的生活照片配上文字变为自己的故事制作成书，并进行定期展示。

"欢欢喜喜过大年——中华谜语节、元宵节活动"，通过亲子谜语收集展示、编谜语家长学校、谜语手册发放、亲子谜语、编谜语展示等活动，在家长的参与下，幼儿对编谜产生了浓厚的兴趣，并提高了对谜语的理解能力。

亲子图书馆的创办体现了我园"师幼同进，家园共育"的宗旨，培养幼儿"爱读书、会读书、做文明小读者"的品行，增进了幼儿对图书、对阅读的了解与兴趣。亲子图书馆的运行，潜移默化地影响着幼儿的心灵，影响着家长的教养态度与方式，营造出浓郁的书香文化气息。我们将继续发挥亲子图书馆的作用，一如既往地开展好各类亲子阅读活动，给幼儿以丰富有益的文化滋养，促进健康成长。

（执笔人：潘凤燕）

基于分级阅读的小学图书馆阅读推广活动

上海市青浦区崧文小学

上海市青浦区崧文小学是 2015 年 9 月开办的青浦新城一站大型社区公建配套学校，设有 30 个教学班。学校占地 27574 平方米，建筑面积 15793.38 平方米，绿地面积 9651 平方米，设施完备，环境优美，图书馆位于行政楼三楼，分为学生图书馆、职工书屋、多功能影音室、教师论坛室、二次文献编辑室等功能区域。

一、润物无声，行健有书

（一）图书馆藏书和开发情况

崧文小学现有学生 457 人，图书馆生均藏书 31 册，报刊种类 112 种，每 2 个月左右去招标图书供应商处采购图书。目前为学校教育教学、师生工作学习提供所需要的各类纸质资料、

音像资料（指录音带、录像带等）、光盘资料、数字资源以及其他材质的学具、教具等 14662 册，本馆纸质图书的复本原则上不超出 5 册。

学校图书馆以服务学生需求为主，兼顾教师，采用集"藏、借、阅、研、休"功能为一体的大空间、全开架布局方式，周一至周五 8:00 至 16:00 开放，每周实际开放时间不少于 40 小时，确保每天在课间、午休和下午课后等时间为所有师生提供外借和利用服务。

（二）校内阅读环境

1. 校园处处是"图书馆"

在学校走廊、教室设立书、报、刊流通点，逐步形成学校在"图书馆"中的新格局，为学生营造富有童趣、激发学习兴趣的阅读空间。在校内实现全网覆盖，与轻学项目合作，将数字阅读 APP 嵌入电子书包，利用科技的普惠性，使每一位学生和老师随时随地都可以阅读。

2. 阅读推广活动

因此，校图书馆工作在综合考虑当前"立德树人、核心素养、绿色指标、基于标准"等时代教育背景之后，根据学校"德润校园，行健人生"的办学理念，定期举办读书节活动，开展阅读指导课，利用微信公众平台进行好书推荐，努力为崧文学子创造一个良好的阅读环境，提升学生的阅读素养。

二、春风做伴好读书，书香崧小悦读人生

（一）读书节

春风做伴好读书，2017 年 3 月崧文小学举办首届"书香崧小，悦读人生"读书节系列活动。在美丽的烟花三月，校园里焕发着春的气息、散发着书的韵味。为了全力打造书香校园，积

学生设计的馆徽

图书馆内景

职工书屋

阅读课

电子阅读

分组阅读

极营造快乐轻松的学习氛围，使课外阅读真正成为学生良好的学习习惯，举办了为期两周的首届读书节系列活动。本届读书节主题是"书香崧小，悦读人生"。读书节活动内容丰富、形式多样，有"吟诗作画品风雅"的古诗画画、"以书会友寻知己"的读书交流、"书香家庭随手拍"摄影评比、"邂逅书中小精灵"书签制作评比，还有"满腹经纶才横溢"词语猜猜乐、学生徒步参观青浦图书馆，等等。读书节系列活动，成为崧文小学的一个传统节目，每年都将在美丽的春天举办一次。崧文学子将利用这一个月的时间，按年级对学生最喜爱图书进行一次"读者荐购"的调查，图书馆利用问卷星进行数据统计，制定图书采购书目，并根据年级制订分级阅读计划。

（二）阅读情况

1. 家校合作的图书馆

随着亲子阅读，经典阅读到分级阅读，少儿阅读的形式和种类日益多元。读书节活动受到家长和学校越来越多的重视，学校图书馆的馆徽也在小朋友和家长的共同努力下设计完成，悬挂在图书馆门口。

2. 师生合作的图书馆

学生热爱阅读，教师也不甘落后，利用崧涵论坛、师说、相约午后等平台，分享读书与学习心得，鼓励和引领教师热爱阅读、获得提升，积极融入"书香校园"建设氛围，提高学校教导处、信息处、教科室等部门教师的综合素养，不断提升为广大教师服务的意识和本领。通过阅读帮助教师保持积极进取、主动思考的工作状态，培养教学服务人员良好的工作与学习习惯。联合图书馆、教科室等部门，确定阅读书目，在双周的周二，教师集中到职工书屋开展读书活动，共读好文、交流读书心得、畅谈自己读书感想。

三、交流读书方法，学做读书笔记

摘抄，是一种有效的读书方法。如果把重在提升阅读效果的"摘抄"，变成了机械重复的"抄写"，摘抄将成为孩子课外阅读过程中的一个负担。摘抄卡的设计流露童趣，为了让孩子的摘抄卡增添一些"生机"，开辟了两块可供涂鸦的空白地方，一个是"美图秀秀"，孩子可以画"今日阅读印象"，可以画图书插图……关键是要自己的"真迹"；日久天长还可用圆扣装订成一本属于自己的书，这是一件非常有成就感的事。完成摘抄后，放飞童心"秀一秀"摘抄的内容，选一个周一早晨举行一个简单隆重的优秀摘抄颁奖仪式，激发孩子参与阅读摘抄的积极性。课外阅读是一种开放式的学习方式，针对孩子阅读摘抄的经典作品中的一些精彩段落，让孩子"演一演"精彩的故事，图书馆里搭个小剧场，买几个小布娃娃或孩子们自己动手做一做，给孩子们插上一对想象的翅膀，让心灵放飞。一本摘抄笔记，仿佛一个万花筒，展现出孩童丰富的内心，纯真的性情。

学生摘抄笔记

四、分级阅读推广服务，童心筑梦携手向前

（一）分级阅读服务

在 20 世纪 20 年代，美国就提出了文本分级的可读性概念，并且到现在为止有 100 多个分级阅读公式。分级阅读，就是按照少儿不同年龄段的智力和心理发育程度为儿童提供科学的阅读计划，为不同孩子提供不同的读物，提供科学性和有针对性的

图书。分级阅读概念产生于对少年儿童生理和心理特征的科学分析。少年儿童在不同的成长时期，阅读性质和阅读能力是完全不同的，7—12岁是小学阶段，这个年龄段的图书可以少点图片，多点文字，培养孩子主动阅读的能力。按照不同年龄儿童的阅读特点，划分出一年级、二年级、三年级等，为每个阶段的孩子提供分级阅读服务，鼓励学生读一些适合他们的优秀读物。

（二）结合微信平台，推动阅读计划

图书馆的活动计划表会根据年龄段和实际阅读能力制定，不同的年龄段有不同的阅读推荐活动，并且让语文老师也加入进来，指导以及帮助孩子选择书籍，制订阅读计划。此外，利用微信公众平台向学生和家长推荐适合他们的经典文学，提高他们的读书鉴赏能力。充分利用馆内资源为学生服务，根据不同年龄的特点，最基本的是不要走错书架，其后再谈内容选择。微信公众平台还推送"行吟坐咏诵美文"活动，帮助家长关注孩子的阅读教育。不同孩子的家长也可以当阅读推广人，参加"读书分享"活动，家校携手向前筑就童心书梦。

在这样充满书香的校园中，不断开拓文化视野，丰富文化生活，用阅读为精神打底，与经典为友，点燃阅读热情，崧文学子的阅读素养将有更大的提高。

（执笔人：池雅娟　陆利平　左一兰）

学生制作摘抄卡

古诗词诵读活动

书香飘逸，让阅读成为习惯

上海市青浦瀚文小学

学者朱永新曾说过：一个人的精神发育史就是一个人的阅读史，而一个民族的精神发育水平，在很大程度上是取决于这个民族的阅读状况。那么一个崇尚读书的民族一定是一个优秀的民族，一个崇尚读书的社会一定是一个充满希望的社会，而一个崇尚读书的校园一定是一个健康幸福的校园。

2009 年 8 月，青浦瀚文小学正式成立。作为一所公办小学，我校以"文化惠泽童心、活动促进发展"为办学理念，以办学生热爱、家长满意、社会认可的学校为办学指标，致力于以智慧仁爱的教育普惠每一位学生，赋予童心最美的光泽——求真、向善、至美！目前我校一至五年级，每个年级开设 6 个班，班级总数为 30 个，在校学生人数为 1184 名，教职工人数为 100 名。

一、创设美环境，书香润童心

图书馆作为学校教育的延伸，对儿童的身心发展、素质养成有着不可推卸的责任。我们秉承"快乐阅读、自然生活、健康成长"的理念，为广大读者提供简便、快捷的服务，并以建设一个享受阅读生活，弘扬校园文化、传承中华文明的书香校园；我们在校园中播撒读书的种子，强化阅读理念，营造阅读氛围，构建阅读课程，开展阅读活动，努力使浓浓的书香，浸润每个孩子

休闲阅览区

借阅服务区

低年级阅览区

教职工休闲阅读区

的心田，一直以来为实现这一目标，一直默默地耕耘着……

我校图书馆直接由校长领导，下设一名图书馆员。每周一到周五，从 8:00—16:30 面向全校师生开放图书资源，实行全方位、多层次服务。在服务方式上，不仅提供各类少儿文献资料的存储、流通、检索、咨询等读者服务，同时也为学生、家长、教师开展各类形式的阅读活动。

学校的图书馆分为主室与副室两大区域，其中主室有低年级阅览区、中高年级阅览区、开放式书库、借阅服务区供学生开展阅读活动，同时也为全校师生提供日常的借阅。副室包含了教师学术阅览区与教职工休闲阅读区。

二、活动促发展，阅读惠童心

在大数据环境下，学生的图书阅读习惯受到了严重的冲击，网络直接、快捷、多样化的功能已经获得了越来越多读者的青睐，越来越多的读者正在逐渐远离图书，远离那些曾经影响过一代又一代人的散发着浓郁墨香的纸质读物。这对于学校图书馆来说，无疑也是一个巨大的挑战。那么如何把读者重新凝聚到传统的图书阅读上来，从而继续有效地发挥传统图书潜移默化的引导和熏陶作用，我们一直探索着、思考着、引导着，让读者重新亲近图书阅读，培养他们良好的阅读习惯。

为此我们开展了一系列活动，如组织童心悦读节、绘本剧场、家庭读书大赛等实践活动，鼓励学生多读书、读好书，提供读者锻炼和展示的舞台，实现图书馆与读者的互动。

（一）每年的"童心悦读节"

每年的 6 月是孩子们最幸福、最欢乐的时光，除有儿童节外，我们还有"童心悦读节"。这个月全校开展"读绘本""读童诗""读赠书""读礼仪""读美文"五个篇章的主题活动。在历时一个月的"童心悦读节"中，学生的各项活动成果都会一一展示，创绘本、画童诗、写书信、诵美文等的收获与感悟得以悉数

呈现，让瀚文学子浸润在浓浓书香里，散发满满正能量！

（二）定期的绘本剧场

幼年时与爸爸妈妈一起读绘本故事，是家庭阅读氛围的形成期，那如何一直延伸下去呢？让学生带着爸爸妈妈一起到学校图书馆分享阅读的快乐，一起制作"爱"的绘本。鼓励学生用自己的巧手画自然、画动物、画生活、画亲友。一本本绘本虽小，但是，每一幅图画，每一个汉字都饱含着他们对大自然的热爱，对动物们的爱，对美好生活的爱，对我们身边可亲可敬的亲友的爱。活动中还有家长热情地与孩子一起惟妙惟肖地演绎绘本故事。

（三）精彩的图书讲座

俗话说：腹有诗书气自华。一直以来我们都非常重视培养学生良好的读书习惯。我们力争学校资源邀请知名儿童阅读推广人、上海图书馆研究馆员、上海市图书馆学会阅读推广委员会副主任赵亮老师，为一年级的家长们作亲子阅读讲座——《绘本的理念与选择》。让专家带着家长们一起认识绘本，一起读绘本，一起感受绘本带给我们的美好。同时，告诉家长们亲子阅读的重要性，并指导家长们如何选择优秀绘本与孩子一起分享。

（四）日常的阅览课

以书香打造特色，以书香追求卓越，是我校师生美好的理想追求。开展阅读活动促进师生发展，同时我们也坚持做好日常中的每堂阅览课。以阅览优秀书籍为契机，根据学生不同年龄以及接受理解能力开设读名著、读经典、读科普活动，每个学段列出必读书目和选读书目，让学生亲近书籍，走进名著，读齐文化。其一，加强班级图书角建设，每学期图书馆根据不同学段提供 100 本图书充实班级图书角，利用每周二、周四午间时间开展好书阅读活动，促进阅读读物的落实。其二，高效安排

班级进图书馆上阅览课。每学期开学初根据教导处的大课表，合理有效地安排每个班级进馆阅览。同时开展低年级的读书日记，摘录好词、好句，中高年级的读书卡，介绍自己看过的新书、好书或者好文，交流自己在读书活动中的心得体会。培养学生边读边记的好习惯，帮助学生完成积累和消化，激发学生阅读的积极性。同时图书馆与大队部整合资源，通过学生会定时组织学生读书卡与读书手札报评选活动。

我们秉承着全心全意为学生及家长、教师提供文献保障和信息服务的宗旨，坚持"活动促发展"的理念，践行"只要行动，就有收获"的指南，让图书馆成为孩子们的快乐阅读书屋。

（执笔人：黄　静　陆利平）

阅览课

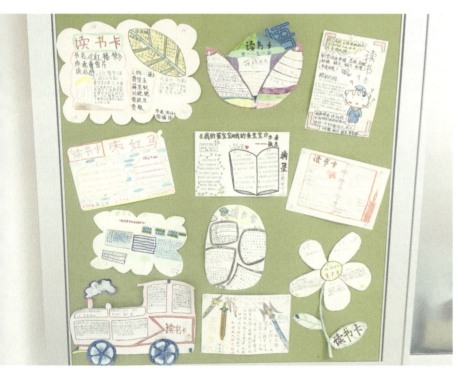

读书卡

读书卡

为了诗意流淌的远方

上海市奉贤区汇贤中学

上海市奉贤区汇贤中学成立于 2011 年，她屹立于奉贤运河河畔，是一所年轻的初级中学。现有 24 个班级，88 名教职员工，1071 名在校学生。汇贤教育者坚定奉行"相信每一个孩子都有成功的愿望，相信每一个孩子都有成功的潜能，相信每一个孩子都可以取得多方面的成功"的理念，秉承"汇智以远，育贤为本"的校训，形成"善思力行、高雅大气"的校风，致力于培养"善学笃志、卓然俊秀"的汇贤学子，让学校成为师生共同成长的乐园，从这里出发，向着心中的远方笃志前行。

汇贤图书馆取名"诗远阁"，意在引领全校师生去寻找诗和远方，"诗远阁"也是经家长、学生、教师以及关注汇贤发展的社会人士共同投票产生的。营造书香校园的氛围，建构每一个汇贤人富足的精神家园，也正是我校图书馆工作的核心思想。

一、合理布局，创造优雅阅读环境

"优雅"的根本是良好的教养和不断地自我修炼，多年来，

诗远阁

合理的布局让各功能区域有机统一并最大限度便于读者利用馆内各种文献资源。

除了改造图书馆的空间以外，我们还更新了图书馆管理系统，由传统的扫描枪扫描借阅归还的妙思系统，换成声阅智能系统，简化了图书管理的程序，借阅归还也更加便利高效。我们还在门厅放置了自动借还的电子书柜，做到图书馆全时空开放，深受学生喜爱，每天课间与放学都有学生前去借还书籍，阅读无处不在。

为了让师生对图书馆充满向往和期待，我们每年都会投入图书专项经费，每季度定期购买新书，满足孩子们的阅读欲与好奇心，每次走进图书馆都能有惊喜，那么书籍就会成为一个孩子终生的挚友，诗和远方就在每一天的阅读中不断滋养。

二、大胆尝试，开设图情教育课

学校图书管理员，不仅是图书的管理者，同时也是广大学生利用图书馆的启蒙老师。我校的图书管理员陈益老师毕业于上海外国语大学，具备较强的组织能力和较高的文化素养，不仅能将图书馆工作开展得井然有序，还具有深入钻研的精神。她开设图书情报课，普及一些基本图情知识，开展关于"初中生课外阅读情况"的问卷调查及认识图书的分类等课程，积极带动学生更了解、更热爱书籍。

通过"初中生课外阅读情况"的问卷调查了解了男生女生偏向喜欢阅读的书籍种类，学生喜欢或不喜欢看书的理由，更利于图情教育有的放矢。同时也让学生懂得阅读的益处及其他一些良好或不良的阅读习惯，激发学生提高阅读的兴趣，养成良好的课外阅读习惯，感受书籍借阅的便利，鼓励学生更多阅读，体验阅读好书的快乐，也更要爱护图书与遵守规章制度，使学生乐读、爱读，让阅读成为学生生活中的一种乐趣、一种习惯。

"图书馆基础知识普及——认识图书的分类"这堂课更获得"2017年中小学图书馆资源利用与学生阅读素养提升教学观摩

汇贤师生将此奉为圭臬。2017年暑假，为打造更优雅的阅读环境，我们将原来老式的图书馆进行了全面的改造，不仅扩大了整体面积，图书馆的区域划分也有了显著变化。

诗远阁一体五区，分为学生阅览区、学生电子阅览区、读书交流展示区、教工阅览交流区及藏书区。让学生和老师嗅着书香进行阅读和研讨，与之前阅览和图书借阅分割开来的构造相比，更能让每一个阅读者近距离感受书本和文字的魅力。

其中，学生阅览区面向全体学生开放，并考虑到相关阅读类课程的使用需求，可供100多名学生同时使用。学生电子阅览区在学生阅览区的基础上增加了相关电子设备，以便平板等电子设备的使用。随着社会的发展及进步，教学目标、教学手段也必将随之发生变化，诗远阁紧跟时代发展的步伐，试图建构起符合现代教学要求的图书借阅新格局。图书交流展示区准备了一面大的电子展示屏，以供多元的交流使用。除此之外，诗远阁在建造设计过程中还充分考虑了人文需求，隐藏在角落中的蒲团铺展开来更具禅味悠远的书香韵味。

阅读需要氛围，走进一个书香萦绕的场所，总会忍不住拿起一本来翻阅，加上图书馆本身略带古典的装修风格，更能让师生较快地沉浸其中。

阅读指导课

活动"市教学评比二等奖。2018年4月24日"新时代背景下的阅读与教育——2018年世界读书日"活动中,十多位外省市同行专程来观摩。

管理员不仅主动开展校内图情课,更积极配合语文教研组,为语文老师上好阅读指导课提供有力保障。无论是日常的阅读课,还是渗透有拓展性质的导读课,都离不开诗远阁这样一个特定的环境。

三、拓展空间,发挥更大育人价值

学校图书馆是学生的第二课堂,学生的知识能通过图书馆得到丰富、补充和延伸。新时代的图书馆不应当成为只能借阅和还书的场所,应当发挥更多更大的功能,为培养孩子的习惯和思维能力等综合素养服务。

(一)自主实践

除了学生定期借书外,图书角还配置50本书。这50本书要求小图书管理员在班级里经过全班同学的推荐与挑选,有作文辅导类,有科普知识类,有历史人物类,有漫画类,有双语作品类……这些书籍定期更换。这样做一方面能发挥班级图书角的作用,让书籍走进教室;另一方面让学生巩固他们所学到的

图书知识,遵守图书馆的规章制度,学会文明借阅,更可以培养学生的团体协作与个人实践能力。

(二)参与活动

我校图书馆积极参加市区级各项活动,让学生在活动中收获成长,近年来,我们参加的上海市中小学生暑期读书系列活动,屡获佳绩,如2014—2016年连续三年在上海市中小学生暑期读书系列活动中荣获市优秀组织奖;在2017年上海市中小学生暑期读书系列活动中,我校有20多人获不同等第奖,陈益老师也因此荣获市优秀指导教师荣誉称号,还被评为2015年度上海市中小学图书馆工作先进工作者称号,2016年我校被评为"上海市民文化阅读推广组织"。

由于荣誉频获,无论是老师还是学生,对参与图书馆活动都具有较高的积极性。尤其是很多在学业上并不出彩的学生,通过这一系列活动收获了自信。

(三)营造氛围

新馆建成后,还承办了学校读书节活动中的"朗读者"节

教学观摩课学生活动

朗读者

阅读指导课

目，从录制到拍摄，图书馆积极与德育处和各年级组配合，使活动得以顺利进行，并获得了师生和家长的一致好评。

同时，我们还与党支部一起，发动假期的教师征文活动，从选书到购书，我们都精心挑选。比如 2017 年寒假，我们为老师挑选了一本《站住讲台的力量》，内容既与教育相关，又有较强的可读性，很多年轻教师在征文中感悟收获颇多。

（四）服务科研

为了能够满足教师教科研所需的材料和信息，图书馆在校长室的支持下购买了中国知网服务，在图书馆内不仅可以查阅纸质资料，也能够查阅丰富的电子资源。

同时，为了让教师享受更多的资源和便利，我校图书馆与区图书馆结盟，区图书馆网站上的资料，免费向大家开放，非常便捷实用。

未来，我们将努力整合家长资源、社区资源，将图书馆的功能更多地向社区辐射，让书籍走出校园，走进家庭，让阅读的范围更加广泛。同时，加强和学校各行政部门间的合作沟通，让更多的活动在图书馆开展，让每一个孩子爱上阅读，让教师都能够引领孩子一起阅读。

图书馆工作和我们的学校一样还很年幼，为了诗意流淌的未来，我们每走一步都力争做到铿锵有力，能在孩子们的心中回荡萦绕，感染每一个孩子去阅读，去寻找心中的诗和远方。

（执笔人：陈 益 方静依 杨 霞）

让图书馆成为师生共同追求的精神粮仓

上海市奉贤区弘文学校

上海市奉贤区弘文学校创办于 2005 年 9 月，是一所现代化公办九年一贯制学校，地处奉贤区南桥中心城区。现有一至九年级共 43 个教学班，1670 名学生，教职员工 157 名。

学校办学至今十三年，秉承"弘毅·人文"校训，倡导"宽弘自强、人文和谐"的学校精神，确立了"主体建构·人文蕴育"的办学理念，坚持"办优质教育、创品牌学校"的办学目标。学校图书馆取名为"三乐源"。"三乐"是学生的培养目标"宽弘乐群、自强乐学、崇文乐思"，而"源"则是活水源头之源。其寓意

是，学生的成长成功是学校生存与发展生生不息的原动力，而图书馆则是弘文学子乐学九载、自强向上、汲取知识涵养、终将展翅高飞的活水源头。

一直以来，学校图书馆的功能定位，首先是信息资源的集聚地，更重要的是师生潜心阅读、自主修习的沉静的文化场所。无论是最初传统的人工服务管理时期，还是后来的网络化、数字化时代，直至今日，借助上海市教委"城乡一体化"图书馆提升工程项目带来的优势，我校图书馆已然升级到了移动化、智

能化、多元化的智能服务与管理时代，为师生获取图书信息资源带来更快捷、更具人性化的全新体验。

图书馆位于文昌楼底楼，现有使用面积600多平方米，面朝东方呈半圆形。馆内分为书库、教师阅览室、学生阅览区、图书外借室、图书检索区、学生视听室、小型沙龙交流区、小会议室、电子图书阅览区、图书管理员办公室等区域，图书馆大门外布置了宣传橱窗。现有藏书量为九万五千余册，各类杂志、报纸200余种，还有3000册电子图书，近2000张教学资料光盘和磁带。

一、课题引领，推动阅读自主化

我校以上海市市级课题"九年一贯阶梯式序列化阅读课程设计研究"为载体构建校本阅读课程项目，该项目聚焦"阅读"，突出三个关键词：九年一贯、阶梯式、序列化。我们试图构建一门弘文学校特色的校本阅读课程，让阅读从课内到课外，并延伸至学生家庭、社区，乃至随时随地随愿的自主自由的多时空阅读，使学生读书好、读好书、好读书，引导学生养成终身阅读的习惯和能力。推动学校实现"每一所优秀的学校都注重阅读、每一位优秀的教师都享受阅读、每一位优秀的学生都喜欢阅读"的理想境界。

项目的实施提升了学生的阅读素养和阅读能力，从而提高学生的信息处理能力，影响他们的价值观和思维方式，并最终推动学生学习力的提高。学校期望通过此项目的实施，成为撬动学校创新发展的一大"支点"，提升学校整体办学品质。

为了让学生扩大阅读量，图书馆还做出许多举措，开展课题研究，先后撰写了《弘文学校借助"班级书橱"活动提高图书流通量的实践研究》《依托学校图书馆开展文学社活动的实践研究》等研究论文，进一步推动学生阅读的自主化。

二、资源整合，促使读书常态化

古人云：人不读书，一日则尘俗其间，二日则照镜面目可憎，三日则对人言语无味。读书应该是每个人的精神需要。"问渠哪得清如许，为有源头活水来。"我们的思想需要源头活水，而这源头一大部分来自读书。学校努力创造条件，使读书成为每位学生的日常行为。

（一）组织全校性"班级书橱"活动

"班级书橱"是学校的一项特色活动。每周五中午固定时间开展，学生在语文老师（或班主任）组织下静心阅读。"班级书橱"图书的来源主要有：一是要求各班使用班级借书卡到图书馆自主挑选图书，数量为班级学生人均一册左右，可每月更换一次，在学期结束前全部归还；二是发动学生把家里有质量的图书带来，一本或几本不限，经班级图书管理员登记后放入"班级书橱"供全班同学阅读，期末可以取回；三是利用学校经费购买适量的图书、杂志充实到"班级书橱"中，这些图书、杂志属于班级所有，随年级升高自动带上去，也可赠予低年级；四

是把学校图书馆按程序剔旧的部分图书赠送给班级。要求每班推选 2 名图书管理员，负责为同学借阅图书。每周一至周四为不定时阅读，大家只要有时间，就可以向图书管理员申请到书橱取书阅读。为了使"班级书橱"活动长期有效坚持下来，学校规定，每周五中午 12:20～12:50 统一为全校"班级书橱"活动时间，图书馆老师每周进行检查记录，在学期末进行读书先进班级评选。

（二）开设"名家讲坛"，利用校外资源

"名家进校园"是学校开展的一项旨在让学生开阔知识眼界，接受更广泛教育的项目。学校先后邀请过梅子涵、秦文君等著名作家来校与学生近距离交流互动，场面异常热烈。还邀请了区内有名的阅读指导专家徐德洪老师来校作了"话说海宁徐志摩"讲座，既让学生全面了解了徐志摩这个人物，也让学生知道了阅读可以有各种形式。2016 年 3 月 25 日，我校图书馆邀请到上海市作家协会会员、畅销书作家陶陳先生以及青年作家张志冲先生联袂为弘文学校学生奉上了一场历时近两小时的精彩纷呈的讲座，完成了一次精英与未来精英之间的对话。在孙中山诞辰 150 周

年之际，图书馆还邀请了上海孙中山故居纪念馆宣教部讲解员马丽君老师来我校作"走进孙中山的读书生涯"专题讲座，她用亲切的话语娓娓道来，翔实的史料、严密的逻辑，让整个讲座充满了思辨艺术，达到了非常好的效果。

（三）编辑学生校刊《三乐》

学校创办之初，先后编辑过教师版《弘文》校刊和家教版《弘文》校刊。为了满足教师、学生、家长三个不同层面的需要，又着手学生层面的《三乐》校刊的编辑工作。《三乐》校刊分为中学版和小学版，贴近中学生和小学生不同层次的需要。校刊内容有刊登学生优秀作文的"习作天地"；有介绍每周升旗手光荣事迹的"领巾风采"；有引导同学遨游知识海洋的"图书推荐"；有报道学生参加各类比赛获奖信息的"校园短波"；有对学生进行心理辅导的"心理健康"专栏；有展示学生英语写作能力的"英语角"；同时还开辟了"传统节庆教育"专栏，进行爱国主义教

育。除此以外，还有其他一些不固定的栏目。

（四）开通弘文图书馆微信公众号

为了让更多人了解学校图书馆，也为了保存和积累资料，我们开通了弘文图书馆微信公众号，工作日期间每天推送一条消息。周一到周五分别安排了图书推荐、美文欣赏、图情教育、阅读小明星、阅读微指导等板块，平时还穿插有关图书馆活动的报道，并把消息转发到学校 QQ 群、区中小学图书馆工作群，扩大影响。弘文图书馆微信公众号已经吸引了众多学生家长的关注。

三、策略研究，提升活动优质化

为了不断促进学生阅读，图书馆尝试开展了各项活动。有"超星杯"读书荐书、"亲子共读一本书"征文活动、"你说我说"

名家进校园

校园小主持人大赛

一句话书评等，这些读书活动都取得了良好的效果。

学校每年的文化艺术节，读书活动也是其中一个亮点，图书馆和学校德育部相互协作开展活动。古诗文朗读比赛、小才子现场作文竞赛、"有声有色"配音比赛、"贤城少年看贤城"校园小主持人大赛等在图书馆小剧场竞相登场。同时，图书馆坚持采取"请进来，走出去"的策略，努力提升活动优质化。

为了丰富学生暑期生活，学习课外知识和技能，图书馆还邀请奉贤区教育学院钱筱雪老师先后两次为近 60 名中小学生作了"中小学暑期读书活动系列讲座——初识摄像"的讲座。钱筱雪老师精心制作了 PPT 和视频，从四个方面为同学们分别讲述了摄像设备的分类、景别及拍摄方向、拍摄角度及光线、拍摄动作技巧。配合着讲解，钱老师还邀请个别学生上台作演示，加深了学生们对内容的理解。钱老师充满亲和力，与学生互动良好，讲座效果很好，达到了预期目的。陪同孩子前来的家长以及教育学院图书教研员也一同聆听了讲座，对活动予以了较高评价。

我校图书馆还积极借助奉贤区图书馆"言子讲坛"这个优质平台，多次组织学生开展活动。如 2018 年 1 月 27 日，我校组织了 30 多名学生来到奉贤区图书馆东三楼报告厅，聆听中国极

地研究中心何剑锋所作的讲座"走进北极"，学生对我国的北极科考事业产生了浓厚的兴趣，对科考人员的艰辛付出产生了由衷的敬佩，激发了深深的爱国情怀。除此以外，部分学生还参与聆听了著名表演艺术家曹雷的"父亲教我读书"、吴刚的"阅读滋润心灵"、仅升彪的"怎样爱上传统文化，感受传统文化的美"等讲座，学生们的心灵得到了一次又一次的浸润。

今后，图书馆还将与超星公司继续加大在读书活动方面的合作，进行一些有益的尝试，以期进一步提升活动优质化。

学校图书馆连续两次被评为区优秀图书馆，两位老师先后获得区图书馆工作先进个人称号，撰写的工作研究论文多次获得区一、二等奖，还获得过市图书馆工作研究论文评比二、三等奖，在上海市中小学生暑期读书系列活动中多次获得优秀组织奖、优秀指导老师奖，学生在各级各类读书征文活动中获奖人数众多。

我们将继续秉持"一切为师生服务好"的图书馆办馆理念，优化图书管理，提升服务质量，开拓服务范围，在数字化、信息化、智能化的图书管理新趋势下做出更多的努力和探索，让图书馆成为全体师生共同追求的精神粮仓。

（执笔人：黄元杰）

让幼儿"爱读、会读"

上海市崇明区小港幼儿园

上海市崇明区小港幼儿园是上海市一级一类幼儿园，目前有 7 个班级，192 名幼儿，在编教师 23 位。

2006 年始，我园坚持以"早期阅读教育"为特色，致力于 3—6 岁幼儿早期阅读的研究，先后开展了三个相关的课题研究（区级一般课题"城乡接合部幼儿及外来务工子弟早期阅读教育的实践研究"、区级重点课题"农村幼儿自主阅读能力培养的实践研究"以及 2018 年新立项的市级一般课题"基于幼儿阅读品质养成的浸润式阅读活动的实践研究"）。我们秉承"人人爱阅读、处处可阅读"的理念，让每一个幼儿"乐读、爱读、会读、善读"，为其成为终生阅读者奠定基础。同时我们注重基础课程内容与幼儿园阅读特色的融合，课程设置"力求平衡，相互渗透"，既考虑四大板块之间的平衡，又考虑基础课程与特色活动之间的平衡。

为了弥补班级活动室空间的不足，为了特色研究的深化，我园于2015年3月创建了阅读专用图书室。图书室的建筑面积为90平方米（活动室65平方米，阁楼15平方米左右，5平方米的温馨小屋，5平方米的自主借阅书架），设施设备投入约10万元，图书投入约6万元，引进了先进的图书借阅、管理系统，根据图书专用室的特点制定了相关的系列制度，采用专人负责，确保了图书室有效运行。我们根据幼儿的年龄特点，制定总目标和相关年龄段的培养目标以及专用图书室活动课程。每个年龄段都有与主题相关的图画故事书推荐书目，保证教师活动时心中有目标、指导有重点。给每个年龄段提出了活动建议时间：小班每周1—2次，每次20—25分钟；中班每周2—3次，每次25—30分钟；大班每周3—4次，每次30—50分钟。

阅读室以蓝色、白色、绿色、粉色作为主体色调。我们把阅读室划分为三个区域：开放、半开放和封闭区域，分别适合不同年龄段幼儿。色彩、造型、材质、大小各不相同的各种舒适的座椅或坐垫，营造了自由惬意的阅读环境。阅读室为幼儿提供丰富多样的阅读材料，包括无声读物、有声读物两大类，供幼儿选择阅读。特别是新添置的有声读物：平板电脑、智能设备"智慧故事屋"、点读笔，受到了孩子们的欢迎。另外还配备一些辅助材料，如：图书室登记册，可以记录幼儿进入图书室阅读的次数、时间、所阅读的图书等信息；手偶等简单道具、纸、笔，可供幼儿表现与表达；其他文字材料，如：书单、图夹文的标识等，既可以增加幼儿对文字的敏感性，又能对幼儿进行提示和提醒。

通过实践和调整，我园形成了具有园本特色的阅读课程模式——聊故事。《幼儿园教育指导纲要》中指出要"引导幼儿接触优秀的儿童文学作品，使之感受语言的丰富和优美，并通过多种活动帮助幼儿加深对作品的体验和理解"，而聊故事正是结合了这两点。采用聊故事的教学模式，不拘一格地运用多样化的教学方法，充分发挥故事教学的功能，尤其是深层功能，使幼儿产生心灵上的共鸣，满足他们各方面的精神需要。

故事讨论区

自主阅读区

一、什么是聊故事

"聊"，其意为"以轻松随便的方式谈话，不拘礼仪地、不受拘束地谈话"。聊故事，是在一种轻松愉快氛围中教师为幼儿提供丰富有趣的阅读素材，通过启发式的教学过程激发幼儿的阅读兴趣，让孩子们畅所欲言，满足他们阅读后的表现表达需求。

聊故事是集体阅读活动中的主要形式之一。和孩子聊故事是养成孩子良好的阅读习惯、建立阅读优势的最佳方法之一。聊故事不同于传统阅读教学中教师占据着主导地位，聊故事旨在激发和发现每个孩子的思考和观点，并为孩子们的思考搭建交流的平台，让他们在相互聆听和主动思考中建构自己的观点，从而形成尊重他人观点，虚心向他人学习，不盲从，不迷信权威的探索态度，培育虚怀若谷、海纳百川的求知态度，习得独立思考的方法和自主学习的能力。在此目标的导引下，我们把口头语言和表达的培养目标渗透其中形成隐性目标，双轨并进推动幼儿思维发展的同时实现口语能力的持续发展。在聊故事的过程中，幼儿的阅读节奏是很慢的，一本书，边看边讨论边玩，短则一两个星期，长则可以延续半年，也正是这样一个缓慢的过程，才使得思考的土壤渐渐肥沃，从而使幼儿思维之树的生长有力又茂盛，以及对自我的思考、对同伴的思考都慢慢具有深度，使他们逐渐形成批判性思维的习惯，这个习惯会对他的整个人生都发生深刻的影响。

二、如何聊故事

聊故事的前提要根据孩子的年龄特点选好一本图书，然后通过讲故事让幼儿参与进来，和老师一起选择话题，畅意表达、讨论，并开展与故事相关的一系列拓展活动。聊故事的流程一般为：故事导读、自主阅读、故事讨论会、拓展阅读。

（一）故事导读

故事导读，其实就是讲故事。前期我们研究的是自主阅读，在研究过程中发现完全让孩子自主阅读，对孩子来说比较困难，看不懂，而且基本上一本绘本不会出现反复阅读的现象。自主阅读能体现孩子的自主性，但阅读品质不高，持久性不够。针对这个问题，我们明确了要培养孩子稳定的阅读兴趣，持久的阅读习惯。所以，我们进行导读活动，它是由老师预设、目标明确、指向性明确的一种高结构的活动。故事导读材料的选择以教师、家长、孩子共同推荐。导读活动的目的就是激发孩子的阅读兴趣。

故事导读

（二）自主阅读

自主阅读主要以阅读为主，是一种低结构活动。是让孩子在导读的基础上自主、充分地进行阅读。它是导读活动的延伸，不同于幼儿的随意阅读，是有目的的阅读。在导读的基础上幼儿自主阅读时观察画面更仔细，持久性更长。一般采取三种形式：个体阅读、同伴共读以及亲子阅读。第一种形式个体阅读，

视听区

指的是孩子自主进行延续性的阅读活动，帮助幼儿进一步熟悉绘本的内容和加深理解绘本主题。这种阅读形式更能体现幼儿的自主性和目的性，而且幼儿的专注度更高。第二种形式同伴共读，指的是与同伴结伴而读。这种形式非常适合大班的孩子，因为大班的孩子已经有一定的合作意识，所以也愿意与同伴一起阅读。在自由阅读时，我们会提供给孩子合作阅读的机会，幼儿可以自由地组织同伴进行阅读。阅读中有的幼儿比较粗心，逐页翻看时仍会漏掉一些重要线索，而旁边的同伴刚巧说了他遗漏的部分，就可使他茅塞顿开，继续顺畅地阅读。而有时，两三个小朋友在一起愉快地共读一本书，交流得越多孩子获得的乐趣也越多。第三种形式亲子共读，顾名思义就是和父母一起读。父母是孩子最好的阅读老师，也是孩子最亲近的交流对象，只有在亲子阅读中，孩子才能够得到"一对一"的阅读引导，充分交流他们在阅读中的疑惑和感想。这是激发幼儿阅读兴趣，培养其良好的阅读习惯，以及增进亲子关系的有效途径之一。

（三）故事讨论会

当孩子在充分自主阅读时，老师要进行有目的的倾听与观察。因为孩子在自主阅读时，会产生一系列的问题，老师可以将孩子的问题变成话题，与孩子一起探讨解决，这就是第三步的故事讨论会。它指的是围绕书进行讨论，鼓励幼儿就自己感兴趣或有疑义的内容发表意见。通过提问和综合不同观点反思自己的观点，在这个过程中改变或者丰富自身的"认识"。故事讨论会并非着力于思维能力的培养，而是培养孩子积极的求知态度和习惯。讨论的过程是为了激发和发现每个孩子的思考和观点，并为他们的思考搭建交流的平台，让他们在相互聆听和主动思考中建构自己的观点，从而形成尊重他人观点，虚心向他人学习，以及习得独立思考的方法和能力。它是低结构自主阅读的延伸，是一种高结构活动。总之，讨论会就是立于故事之上而产生的讨论话题，让孩子在宽松自由的环境下将自己的观点与同伴分享。让孩子大胆去畅谈，让他们大胆去思考，顺着他们的问题，让思想的火苗进行碰撞！

故事讨论会

（四）拓展阅读

通过几次的故事讨论之后，孩子们没有需要探讨的话题了，结合绘本我们还可以拓展一些其他的活动，这就是拓展阅读。拓展阅读就是抓住机会开展一些和书有关的拓展活动。一般包括：艺术延伸，如用画展示故事内容与人物、为作品场景人物设计造型、为作品配乐设计台词等；生活延伸，如由作品阅读引起对生活的观察和思考；自然延伸，如自然类书籍阅读时由作品走进大自然；肢体延伸，如用动作表演作品；文学延伸，如仿编、续编等。

一本绘本如果我们细细品味，带给我们的是无限的遐想空间。在这个过程中，我们不必着急，慢慢品读，和孩子一起看，一起阅读，一起讨论。正是这样一个缓慢的过程，能使孩子的思维能力、表达能力、交往能力、倾听能力等得到发展与提高。

图书专用活动室的创建，为孩子们打开了另一扇认识世界的窗口。我们始终把"发展孩子、成就教师、凸显特色、创建品牌"放在一切工作的首位，创新模式，让幼儿"爱读、会读"，让他们在书香浸润中成长。

（执笔人：黄 燕 黄 烨）

创书香校园 扬生命之帆

上海市扬子中学

上海市扬子中学创建于 2004 年，地处崇明区政府所在地城桥镇，占地面积近 84000 平方米，建筑面积 37000 平方米，2007 年学校被命名为崇明县实验性示范性高中。学校现有专任教师 123 人，其中高级教师 60 人，区学科带头人 4 人、区教学标兵 8 人、区教学能手 9 人，25 个教学班，787 名学生。多年来，学校始终秉承"创造润泽生命的学校文化，让每一个师生扬起生命之帆"的办学理念和"文化立校，守正育人"的办学宗旨，着力加强学校文化建设，开展"扬子文化千里寻""学校文化节"等特色活动，打造书香校园，提升人文素养。

2016 年，扬子中学图书馆重新进行了人文图书馆的改建。

通过改建，我们努力对接上海市高考综合改革发展的需要，通过多种形式，培育学生的阅读兴趣，提升学生的阅读能力，拓展学生视野，引导学生养成阅读习惯，掌握阅读方法，提升核心素养，为终身发展奠基，为践行社会主义核心价值观服务。在具体目标上，我们通过建设专题阅览室，将课堂搬到图书馆，促进课内课外的联系，延伸阅读的范围，丰富阅读内涵，提升阅读品质；通过建设个性化阅览区，营造舒适温馨的阅览环境，使学生在优美的环境中享受美文，更放松心情，从而吸引学生回归图书馆；通过数字图书馆的建立，拓展阅览时空，延伸图书馆功能，服务课堂教学，探索基于网络学习和评价的教与学的新途

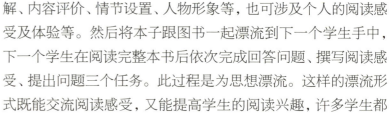

径。目前图书馆有 4 名管理员老师，负责学校图书采购、分类编目、新书推荐、图书的周转与使用、资料的积累与管理、橱窗宣传等工作，隶属于学校课程管理处。

这两年，学校充分发挥图书馆的功能，将图书馆与学校课程教育教学相融合，以"书香校园"活动为载体，开展了一系列阅读指导与阅读推广活动，尤其在利用图书馆的资源和功能，促进语文教改和语文学习方面，做了一系列可喜的尝试。

一、阅读漂流，图书传情

为了让阅读活动在我校更好地实施和推进，校图书馆和语文组联合开展了校园阅读漂流活动，根据课外名著阅读的层次性、广泛性、多样性、评价性四个原则，从社科类名著、古典文学、现当代文学名著这三大方面，分高一和高二两个学段，各选定八本著作（书目另附），每本书按班级人数的最大值购置，然后以班级为单位两周一次进行一次阅读漂流。所谓阅读漂流并不是简单的图书传递，它还包括思想的传递和交流，在交流伊始我们为每本书搭配一个本子，要求看完书的同学在本子上写下自己的阅读感受，内容要求 600 字以上，同时该同学提出二到三个问题，由后面的阅读者进行回答。问题既可涉及内容理解、内容评价、情节设置、人物形象等，也可涉及个人的阅读感受及体验等。然后将本子跟图书一起漂流到下一个学生手中，下一个学生在阅读完整本书后依次完成回答问题、撰写阅读感受、提出问题三个任务。此过程是为思想漂流。这样的漂流形式既能交流阅读感受，又能提高学生的阅读兴趣，许多学生都

读书交流

课本剧表演

 上海市中小学（幼儿园）图书馆优秀工作案例集萃

是读完手中的图书后就期待着下一本书的到来。

为了检验学生的阅读成果，提高他们的阅读兴趣，同时也让阅读更深入、持久，真正促进学生的成长，我们对学生的品读活动进行了有序规划。高一年级上学期有古典名著阅读交流会、传统文化知识大赛，下学期有课本剧表演赛、诗歌创作及朗诵赛、手抄报比赛；高二年级上学期有读书海报设计赛、读书交流展示活动、辩论赛，下学期有外国经典名著交流会、我喜欢的一本书演讲赛；高三年级上学期有时事专题阅读、时事大评论、读写结合，下学期有自主阅读。

二、突破限制，有的放矢

根据学校图书馆原来的管理条例和购书制度，一般同一本书同一版本一次性只能采购 5 本，但是为了推进校园读书漂流活动，学校图书馆因地制宜根据活动的需要，选购指定书目，按照班级人数采购，并且为了方便班级之间进行图书交换，特地开辟特殊通道，将漂流活动的图书统一放在指定书架上，以方便学生借阅。

为了跟上信息化时代，满足现代多样的阅读手段和阅读方式，学校图书馆在原有的基础上还配备了一间视听播放室，以方

学生阅读

便学生进行视听播放；一台数字图书借阅机，大大地方便了学生借阅图书；同时学校还引进一套电子图书馆系统，师生可通过网站或 APP 在任何可连入网络的终端进行图书阅读，打破了阅读的空间限制，将阅读由学校拓展到学生生活的每一个角落。同时，也让图书的藏量成几何倍数的增长，让"借无此书"的情况变得越来越少。另外，该套系统还可以对学生的阅读过程进行跟踪和管理，老师和图书管理员可以随时掌握学生的阅读进度和情况，及时对学生的阅读进行督促和指导。先进的硬件支持为孩子们的阅读提供现代化的信息服务。借助此平台，每年寒暑假区校图书馆都会在各年级发起"同读一本书"活动。

在学期末，图书馆根据语文教研组确定的书目，利用电子图书馆系统提前上传好图书，假期里学生根据时间节点利用电脑、平板、手机等网络终端进行阅读，学生可以根据自己的阅读习惯随时随地阅读，同时可以在指定栏目中添加阅读笔记，也可以在阅读完后在读后感栏中添加自己的阅读感受。学生的浏览记录、阅读时间、阅读笔记以及读后感等，图书管理员和语文老师都可以做到全程跟踪和查看，并且可以及时对学生的阅读进度和阅读方法做提醒和指导，可以及时有效地对学生的阅读过程进行评价。根据学生上传的读后感在全校范围组织阅读征文比赛，并且根据得分情况评出一、二、三等奖，对在读书活动中表现优秀的学生进行表彰和鼓励，同时也向学校以及市内各文学期刊推送优秀文章，这也是对学生的一种激励，通过这样的读书活动鼓励他们去阅读，并且读有所获。

三、发挥优势，服务师生

学校图书馆还利用自身在读书方面的优势，协助学生社团"扬帆"文学社组织各类活动，提供活动场所和书籍，提供一切必要支持。利用视听室定期组织观影评影活动，"扬帆"文学社在每周五下午 3:25 学校放学后在视听室展播优秀电影，然后各文学社成员利用周末时间撰写影评；利用演讲厅定期组织朗诵、演讲、

辩论等比赛，"扬帆"文学社会在每年的五月份，也就是"五四"青年节左右以班级为单位组织以"青春"为主题的校园诗歌朗诵大赛，在每年的十月份组织以弘扬爱国精神为主题的辩论赛。总之我校图书馆为"扬帆"文学社的发展提供了强大的后援支持。

利用图书馆资源，学校以"寻扬子江文化，树扬子人精神"为主题，带领学生以崇明岛为起点，以扬子江为轴心，溯江一路考察长江流域的人文历史、民风民俗。并在探寻文化基础上，通过指导学生进行阅读、学习、研究，挖掘文化的内涵，丰实学生的人文素养。在此过程中，我们采取校内校外贯通，学习与探寻有机结合的方式，实现活动的整体联动。如，我们开展的"走进经典人物"李白的专题学习活动，首先利用校内的图书馆资源进行研读，然后再组织学生循着李白的历史足迹，游览了李白吟咏"天门中断楚江开，碧水东流至此回，两岸青山相对出，孤帆一片日边来"的天门山景区、"长江三矶之首"的采石矶，参观了全国最大的李白纪念馆，并拜谒了"诗仙长眠之地"——当涂县大青山太白墓。有了前期"走进经典人物"李白专题的学习经验，实地考察时，间或由学生代替导游，作参观讲解，这种别开生面的方式吸引了周围游人的注意，也极大地激发了学生的学习兴趣。

图书馆还与学校语文教研组共同发起成立了"扬吾文言"读书社，将学校里志同道合的读书爱好者集中起来，组织各类活动，带动其他教师加入到读书队伍中来。利用图书馆的有利条件，工作之余组织读书爱好者们一起讨论、交流读书心得，定期举办读书交流活动、读书朗诵会等，也会组织大家一起看电影、话剧等。目前读书社有固定成员 36 名，非固定成员 114 名，读书社拟定有一份《"扬吾文言"读书社章程》，该章程对读书社的成员管理、义务责任、机构组织、活动安排等都有明确规定。

通过这些活动，扬子师生提高了人文素养，也为语文教学拓宽了视野，开辟了新的途径，有利于语文教学循序渐进地厚实学科基础知识，培养学科思维。

舞台情景剧《目送》

扬子文化千里行汇报

四、硕果累累，助推教学

开展丰富多彩的阅读活动，让课外阅读作为学生语文学习的重要内容，全面广泛地参与其中，让学生收获颇丰。从阅读的展示活动看，学生的课本剧表演精彩绝伦，引人入胜，人物形象丰满，个性鲜明，活灵活现；"阅读点亮人生，经典启迪智慧"阅读交流展示活动，学生们一个个滔滔不绝，妙语连珠，口若悬河，自信从容地穿梭在书的海洋；读书征文、诗歌创作比赛涌现出许许多多文采斐然、思想深邃、见解独到的好文。阅读活动让学生收获了知识和思考，更培养了感受、理解、欣赏和评价的能力，让学生在积极的思维和情感活动中，获得思想的启迪，享受审美的乐趣，陶冶了情操，丰富了人生。

通过校图书馆和语文组精心打造的一系列的读书活动，学生们不仅愿意阅读，更是爱上了阅读。学生沐浴在书香的海洋，游走于历史的长河，穿梭于中外文化的两端，徜徉在哲思的天空。他们跟先哲对话，跟智者辩论，跟英雄并肩战斗，跟弱者一起面对苦难，跟达者一起胸怀天下。读书让学生得以"站在巨人的肩膀上"，汲取先人智慧，开拓创新，成就未来，更使学生人格健全，

生命强大。这两年，在日常的周记中语文老师总能发现学生思想的灵光闪现；在考试作文中总有佳作让阅卷老师拍案惊奇；在读书征文中许多文章令评委老师大呼精彩。看到学生们的进步与变化，看到人文图书馆建设带来的实惠，我们倍感欣慰。为了让现阶段取得的成绩延续下去，辐射到更多的学生，学校交由语文组将书香校园活动中的创意点子、精彩活动、学生的好文佳作、思想火花等汇编成册，付之梨枣。经过语文组老师们前期的组稿分类、点评校对，目前两本书的初稿已经告成，一本是学生作文选集《水墨青春》，另一本是阅读成果集《遇见最好的自己》。

看到学生的收获与成就，我们不禁要说，引领学生去阅读真的是一件功德无量的事。所以优化一所学校的教育生态，要从营造这所学校的阅读氛围开始。而要想营造阅读氛围，图书馆就是当之无愧的主要阵地，图书馆不是教学生获得分数的地方，而是指引学生走向远方的场所。要给学生世上最美好的东西：不是分数，不是金钱，不是权力，是告诉他们如果有天堂，那应该是图书馆的样子。

（执笔人：蔡健丽　洪利雄）

图书在版编目（CIP）数据

书香满校园 : 上海市中小学（幼儿园）图书馆优秀工作案例集
萃. 第二辑 / 上海市教育委员会中小学图书馆工作委员会编.
— 上海:上海教育出版社, 2019.7
ISBN 978-7-5444-8901-0

Ⅰ.①书… Ⅱ.①上… Ⅲ.①中小学 – 学校图书馆 – 图书馆工作
– 工作经验 – 上海 Ⅳ.①G258.69

中国版本图书馆CIP数据核字(2019)第140208号

责任编辑　公雯雯
封面设计　金一哲
印刷监制　朱国范

书香满校园
——上海市中小学（幼儿园）图书馆优秀工作案例集萃（第二辑）
上海市教育委员会中小学图书馆工作委员会　编

出版发行　上海教育出版社有限公司
官　　网　www.seph.com.cn
地　　址　上海市永福路123号
邮　　编　200031
印　　刷　上海中华商务联合印刷有限公司
开　　本　787×1092　1/12　印张 24⅓　插页 1
字　　数　455千字
版　　次　2019年7月第1版
印　　次　2019年7月第1次印刷
书　　号　ISBN 978-7-5444-8901-0/G·7378
定　　价　198.00 元

如发现质量问题，读者可向本社调换　电话:021-64377165